KB119274

콰이강의 다리 위에
조선인이 있었네

콰이강의 다리 위에
조선인이 있었네

조형근 지음

역사에 연루된 나와 당신의 이야기

이 책은 작은 것 속에서 세계를, 침묵 속에서 더 깊은 메시지를 찾아나간다. '경계'에서만 볼 수 있는 역사와 인물에 주목해 호기심의 별자리를 잇는다. 사회학자 조형근에게 역사는 교훈이 아니라 질문이다. "나는 몰랐다"는 말을 대신할 말을 찾기 위해서 물음표를 쥐고 가파른 근현대사를 종횡무진 가로지른다.

납작한 이야기로 남은 인물에는 숨을 불어넣어 입체감을 더했다. 피해와 가해의 이분법에 갇힌 이야기 속 숨겨진 복잡함으로 기꺼이 투신한다. 치밀하고 치열하게 쌓아 올린 이야기 안팎을 함께 헤매는 일은 지적인 즐거움을 동반한다. 흑과 백의 세계에 사려 깊게 놓인 회색 돌 같은 이야기 덕분에 세계를 보는 해상도 역시 한층 높아진다.

과거를 성찰하는 이유는 현재를 이해하기 위해서일 테다. 과거를 돌아보는 까닭은 우리에게 아직 미래가 남아있기 때문이기도 하다. 우리는 모두 역사 속을 산다. 그 안에서 '내 몫의 책임'을 헤아려보는 것은 역사가 남긴 상처에 연루된다는 의미이기도 하다.《콰이강의 다리 위에 조선인이 있었네》는 기꺼이 역사와 접속하고 부단히 세계와 이어지고 싶은 이들에게, 보다 옳은 말을 하고 더 나은 미래를 만들고 싶은 이들을 위해 준비된 이야기다. 나는 이런 '옛날이야기'라면 하염없이 읽고 싶다.

장일호_《시사IN》기자, 《슬픔의 방문》 저자

조형근이 말한다. "재미를 위해 썼다"고. "역사를 알고 싶다는 호기심이 이 책을 쓰게 만들었다"고. 이 책에 '민족사'라든지, '역사 분쟁'에 도움이 된다든지, '교훈'을 통해 미래를 대비하기 위한 "그런 거창한 목적은 없다"고. 이 말대로라면 이 책은 할 일을 다 했다. 무엇보다 이 책은 재밌다. 19세기 말과 20세기 사이의 세계를 역사적 사실뿐만 아니라 소설, 영화, 노래를 아우르며 정확하면서도 빠른 호흡으로 이야기를 들려준다. 그 호흡으로 역사를 알고 싶다는 끝없는 호기심을, 거창한 목적 대신 나와 세계를 이해하고 싶다는 지극한 앎의 의지를 자극한다.

그 호기심과 의지를 더욱 자극하는 건 조형근이 말하는 '연루됨의 윤리'다. 이 책에는 불합리하고 부조리한 역사적 사건에 더 불합리하고 부조리하게 촘촘히 연루된 사람들뿐만 아니라 그 사람들과 연루된 우리가 있다. 제2차 세계대전 와중 타이와 미얀마를 잇는 철도를 놓는 곳, 콰이강의 다리 위에 조선인이 있었다고? 그 조선인은 누구이고, 어떤 이유로 거기에 있었을까? 80여 년이 지난 뒤에야 그 사연을 제대로 알게 된 나는 왜 그가 콰이강의 다리에서 한 일에 대해 질문하고 고민해야 하는 걸까?

조형근의 말을 그대로 옮겨보자면, "우리가 사랑하고 실수하는 인간, 꿈과 욕망을 가진 인간"이기 때문이다. 이 인간의 실존 조건이, 한 인간을 두고도 그 선악을 쉽사리 가늠할 수 없게끔 한다. 하지만 그런 어려움에도 우리는 인간이 져야 할 역사적 책임, 역사가 그들에게 져야 할 책임에 대한 질문을 놓을 수 없다. '연루됨', 그 자체가 인간의 실존 조건이고, '자신을 역사에 연루시키는 일', 그 자체가 인간 고유의 능력이기 때문이다.

한나 아렌트는 '사유'가 '과거와 미래 사이에 나를 끼워 넣는 일'이라고 말한다. 쉽게 말해 '연루됨의 존재'가 됨을 의미한다. 그가 말하는 사유의 의미는, 우리가 연루되어 있다는 사실을 깨닫는 데 있다. 이 책에 담긴 열여덟 개의 이야기들이, 우리가 과거와 미래 사이로 틈입해 들어갈 수 있는 길, 새로운 사유의 길을 열어주리라 확신한다.

김만권_정치철학자, 《외로움의 습격》 저자

이 책은 무엇보다 재미를 위해 썼다. 역사를 알고 싶다는 호기심이 이 책을 쓰게 만들었다. 나 자신이 먼저 재미있어야 했다는 말이기도 하다. 민족사의 정기를 확립한다든가, 이웃 나라와의 역사 분쟁에 도움이 된다든가, 아니면 과거에서 교훈을 얻어 미래에 대비한다든가 하는 거창한 목적은 이 책에 없다. 나와 우리는 어쩌다 이런 세상에서 살게 됐을까? 오늘의 우리를 만든 과거는 어떤 세상이었을까? 역사 교과서에 적혀 있는 이야기 말고 다른 일은 없었을까? 이런 호기심이 모여 책이 됐다.

생각해보면 호기심만큼 큰 힘도 찾기 어렵다. 아인슈타인의 상대성이론은 자동차 내비게이션이나 스마트폰 속 지도 애플리케이션에 쓰이는 GPS 기술에 이론적 토대를 제공했다. 아인슈타인이 이런 실용적 기술을 만들겠다고 연구를 했을까? 아닐 것이다. 물리학이 재미있어서, 우주의 이치를 알고 싶어서 연구하다가 상대성이론이 탄생했을 것이다. 몇 년 안에 연구 성과를 산출해야 하고, 당장 경제적·사회적 효과도 내야 한다는 한국식 풍토에서는 상대성이론 같은 업적은 난망하다. 나와 세계를 이해하고 싶다는 앎의 의지가 존중받는 세상에서 지식은 풍성해진다.

이 책은 19세기 말에서 20세기 중반까지 한반도와 아시아, 서구의 여러 나라 사람들이 얽힌, 또한 이들과 서구의 여러 나라 사람들이 함께 얽힌 역사를 18개 에피소드를 통해 살펴본다. 상대성이론과 비교할 것은 못 되지만 이 책도 나와 우리, 세계에 대한 앎의 의지에서 비롯됐다. 한반도에 대한 관심이 기본이지만 무대는 지구를 종횡무진한다. 한반도, 일본, 중국, 베트남, 인도네시아, 미국, 프랑스, 영국, 독일, 오스트리아, 러시아의 역사가 서로 얽힌다. 한반도를 이해하기 위해서 세계로 나가야 했고, 우리를 알기 위해서 타자와 만나야 했다.

19세기 말에서 20세기 중반은 지금 우리가 사는 세상을 틀 지은 가장 가까운 과거다. 오랫동안 갈라져 있던 세상이 그 시기 서로 깊이 연결됐다. 제국과 식민지 들이 서로 연루되고 다투고 갈라졌다. 오가는 사람이 폭증했다. 인류의 연대기 중 가장 뜨겁던 시절이기도 했다. 혁명과 반혁명이, 세계대전이 연거푸 일어났다. 한반도에서는 왕조가 무너지고 총독부가 들어서더니 다시 두 개의 나라가 수립되고 전쟁이 났다. 그 과정이 세계사와 깊이 연결됐다. 책에서 언급되는 굵직한 사건들만 해도 파리코뮌(1871), 러일전쟁(1904~5), 의화단운동(1899~1901), 제1차 세계대전(1914~1918), 러시아 10월 혁명(1917), 3·1운동(1919), 제1차 상하이사변(1932), 베를린 올림픽(1936), 중일전쟁(1937~1945), 제2차 세계대전(1939~1945), 한국전쟁(1950~1953), 베트남전쟁(1955~1975) 등으로 다양하다. 이 굵직한 사건들 사이를 흐르며 18개 에피소드들이 꼬리에 꼬리를 물고 연결된다. 마음 내키는 순서대로 읽어도 좋겠지만, 차례대로 읽으면 그 연결의 느낌이 좀 더 깊이 전해질 것이다.

제목에 활용된 '콰이강의 다리'는 이렇듯 서로 연루된 역사를 보여주는 상징적인 사례다. 제2차 세계대전이 한창이던 1942년, 동남아시아 일대를 점령한 일본군은 버마(미얀마)를 넘어 인도까지 넘보고 있었다. 전략상 태국-버마 철도 건설을 결정하고, 연합군 포로와 현지 민간인을 강제 동원했다. 엄청난 난공사였는데 그중에서도 가장 험난한 곳이 콰이강의 다리였다. 그 건설 과정을 극화한 영화 〈콰이강의 다리〉(1957)는 아카데미상 일곱 개 부분을 휩쓸며 명작의 반열에 올랐다. 일본군 포로수용소장 사이토 대좌와 영국군 포로 지휘관 니컬슨 대령 사이의 심리전이 돋보이는 영화다. 협박과 폭력에도 굴하지 않던 니컬슨이 영국군의 명예를 지키겠다며 철도 건설에 협력한다는 전개가 아이러니하다. 적군에 대한 협력과 명예가 양립할 수 있을까?

영화 속 영국군 포로들은 그 유명한 〈보기 대령 행진곡〉을 휘파람으로 부르며 명예를 위해 힘껏 다리를 놓는다. 역사 속 포로들은 어땠을까? 굶주림과 질병으로 수만 명이 비참하게 죽어갔다. 민간인은 더 많이 죽었다. 카메라는 그 참극을 외면한다. 그렇게 진실을 가렸다. 가려진 사실이 또 하나 있다. 콰이강의 다리에 수많은 '코리안'이 있었다는 사실이다. 한반도 출신의 젊은이 1000여 명이 태국-버마 철도 건설 현장에서 일본군의 포로감시원 노릇을 했다. 명령은 일본군이 내렸지만 폭력을 직접 행사한 건 대개 이등병 아래 최말단의 조선인 포로감시원들이었다. 원작 소설에서도 다뤄진 조선인 포로감시원 이야기가 영화에서는 사라졌다. 왜 그랬을까? 사라진 이야기를 살리면 세상을 보는 우리의 눈은 어떻게 달라질까?

'콰이강의 다리'의 실제 역사는 우리에게 역사에 대한 관습적인 인식을 재고하라고 요청한다. 어떤 인식일까? 역사는 국가나 민족 단위로 흐르며 가해자도 피해자도 분명하다는 인식이다. 실제의 역사는 종종 경계를 넘나들고 경계를 만들며 바꾼다. 콰이강의 다리에 얽힌 실제 역사도 영국, 일본, 한국, 태국, 미얀마가 함께 연루된 '어긋나는 공동의 역사'다.

어떤 면에서는 피해자인 사람이 다른 면에서는 가해자인 경우도 적지 않다. 조선인 포로감시원들은 형식상으론 자원하여 간 것이었지만 실질은 강제 동원된 것에 가까웠다. 그들은 일본군에게 맞고 학대받았다. 잘 때리라고 맞았다. 그리고 포로들을 때리고 학대했다. 어떤 이들은 이런 유형의 사례들을 근거로 한국도 일본과 같은 전범국이라고 주장한다. 같은 전범국이니 일본의 책임을 묻지 말라는 우익적 주장의 변형일 뿐이다. 그렇다면 시키는 대로 했을 뿐인 조선인 포로감시원에게는 아무 책임도 없을까? 무엇보다 당사자들 자신이 그렇게 생각하지 않았다. 일본과 동일시하지 않으면서 우리가 져야 할 몫의 역사적 책임을 인식해야 한다. 그렇게 자신을 역사에 연루시키는 자만이 윤리적 주체가 될 수 있다. 연루됨의 윤리다.

거대한 역사의 힘도, 격랑의 사건들도 결국 인간의 이야기다. 이 책은 인간의 이야기로 썼다. 수많은 등장인물이 나오고, 소설과 영화, 노래가 인용되는 것도 그런 이유다. 정치인과 군인이, 연예인과 작가가, 의사와 과학자와 지식인이, 여성운동가와 성을 파는 여성이, 독립운동가와 밀정이 나온다. 평범한 생활인도 여럿 등장한다. 이들이 역사에 휘말리고 역사를 만들다가 이윽고 역사가 되는 이야기들이 펼쳐진다.

이를테면 일제의 괴뢰 만주국이 '대동아공영권'의 스타로 키운 배우 리샹란이나 나치독일의 영화감독 레니 리펜슈탈 같은 문제적 여성들을 보자. 이향란이라는 이름으로 한반도에서도 인기가 높던 일본인 리샹란은 1990년대에 위안부 문제에 깊이 개입한다. 그녀의 사죄를 어떻게 보면 좋을까? 한국인이라면 보지 않은 사람이 없다고 해도 좋을 손기정의 마라톤 우승 장면은 리펜슈탈의 대표작 〈올림피아〉의 하이라이트 장면이다. 나치 연루자로 비판받았던 리펜슈탈은 사라져가는 아프리카 원주민을 사진으로 포착하면서 다시 명성을 얻는다. 그녀의 명성을 어떻게 보아야 할까? 그런가 하면 독일에서 리펜슈탈의 라이벌이었던 마를레네 디트리히는 할리우드의 스타 시스템에서 성공한 다음 스크린 위에서 조선을 비롯한 만국의 연인이 되었다. 서구 남성의 동양 여성 판타지의 원조 격인 '상하이 릴'로 분했고 나치에 맞섰다. 그녀는 어떤 사람일까?

상하이에서 꽃핀 동양 여성에 대한 서구의 환상은 일본에서는 팡팡걸로, 남한에서는 에레나로, 베트남에서는 미스 사이공으로 이어졌다. 점령군 병사들이 이들에게서 주린 욕망을 채웠다. 그 대가로 이들도 주린 배를 채웠다. 그리고 우리를 먹었다. 우리가 연루된 역사다. 우리는 서로 얽혀 있고 세상은 단순하지 않다. 이들을 순전한 악마나 가없은 희생자로 그리지 않으려 애썼다. 사랑하고 실수하는 인간, 꿈과 욕망을 가진 인간으로 이해하려 애썼다. 그들이 져야 할 역사적 책임, 역사가 그들에게 져야 할 책임을 함께 보려 했다.

처음부터 책을 쓰려 했다면 이렇게 엄청난 이야기를 쓸 용기를 내지 못했을 것이다. 이런 스케일의 이야기를 깊이 있게 두루 다룰 식견이 내게는 없다. 시사주간지 《시사IN》에서 〈조형근의 역사의 뒤페이지〉를 연재하게 되면서 조금은 '덜 무겁게' 이런 이야기를 다룰 수 있었다. 연재의 기회를 준 차형석 전 편집국장께 감사 인사를 보낸다. 연재를 담당하다가 역할이 바뀐 변진경 편집국장과 후임으로 원고를 맡아준 장일호 기자의 수고도 고마울 따름이다. 직접 1차 자료를 찾아 쓴 이야기도 있지만, 대다수는 연구자들의 책과 논문에 빚졌다. 전거를 일일이 다 밝히지 못했다. 틀린 점이 있다면 온전히 내 책임이다. 기사로 실릴 때마다 잘못됐거나 내가 모르던 내용, 새로 생각해볼 문제를 알려준 독자와 지인들이 있었다. 특별히 감사 인사를 전한다. 연재 덕분에 얻은 소득이었다.

책으로 엮으면서 잡지에 실었던 원고를 대폭 보강했다. 난삽한 데다 양마저 많이 늘어난 원고를 보기 쉽게 다듬어준 한겨레출판사의 김지하 편집자께 감사의 마음을 전한다. 책을 마치며 다시 한번 연루됨의 윤리에 대해 생각한다. 너무 무겁게 받아들이지 않으면 좋겠다. 연루를 통해서만 우리는 인간細매이 된다. 나를 떠나는 이 책이 당신과 연루되기를.

2024년 8월 저자 씀

차례

서문 7

1.
역사의 후퇴 앞에서
리샹란을 생각하다

2023년 3월 28일, 일본의 작곡가이자 피아니스트인 사카모토 류이치坂本龍一(1952~2023)가 세상을 떠났다. 영화배우로도, 반전·평화·환경운동가로도 폭넓게 활동하면서 세계적인 명성을 얻은 그였다. 한국과 인연도 깊다. 팬도 많고, 내한 공연, 뮤직비디오 제작 등의 협업도 많았다. 김훈 소설을 원작으로 한 황동혁 감독의 영화 〈남한산성〉(2017)에서 음악을 맡기도 했다. 독특하고 의미심장한 작품도 있다. 태평양전쟁 당시 일본인 포로수용소장과 군조(한국 군대의 중사에 해당), '조선인' 군속, 영국군, 네덜란드군 포로 사이에서 일어나는 폭력과 동성애적 관계를 다룬 〈전장의 크리스마스Merry Christmas Mr. Lawrence〉(1983) 같은 작품이 그렇다. 이 작품에서 사카모토 류이치는 주연배우로 출연하며 음악도 맡았다. 한국에 개봉되지는 않았지만 동명의 주제곡은 꽤 친숙하다.

히트곡이 많지만 가장 유명한 것은 그에게 미국 아카데미영화제 음악상을 안긴 영화 〈마지막 황제〉(1987)의 영화음악일 것이다. 영화는 청나라의 마지막 황제이자 일본제국의 괴뢰 국가 만주국의 황제를 지낸 푸이의 파란만장한 생애를 그린다. 중국·동아시아 현대사의 격동과 푸이라는 인물의 복잡한 내면이 만나고 뒤틀린다. 드라마틱하던 영화의 호흡은 푸이의 내면으로 초점을 옮기면서 점차 유장해진다. 황제에서 민국의 시민으로, 다시 황제로, 죄수로, 이윽고 인민공화국의 평범한 공민으로 늙어가는 한 인물을 좇는 카메라가 담담하다. 그 담담한 시선이 이렇게 묻는 것만 같다. 개인이 역사 속에서 감당해야 할 책임은 어디까지인가?

삽입된 음악 중 〈비, 나는 이혼을 원해요Rain, I want a divorce〉가 특히 유명하다. 만주국 수립 직전이던 1931년, 한때는 제2 황후 숙비였던 원슈가 푸이에게 이혼을 요구하는 장면에 깔리는 곡이다. 그녀와 푸이는 베이징 자금성을 나와 일본 조계지인 텐진으로 거처를 옮긴 1925년 이후 사이가 좋지 않았다. "나는 이혼을 원해요"하고 외친 원슈가 밖으로 뛰쳐나와 온몸으로 비를 맞는다. 그리고 한 명의 인간이 된다. 원슈는 소송으로 이혼을 쟁취하고 교사로 일하다가 평범한 남성을 만나 행복하게 살았다. 당당한 여성에게 어울리는 곡이다. 들어보면 '아, 이 곡' 할 것이다. 일본 조계지 텐진의 거리에서 비를 맞는 옛 청나라의 황후, 여러 생각이 드는 장면이다.

만주국 황실 이야기를 조금만 더 해보자. 황제의 동생 푸제는 일본 귀족인 사가 사네토 후작의 딸 히로를 부인으로 맞았다. 조선 왕실의 경우처럼 일본의 강요였다. 푸이에게 후사가 없었으니 장차 만주국 황제에게는 일본인의 피가 흐를 터. 황실이 그녀를 경계하는 것도 당연했다. 푸이는 그녀가 일본의 간

만주국의 배우이자 가수였던 리샹란은
동아시아 최고의 스타이기도 했다.

첩이라며 의심했다. 논픽션 기반의 일본 소설《황제 푸이皇帝溥儀》(1960)에는, 의심을 푼 푸이가 미안한 마음에 작은 이벤트를 선사하는 장면이 나온다. 히로 부인과 영화〈백란의 노래白蘭の歌〉(1939)로 스타가 된 여배우 리샹란을 우연히 만나게 한 것인데, 영화를 감명 깊게 본 부인에게는 깜짝선물이었다. 소설 속에서 황제와 리샹란은 같은 피아니스트를 스승으로 두었다는 인연이 있다. 젊은 '여배우'를 황궁으로 부르는 건 스캔들이니, '피아니스트' 리샹란을 스승과 함께 초대한다. 황제의 배려로 리샹란과 히로, 푸제 부부가 만나게 된다는 이야기다.

자서전《두 개의 이름으로》[1]에서 리샹란은 이 에피소드를 언급하며 어디까지나 픽션이라고 잘라 말한다. 푸이를 만난 적이 없다는 것이다. 팩션* 소설의 설정을 두고 굳이 사실 여부를

---

* 역사적 사실에 작가의 상상력을 덧붙여 새로운 이야기를 만드는 문화예술 장르.

따질 필요는 없을 것이다. 그녀가 푸이를 만난 적이 없다고 해서 둘 사이의 연이 사라지는 것도 아니다. 이들 사이에는 인연을 넘어 악연이, 그 이상의 굴곡진 역사가 있다.

인연(또는 악연)부터 따져보자. 푸이를 황제로 옹립한 만주국은 일본 제국주의의 힘으로 세워졌다. 그렇기에 일제의 손아귀를 벗어나지 못했다. 만주국 황실은 늘 일본 관동군*의 감시 아래 있었다. 푸이의 집무실은 신징(지금의 창춘) 황궁의 근민루 2층에 있었는데, 1층에는 관동군 중장 요시오카 야스나오의 집무실이 있었다. 황제의 지근거리에서 황실 감시를 책임진 인물이었다. 그 요시오카와 리샹란이 각별한 사이였다. 어느 정도로 가까운가 하면, 촬영과 공연으로 동아시아 각지를 떠돌던 리샹란이 신징에 오면 머문 곳이 바로 요시오카의 집이었다. 반면 푸이는 자신이 가장 사랑한 세 번째 부인 탄위링을 요시오카가 살해했다고 믿을 정도로 그를 증오했다. 히로 부인도 그를 악마처럼 여겼다. 하지만 리샹란에게는 그저 "인자한 할아버지"였다. 요시오카의 부인, 딸과도 가족처럼 지냈다. 공적 세계에서의 악인이 사생활에서 따뜻한 인물인 경우는 드물지 않다. 종전 후 소련에 억류된 요시오카는 1947년 모스크바의 병원에서 사망한다. 그나마 대가를 치른 경우랄까….

물론 요시오카는 그저 "인자한 할아버지" 이상이었다. 그는 리샹란의 팬클럽이자 후원회인 '리샹란을 지키는 모임'의 회장

★ 러일전쟁에서 승리한 일본이 뤼순, 다롄 등을 조차하여 관동주로 명명한 후 주둔시킨 육군부대로, 제2차 세계대전 말까지 만주를 근거지로 중국 대륙 침략의 첨병 노릇을 하였다.

이었다. 그런데 팬클럽 멤버의 면면이 심상치 않다. 호시노 아오키 만주국 총무장관, 기시 노부스케 총무청 차장, 만주흥업은행 총재 오카다 마코토, 만주중공업개발주식회사 총재 아유카와 요시스케 등이 주요 멤버였다. 직함에서 짐작할 수 있듯 모두 만주국의 실권자들이다. 대다수는 전후에도 승승장구했다. 호시노 아오키는 전후 A급 전범으로 종신형을 선고받고 복역하다 석방되어 기업인으로 재기했다. 역시 A급 전범으로 재판을 받던 기시 노부스케는 불기소처분된 다음 재기하여 1956년에는 총리까지 오른다. 그의 외손자가 바로 아베 신조 전 총리다. 오카다 마코토는 만주에 머물다 공산당 계열의 팔로군이 입성하면서 처형됐다고 알려져 있다. 아유카와 요시스케는 산하에 히타치광산, 히타치제작소, 닛산자동차그룹 등을 둔 닛산콘체른의 창업자였다. 전후 미군 당국에 구금되기도 했지만 재기하여 제

청나라 마지막 황제 선통제에서
만주국 초대 황제 강덕제가 된 푸이.
사진은 만주국 시절이다.

국석유 사장 자리에 오르고, 참의원을 지내기도 했다. 이런 이들을 팬클럽 회원으로 둔 리샹란은 도대체 어떤 사람이었을까? 인연과 악연을 넘어 역사로 들어가보자.

대동아공영권의 기획된 스타 리샹란

리샹란李香蘭(1920~2014)은 만주국을 대표하는 스타였다. 영화배우와 가수로서 만주국을 넘어 중국과 조선, 일본, 대만 등 동아시아 각지에 명성을 떨쳤다. 1930년대 후반부터 1945년 사이에 동아시아에서 가장 유명했던 여성 스타라면 조선의 최승희와 만주국의 리샹란을 꼽게 된다. 최승희 후원회에는 여운형과 마해송, 후일 노벨문학상을 받게 되는 가와바타 야스나리 등 유명인들도 속해 있었지만, 그래봐야 이들은 권력 없는 문인이었다. 그에 비해 리샹란의 후원자들은 만주국의 실세들이었다. 그녀를 키운 건 일본 제국주의였다. 마치 푸이가 그랬던 것처럼.

리샹란은 1920년 중국 랴오닝성 선양 인근에서 태어났다. 푸순과 펑톈에서 자랐고 베이징에서 여학교를 다녔다. 일본의 대표적인 국책 기업 남만주철도주식회사(만철)가 세운 국책 종합 연예 기획사 만주영화협회(만영)와 전속 계약을 맺고 〈백란의 노래〉〈지나의 밤支那の夜〉(1940) 〈열사의 맹서熱砂の誓ひ〉(1940) 같은 영화에서 주연을 맡았다. 그녀를 스타덤에 올린 이른바 '대륙 3부작'이다. 줄거리는 대동소이하다. 아름다운 중국 여성과 신사답고 용감한 일본 남성이 사랑에 빠진다. 여성의 가족과 친지들이 반대하면서 온갖 계략으로 이들을 괴롭힌다.

여성은 아파하고 때로 흔들리지만, 일본 남성은 굳은 신의로 사랑을 지켜낸다. 마침내 모든 고난을 극복하고 사랑이 이뤄진다.

중일전쟁이 일어난 것이 1937년 7월 7일이니, 일본이 중국을 한창 침략하던 시절이었다. 일본의 행동이 침략이 아니라 중국에 대한 사랑이라고 미화하고, 대동아공영권 역시 우여곡절 끝에 아름답게 성사되리라고 암시하는 선전영화들이었다. 반발하는 사람도 많았지만 흥행도 제법 잘 됐다. 중국의 아름다운 명소들을 보여주고, 어쨌든 로맨스에 초점을 맞춘 덕이다.

직접 부른 주제가들이 크게 히트한 것도 그녀의 인기를 도왔다. 줄거리와 별개로 노래만 좋아할 수도 있었다. 그녀는 미성의 소프라노였다. 어린 시절 폐 질환을 앓고 호흡기 치료를 위해 성악 공부를 한 것이 도움이 됐다. 〈그대는 언제 돌아오나요何日君再來〉〈야래향夜來香〉 같은 노래들이 크게 히트했다. 후일 대만 가수 덩리쥔의 리메이크로 한국에도 잘 알려졌다. 박영훈 감독의 영화 〈댄서의 순정〉(2005)에서 조선족 출신의 가짜 댄서 장채린(문근영 분)이 춤을 출 때 〈야래향〉이 나온다. 〈그댄 몰라요〉라는 제목으로 리메이크해서 문근영 배우가 직접 불렀다.

리샹란은 '이향란'이라는 이름으로 조선에서도 인기가 높았다. 조선군 보도부가 만든 내선일체 선전영화 〈그대와 나〉(1941), 징병제 실시를 맞아 조선 젊은이들이 기꺼이 황군이 된다는 〈병정님〉(1944) 등에 출연했다. 훗날 〈단장의 미아리 고개〉로 유명해지는 가수 이해연과 함께 일본 엔카의 아버지로 불리는 고가 마사오의 곡 〈영춘화迎春化〉(1943)를 취입하기도 했다. 《월간 조선》의 전신인 《조광》 1940년 4월호에는 한복을 입은 '이향란'의 화보와 인터뷰가 실려 있다. 반도의 무희 최승희와 금강산에서

로케를 하고 싶다거나, 조선인 남성에게 구애를 받은 적이 있다는 등 조선과의 인연을 강조한다.

그녀의 인기를 보여주는 웃지 못할 에피소드를 《매일신보》에서 찾을 수 있다. 1941년 2월 23일, 리샹란이 조선 순회공연을 위해 부산항에 들어왔을 때 일이다. 양산에 사는 이인재라는 이가 친아버지라며 나타났다. 〈백란의 노래〉라는 영화를 보았는데 여주인공 이향란이 여덟 살 때 잃어버린 자기 딸 희득이를 쏙 빼닮았다는 것이다. 친아버지가 맞느냐고 묻는 기자들에게 리샹란이 답한다. "정말 그런 분이 계신다면 만나보겠어요. 저는 어느 곳 태생인지, 부모가 누구인지 사실은 모릅니다. 산구山口 씨가 제 친부모같이 발표되었으나 사실은 제 친부모는 아닙니다. 25일부터 부산에서 공연하므로 그때는 꼭 만나보겠어요." 그러나 막상 누이와 아들까지 대동하고 이인재가 찾아오자 리샹란은 만남을 거부했다. 이인재가 하도 완강하게 버티니 결국 만나지만 자기는 딸이 아니라며 고개를 저었다. 부인된 '아비'는 분노했다. "틀림없는 희득입니다. 그러나 당자가 자기 인기만 생각하고 그러는지 모르겠다고 하니 우리도 천천히 선후책을 생각해보겠어요."[2]

놀랍게도 리샹란은 항일 세력 사이에서 꽤 인기를 누리기도 했다. 중국인의 가장 큰 트라우마인 아편전쟁을 다룬 영화 〈만세유방萬世流芳〉(1943)에 출연한 덕분이다. 이 영화도 일제의 국책 영화였지만 다른 국책 영화와는 차이가 있었다. 영화는 중국이 아편전쟁(1840~1842) 패배로 맺게 된 난징조약(1843) 체결 100주년을 맞아 제작됐다. 영화 제목부터 의미심장했다. 아편전쟁 당시 영국에 당당히 맞섰던 청백리 임칙서의 의거가 '영원히 향기를 남긴다'는 뜻이다. 중국사의 영웅을 조명하면서 일본과 함께 반서구 전선에 나서자는 메시지를 담았다. 일본 육군이 성향도 다르고 사이도 좋지 않던 국책 영화사 만영(만주국)과 중화전영(상하이), 그리고 중화연합제편공사(중국 영화사들의 통합 조직)의 합작을 성사시켜 제작하게 한 대작 영화다.

텍스트가 반드시 발신자의 의도대로 수용되는 것은 아니다. 시대 상황, 수용자의 특성과 같은 복잡한 맥락 속에서 굴절되고 재해석되곤 한다. 많은 중국인들은 일본 육군의 의도와는 달리 이 영화를 '외적' 일본에 맞서 저항을 고취하는 영화로 받아들였다. 중화연합제편공사의 중국인 제작진은 물론 자유주의자들이 포진하고 있던 중화전영의 역할도 작용해서 영화는 단순한 친일 선전영화를 넘어서는 해석의 지평을 품었다. 1943년 6월, 〈만세유방〉이 개봉하자 중국 전역에서 큰 인기를 얻었다. 국민당 정부의 임시 수도 충칭은 물론 공산당의 거점 옌안에서도 상영됐고, 관객 동원 기록을 새로 썼다. 리샹란도 고통받는 청년 지사의 연인 역으로 출연해 큰 인기를 얻었다. 아편굴에서 아편의 유해함을 노래하며 부른 사탕 파는 노래 〈매탕가賣糖歌〉도 크게 히트했다.

북한의 김일성 주석도 리샹란의 팬이었다고 알려져 있다. 1979년에 방북한 리샹란과 단독 인터뷰를 하면서, 만주 지린성의 아지트에서 그녀의 영화를 보았다고 회고했다고 한다. 소설가 이병주도 리샹란의 팬이었다. 유작《별이 차가운 밤이면》[3]에 그녀를 모델로 한 배우 이채란을 등장시킨다. 무대는 상하이다. 대동아공영권에 공감하면서 일본인으로 가장한 채 밀정 노릇을 하는 주인공 박달세에게 이채란이 호감을 보인다. 그녀는 일본으로 떠나면서 박달세에게 영어 책《아리랑의 노래Song of Ariran》를 선물한다. 조선인 혁명가 김산의 파란만장한 이야기를 다룬 님 웨일스의 유명한 책이다. 물론 어디까지나 소설이다. 메이지 대학 유학 중 학병으로 징집되어 장교로 근무한 이병주는 전장에서 리샹란의 노래를 부르곤 했다고 전해진다. 리샹란은 시대의 아이콘이었다.

야마구치 요시코, 또 한 번의 삶

리샹란의 출생은 비밀스러웠다. 친부모를 모른다는 것이 공식 입장이었다. 친부모를 모르니 어느 쪽이든 뿌리가 될 수 있었다. 조선에서, 중국에서, 대만에서, 여기저기서 친부모라는 이들이 나타났다. 외모도 매우 이국적인 데다 이 나라 저 민족의 복식을 하고서 사진과 영화를 찍었으니 대동아공영권의 스타로 안성맞춤이었다.

그런 그녀의 정체가 일본이 패전하면서 비로소 드러났다. 이름은 야마구치 요시코山口淑子. 과연 소문대로 산구 씨의 딸, 일본인이었다. 남만주철도주식회사*에서 일하며 중국 문화에 관심이 많던 아버지의 영향으로 어릴 때부터 중국어를 익히고 아버지의 중국인 의형제 밑에서 양녀처럼 자랐다. 중국인 양아버지

★   러일전쟁으로 획득한 철도 노선과 부속지를 운영한 일본의 국책기업. 철도는 물론 만주 지역의 경제 전반을 장악한 거대 기업으로, 관동군과 함께 만주국 통치의 주축이 됐다.

가 자기 성에 아호를 따서 붙여준 이름이 리샹란이었다. 두 나라의 말에 능통한 데다 노래까지 잘하는 소녀가 있다는 소문을 들은 만영에서 스카우트 제안을 했다. 1933년, 그녀의 나이 13세 때였다.

일본이 만주사변을 일으켜 중국을 침략하기 시작한 것이 1931년, 만주국을 세운 것이 1932년이었다. 리샹란은 자서전에서 회고한다. "1933년 만주국 국가정책에 따라 만들어진 가수 리샹란이 데뷔했다. 그녀는 일본인 야마구치 요시코, 즉 나였다. 아무것도 모르고 역사의 흐름에 따라갔을 뿐이지만 나는 마치 만주사변처럼 일본인이 만든 중국인이었다." 그렇게 만주국의 기획된 스타가 됐고, 이윽고 동아시아를 대표하는 스타로 성장했다.

일본이 패한 다음 리샹란은 한간, 즉 매국노로 체포됐다. 일제 침략의 앞잡이 노릇을 했으니 그럴 법했다. 사형이 선고될 수도 있는 중죄였다. 수용소에 구금되어 있는데 우여곡절 끝에 일본인임을 증명하는 호적 서류가 도착했다. 한간의 죄는 정의상 중국인에게만 적용됐다. 일본인인 그녀가 매국노일 수는 없었다. 1946년 2월 말, 중국에서 추방됐다. 배가 상하이 부두를 떠나자, 갑판으로 올라가서 상하이의 실루엣을 바라보았다. 그때 배 안에 켜진 라디오에서 자기 노래 〈야래향〉이 나왔다. 그녀는 혼잣말로 인사했다. "안녕, 리샹란! 안녕, 나의 중국."

패전 후 귀환한 일본에서 본명 야마구치 요시코로 또 한 번의 삶을 살았다. 일본 영화에 여러 편 출연했고, 미국에서 셜리 야마구치라는 이름으로 할리우드 영화에 출연하기도 했다. 방송인으로 활동하다가 자민당 소속으로 18년간 참의원을 지내

설리 야마구치라는 이름으로 출연한 할리우드 영화 〈대나무집〉(1955)의 한 장면.

고, 환경부 차관에 오르기도 했다. 팔레스타인, 베트남, 미얀마 등 약소국과 약소민족의 입장을 조명하려 애썼고, 평화주의자를 자임했다. 자서전에서 밝히듯 침략의 앞잡이 노릇을 했던 과거를 반성하고 사죄했다. "그녀의 삶은 반성의 말을 배반하지는 않았다." 일본인 저술가 야마자키 도모코가 내리는 평가다.[4]

그녀의 반성은 '진정성' 있는 것일까? 그 내면을 일부러 의심할 필요는 없다. 그래도 반성이 적절했는지는 따져볼 수 있다. 그다지 주목받지 못하는 그녀의 경력 하나에 주목하게 되는 이유다. 그녀는 1953~4년 사이에 추진된 일본과 인도네시아의 합작 영화 〈영광의 그늘에栄光のかげに〉에 주연으로 캐스팅된다. 일본 최대 영화사 도호와 인도네시아 내셔널필름 사이에서 착착 진행되던 영화 제작은 인도네시아 외무부 장관의 개입으로 결국 무산됐다. 장관은 영화의 줄거리를 인정할 수 없고, 일본이 전후

배상을 하지도, 국교를 수립하지도 않았다며 문제를 삼았다고 한다. 어떤 이야기였기에 인정할 수 없다고 했을까? 영화는 일본의 패전 후에 본국으로 귀환하지 않고 인도네시아 독립을 위해 네덜란드와 싸운 일본군을 조명하려 했다. 그런 사람들이 있었던 건 맞다. 거기엔 심지어 조선인들도 있었다. 후일 인도네시아 독립영웅으로 추서되는 포로감시원 출신 양칠성 같은 인물이다.

어쩌다가 일본군이 인도네시아 독립전쟁에 가담하게 됐을까? 일본은 인도네시아를 점령하고 있던 1943년 10월, 원주민을 조직해 페타PEmbla Tanah Air('조국의 수호자'라는 뜻)라는 의용군을 조직하고 훈련시켰다. 일본이 패전하면서 결국 해산됐지만 이후 페타 출신의 수하르토와 수디르만 등이 군대 조직을 주도하면서 페타는 인도네시아군의 전신이 되었다. 패전을 받아들이지 못한 일본군 일부가 그렇게 인도네시아 독립전쟁에 참가했다. 역사의 아이러니다.

실상은 어땠을까? 인도네시아를 대표하는 작가 중 한 명인 에카 쿠르니아완의 소설《아름다움 그것은 상처》[5]에 그 일단이 생생하다. 주인공 데위 아유는 네덜란드인과 현지인 사이에서 태어난 혼혈 여성이다. 다른 네덜란드 여성들과 함께 수용소에 갇혔다가 일본군 위안부가 되어 학대당한다. 강간으로 태어나는 그녀의 딸들도 모두 창녀가 된다. "하급 장교나 일본 천황이나 뭐가 다르겠어요. 모두 여자 쑤실 생각밖에 없는데요." 데위 아유가 보는 일본군이다. 하지만 스스로를 학대하지 않고 자기 삶을 긍정하며 헤쳐나간다. 일본이 무조건항복을 선언하자, 인도네시아는 1945년 8월 17일 자로 독립을 선언했다. 페타가 일본

군을 무장해제시켰다. "일장기를 끌어 내리고 일본군에게 소리
쳤다. '이 빌어먹을 깃발이나 처먹어라.' 그리고 붉고 흰 인도네
시아 국가를 엄숙하게 게양하고 국가를 불렀다."

　네덜란드를 쫓아낸 직후에 일본은 해방자를 자처했다. 전
황이 악화되던 1943년 후반부터 억압자로서의 면모를 노골적
으로 드러냈다. 식량 공출과 강제 동원을 강요했다. 인도네시아
민중이 저항을 시작하면서 항일 봉기가 빈발했다. 페타가 '빌어
먹을 일장기'와 싸운 이유다. 일본군 중 일부가 함께 투쟁했다
고 해서 역사의 큰 흐름을 부정할 수는 없다. 〈영광의 그늘에〉
의 구체적인 시놉시스를 알 수는 없지만, 야마구치 요시코의 선
택은 미심쩍었다. 그녀와 함께한 이들도 마찬가지였다. 이 영화
가 무산되고 영화사 도호의 제작진이 그 대신 촬영한 영화가 일
본 영화계 전설의 시작, 수소폭탄 실험의 영향으로 괴수가 부활
했다는 설정의 영화 〈고지라ゴジラ〉(1954)였다. 미국이 비키니환
초에서 수소폭탄 실험을 한 직후였다. 실험 지점에서 150킬로
미터 떨어져 있던 일본 어선의 선원 전원이 피폭됐고, 한 명이
사망했다. 영화는 이 사건에서 아이디어를 얻었다. 수소폭탄이
낳은 괴물이 일본을 파괴한다는 줄거리는 일본이야말로 역사의
피해자라는 서사의 발원점 중 하나가 됐다.

참된 사죄에 이르는 길은?

　야마구치 요시코가 위안부 문제를 중심으로 일본의 과거사
책임에 대해 본격적으로 발언하기 시작한 것은 정계를 은퇴한

1992년 이후의 일이다. 1995년에 위안부에 대한 사죄와 피해 보상의 방안으로 '여성을 위한 아시아평화국민기금'을 발기하고 부이사장이 됐다. 16명의 발기인 중에는 와다 하루키 도쿄대 교수처럼 일본을 대표하는 리버럴 인사들이 포함됐다. 2대 이사장은 무라야마 도미이치 사회당 당수가 맡았다. 일본 정부가 사죄하되 배상 책임은 시민사회가 전 국민 모금으로 진다는 이들의 구상은 일본 사회에 큰 논란을 불러일으켰다. 그들의 논리는 무엇이었을까? 1965년 한일협정으로 배상 책임이 끝났다는 일본 정부의 논리를 부정하기 어려우니, 일본 시민이 직접 나서겠다는 것이었다. 좀 더 적극적인 명분도 있었다. 일본인은 군국주의 시절은 물론 패전 이후에도 제대로 시민적 주체가 되어 과거를 책임져 본 적이 없다. 평화헌법도 사실은 미군정이 강요한 것이었다. 따라서 시민사회 주도의 배상이야말로 일본인이 주체적으로 자기 책임을 인정하는 지름길이 되리라는 것이었다. 기금의 등장은 일본 정부의 전쟁 책임, 나아가 식민지 지배 책임을 확고히 묻던 진보 진영이 분열하는 계기가 됐다. 1995년에 기금이 발표한 대국민 호소문의 일부를 살펴보자.

이 전쟁은 일본 국민뿐 아니라 여러 외국인, 특히 아시아 제국의 여러분들께도 크나큰 참화를 초래했습니다. 그중에서도 10대의 소녀까지도 포함된 많은 여성을 강제로 '위안부'로 만들고 그들에게 종군을 강요한 것은 여성의 근원적인 존엄성을 짓밟는 잔혹한 행위였습니다. 이러한 여성 여러분들의 심신에 가해진 깊은 상처는 우리들이 아무리 사과해도 아물 수 없는 것입니다. ⋯ 저희들은 '위안부'

제도의 희생자들에 대한 명예와 존엄성 회복을 위하여 역사의 사실 해명에 전력을 쏟으며, 마음에서 우러나는 사죄를 하도록 정부에 강력히 요청하겠습니다.

진정성 넘쳐 보이는 사죄에도 불구하고 이 입장은 한국에서 거부되고 일본 진보 진영에서 비판받았다. 위안부 동원은 국가 범죄인만큼 기금이 책임질 일이 아니며, 국가의 책임을 정면으로 인정해야 한다는 이유였다. 기금의 방안은 편법이었다. 야마구치 요시코는 조선인 위안부와의 짧은 인연을 계기로 위안부 문제에 관심을 갖게 됐다고 전해진다. 국문학자 고 김윤식 교수는 이를 "특등석에 앉아서 내려다보는 시선"이라며 꼬집었다. 리샹란의 삶은 위태롭게 경계를 걸었다. 그렇다고는 해도 결국 경계의 안쪽, 따뜻한 자리를 걸은 것은 아니었을까? 역사 속에서 개인이 책임지는 방법은 무엇일까, 더 깊이 고민하게 된다.

2014년 9월 7일, 한때 리샹란이었던 야마구치 요시코가 죽었다. 그해 일본 정부는 위안부의 강제성을 부인하며 외무성 홈페이지에서 이 호소문마저 삭제했다. '리샹란을 지키는 모임' 중 한 명이던 기시 노부스케의 외손주 아베 총리가 벌인 일이다. 일본의 우경화를 이끈 아베는 2022년, 연설 중 암살됐다. 아베를 향해 사죄를 촉구하던 사카모토 류이치는 2023년 3월에 세상을 떠났다. 위안부 피해자들은 2024년 6월 14일 현재, 한국 정부에 등록된 240명 중 232명이 세상을 떠나고 여덟 명만이 남았다. 2023년 4월, 한국의 대통령 윤석열은 《워싱턴 포스트》와 한 인터뷰에서 이렇게 말했다. 100년 전의 일을 가지고 '무조건 안 된다, 무조건 무릎 꿇어라'라고 하는 이거는 저는 받아들일 수 없습니다."

　역사적 책임에 관한 오랜 고민들이 깃털처럼 가벼운 그 말들 속에서 증발했다. 리샹란, 아니 야마구치 요시코와 그의 동료들은 "아무리 사과해도 아물 수 없는 상처"라며 죄를 고백했다. 그러고서도 국가의 책임을 명시하지 않는 편법을 추진했다고 비판받았다. 지금은 한국 대통령이 나서서 일본에게 사과할 필요가 없다며 손을 젓고 있다. 역사의 전진이나 후퇴와 같은 거칠고 자의적인 표현은 가급적 삼가려고 한다. 그러나 이 경우에는 써야만 한다. 역사가 후퇴하고 있다. 그것도 아주 많이.

2.
〈너의 이름은〉,
기억함으로써 잊는 것

여기 일본 청소년 두 명이 있다. 17세 소녀 미츠하는 깊은 산골 이토모리에 사는 신관 집안의 무녀다. 다음 생에는 이 지루한 산골 말고 화려한 도쿄에서 남자로 살고 싶다. 바로 그 도쿄에 사는 소년 타키는 한창 고교 시절을 만끽 중이다. 그리고 어느 날, 둘 사이에 믿을 수 없는 사건이 일어난다. 둘의 몸이 바뀐 것이다. 일주일에 두세 번씩 불규칙하게, 자는 동안 몸이 바뀐다. 처음에는 무슨 일인지 몰라 당황하고 실수를 연발하다가 점차 상황을 깨닫게 된다. 이윽고 서로의 생활에 그나마 피해를 덜 끼치기 위해 규칙들을 정하고, 부재한 동안 무슨 일이 일어났는지 서로 알 수 있도록 몸이 바뀐 날 생긴 일을 각자의 스마트폰에 기록으로 남겨준다. 이 이상한 현상을 극복하자며 협력도 약속한다. 몸이 바뀐 다른 성별의 두 청소년이 벌이는 티격태격 시시콜콜 에피소드들이 재미있다. 신카이 마코토 감독의 애니메이션 〈너의 이름은〉(2016)의 도입부 이야기다.

소소한 일상을 보여주던 영화는 갑자기 거대한 비극으로

반전한다. 어느 날 타키는 스마트폰에서 오늘 밤 혜성이 지나갈 거라는 미츠하의 메시지를 본다. 무슨 일인지 궁금해진 타키가 미츠하에게 전화를 걸지만 연결되지 않는다. 그날부터는 둘의 몸이 바뀌지도 않는다. 타키는 희미한 기억에 의존해 이토모리 마을을 그리고, 그 그림을 단서로 미츠하를 찾아 나선다. 겨우 찾아낸 그곳에는 거대한 호수가 있을 뿐이다. 3년 전 혜성 파편의 직격으로 주민 500여 명이 죽은 대재난의 현장이었다. 타키는 도서관의 희생자 명부에서 미츠하와 가족의 이름을 발견한다. 그러니까 그녀는 이미 죽은 사람이었다. 2016년의 타키가 아직 살아 있던 2013년의 미츠하와 연결되었고, 미츠하가 전화를 받지 않던 그날이 바로 이토모리에 혜성이 떨어진 날이었던 것이다! 이 사실을 깨닫는 순간 갑자기 스마트폰의 모든 기록이 사라지고 미츠하의 이름도, 그녀에 대한 기억도 사라진다.

절망한 타키는 희미한 기억을 더듬으며 산으로 올라간다. 거기서 무녀였던 미츠하가 쌀을 씹어 만든 술 쿠치카미자케를 마신 후 쓰러지고 황혼 무렵 둘은 다시 이어진다. 타키를 통해 혜성이 추락한다는 사실을 알게 된 미츠하는 그날로 돌아가 혜성이 떨어진다며 사람들을 대피시키려 하지만 아무도 그녀의 말을 믿지 않는다. 결국 미츠하는 친구들과 힘을 합쳐 마을 발전소를 폭파하고 사야카에게는 마을 방송을 해킹해서 대피를 유도한다. 정장町長(한국의 군수에 해당)인 아버지의 개입으로 모든 것이 수포로 돌아가게 되지만, 천신만고 끝에 아버지를 설득하는 데 성공해서 기어코 재난을 막는다.

다시 시간이 흘러 2023년, 둘은 서로에 대한 기억을 잃은 채 각자의 삶을 살고 있다. 출근길, 엇갈리는 전철 안에서 둘의 눈이 마주친다. 그리고 운명의 연결을 느낀다. 타키가 먼저 내리고 미츠하도 다음 역에서 내린다. 무작정 뛰어가다 어느 계단에서 마주친 둘이 천천히 서로를 향해 걷는다. 그 사람일까, 머뭇거리며 지나치는데 타키가 돌아서며 외친다. "나, 너를 어딘가에서…" 돌아선 미츠하의 눈에서 눈물이 흐른다. "나도!" 타키의 눈에서도 눈물이 흐른다. 둘이 동시에 묻는다. "너의… 이름은…?" 화면이 푸른 하늘을 비추고 주제가가 흐르면서 막이 내린다.

영화는 공전의 성공을 거뒀다. 일본에서만 2000만 명에 육박하는 관객이 영화관을 찾았고, 중국 관객도 2000만 명을 넘겼다. 한국에서도 390만 명의 관객을 모아 〈슬램덩크〉와 〈스즈메의 문단속〉 이전까지 가장 흥행한 일본 애니메이션이라는 기록을 세웠다. 2020년까지 세계에서 가장 크게 성공한 일본 애니메이션이었다.

아름답고 찬란한 영상미, 4인조 밴드 래드윔프스의 심장을 울리는 삽입곡들도 흥행에 큰 역할을 했다. 열띤 호응의 중심에는 공감을 자아낸 서사가, 절실한 주제의식이 있다. 재난에 던져진 인간들이 필사의 노력으로 재난을 극복하고, 우여곡절 끝에 사랑을 이룬다는 이야기가 사람들의 마음을 울렸다. 미츠하와 할머니를 이어주는 매듭 끈 '무스비結び'는 미츠하와 타키를 이어주는 인연의 끈이기도 하고, 타인의 아픔에 공감하는 사람들을 이어주는 연결의 끈이기도 하다. 영화는 우리가 재난 속에 서로 연결된 존재라는 감각을 일깨웠다.

〈너의 이름은〉과 세월호 참사

물론 재난과 사랑을 연결하는 영화는 흔하디흔하다. 〈너의 이름은〉이 다른 영화들과 달랐던 건 감독 스스로 인정한 것처럼 이 영화가 3·11 참사에 대한 은유이자 애도로 읽혔기 때문이다. 2011년 3월 11일, 일본 도호쿠 지방을 강타한 대지진과 쓰나미, 원전 폭발 사고로 1만 8000명 이상이 죽거나 실종됐고, 6000명 이상이 다쳤다. 쓰나미가 마을을 덮치고 원전이 폭발하는 모습이 실시간으로 중계될 때의 충격은 초현실적인 것이었다. 희생자를 구하고 이재민을 도우려는 자원봉사자들이 일본 전역 및 전 세계에서 몰려들었다.

그리고 현실의 시간이 시작됐다. 관료들은 매뉴얼에 없다며 지원을 거부하고, 사고의 주범인 도쿄전력은 책임을 회피하기에 급급했다. 일본 정부는 무능했다. 기술 만능주의에 대한 처절한 비판과 반성의 목소리는 시간이 흐르자 잦아들고, 언론·정관계·학계와 결탁한 원전 체제는 별 탈 없이 강고하게 부활했다. 검찰과 법원도 관련자 처벌에 극도로 미온적이어서, 책임자들에 대한 형사처벌은 아직도 이루어지지 않았다. 정치권력은 3·11 참사 이전과 다른 세상을 만드는 데 힘을 모으는 대신, 3·11 이전으로 돌아가자며 '부흥'을 슬로건으로 내걸었다. 도쿄 올림픽 유치와 개최에 그토록 심혈을 기울인 것도 '부흥'이라는 낡은 국가 목표를 위한 것이었다. 부흥의 이미지에 방해가 되는 피해자들은 억압하고 배제하기도 했다. 피해자들을 따돌리는 이지메 현상까지 일어나 충격을 던지기도 했다.

현실은 무참했지만 인류애가 돋보인 순간도 있었다. 볼란

티아ボランティア, volunteer라고 불리는 자발적 개인들의 작은 노력들이 그것이었다. 수많은 감동 실화들이 미디어를 타고 사람들의 마음을 울렸다. 〈너의 이름은〉은 이 파렴치한 세상에서 약한 개인들이 서로 도우며 세상을 구한다는 서사를 그렸다. 그 키워드가 바로 '너의 이름'이고 '무스비'였다. '너의 이름'이 구체적인 타인을 의미한다면 '무스비'는 그들을 이어주는 인연을 뜻한다. 무참함 속에서 기억해야 할 가장 소중한 것은 바로 개인들 사이의 연결이라고 영화는 말한다.

일본에서 〈너의 이름은〉의 역대급 흥행은 일종의 사회 현상이 됐다. 일본 최대 영화 사이트인 에이가닷컴映画.com에는 수많은 감상평이 올라왔다. 3·11 참사와의 연관성을 떠올린 것이 대다수였다. "지진 재해가 생각나서 마음이 무거웠지만 좋았다. … 시공을 넘어서 서로 돕는다는 느낌이 좋았다." "동일본대지진 후 잠시 동안은 많은 사람이 자신과 전혀 상관없는 … 가본 적도 없는 지역의 날씨에도 일희일비하고, 비가 오면 피해 지역이 추울까 봐 걱정하면서 가슴 아파했다. 그런 생각을 이 영화가 되살려주었다. 혹시 그 대참사가 일어나지 않았다면 (대신 다른 곳에서 참사가 일어나) 그 지역에서 희생당한 누군가가 자신의 아내가 되었을지 모르고 동료가 되었을지 모른다는 생각이 들었다."

한국인이라면 이런 영화 감상 앞에서 세월호나 이태원 참사를 떠올릴 수밖에 없을 것이다. 희생자들의 고통에 공감하는 한편 나는 그저 운이 좋아 살아남았을 뿐, 같은 곳에 있었다면 나 역시 저들과 다르지 않았을 것이라고 느끼는 연결의 감각을 환기하면서 말이다. 신카이 마코토 감독도 2017년 2월 9일, SBS

〈나이트라인〉에 출연해서 2014년 영화를 만들기 시작했을 때 세월호 사고가 났다며 관련성을 언급한 바 있다. "움직이지 말고 그 자리에서 대기하라"는 안내 방송 탓에 희생이 컸다는 데 충격을 받았다고 고백했다. 그래서일까? 그가 받은 충격의 흔적이 영화에 선명하다. 미츠하의 친구 사야카의 대피 방송을 제지한 아버지와 주민센터 측은 모두 침착하게 집에서 대기하라는 방송을 내보낸다. 방송을 들은 사람들은 "집에 가만히 있으래" 하면서 머문다. 맥락을 알고 보면 마음이 무척 힘든 장면이다.

좋은 영화에도 논란은 따르는 법. 이 영화에 대해서도 이런저런 비판이 제기됐다. 다른 시간대를 사는 남성과 여성 사이의 연결과 사랑이라는 설정이 한국 영화 〈시월애〉(2000)를 닮았다는 의혹이 일본에서 먼저 제기됐다. 그 외 여러 영화들과 관련한 표절 논란도 일었다. 그러나 유사한 설정이라고 해서 무조건 표절이라고 보기는 어렵다는 의견이 많은 것 같다.

훨씬 진지한 문제 제기도 있다. 한국과 일본의 청년 문화를 비교연구해온 일본의 사회학자 후쿠시마 미노리는 영화가 현실을 반영하고 관객에게 받아들여진 과정을 '사회성의 부재'라는 키워드로 짚는다. 대지진의 자연재해로서의 비극성만 부각될 뿐, 인재로서의 비극성, 사회문제로서의 비판은 보이지 않는다는 것이다. 서로를 향한 개인들의 마음, 그 연결의 감각도 어떤 절대적이며 운명적인 인연으로서의 측면만 강조될 뿐(개인 사이의 무스비!), 차이와 다름 사이에서 갈등하고 부딪히면서 성장하는 '사회'라는 문제의식이 누락되어 있다는 것이다.[1]

착한 마음을 넘어 구조의 문제 직시하기

타인의 고통에 대한 공감을 주제로 하는 이 착한 영화에까지 굳이 시비를 걸어야 할까? 역시 사회학자라는 인간들은 어떻게든 삐딱한 시선으로 자신을 증명하고 싶어 하는 부류가 아닐까? 그러나 그렇게 간단한 문제는 아니다. 일본 사회의 역사적 맥락에서 〈너의 이름은〉이라는 제목이 지닌 의미와 무게 때문이다.

신카이 마코토 훨씬 전에 또 다른 〈너의 이름은君の名は〉이 있었다. 1952년부터 1954년까지 총 98회 방영된 NHK 라디오 드라마 〈너의 이름은〉이 바로 그것이다. 극작가 기쿠타 가즈오의 대표작으로서 서로 이름도 모르는 채 만날 듯 만나지 못하던 연인이 끝내 시련을 이겨내고 사랑을 이룬다는 청춘 이야기의 전형을 확립한 드라마다. 방송일인 목요일 밤에는 "목욕탕 여탕에서 사람이 사라진다"는 말이 나올 정도로 기록적인 인기를 끌었다. 방송 중에 1, 2, 3부로 영화화되어 1953년과 1954년, 박스 오피스 1위를 휩쓸기도 했다. 1954년 일본에서 개봉한 영화들이 〈7인의 사무라이〉〈고지라〉〈로마의 휴일〉 같은 대작들이었음을 상기해보면 〈너의 이름은〉의 인기가 어느 정도였는지 짐작할 수 있을 것이다. 주연 여배우가 아무렇게나 두른 숄마저 주목받아, 그 착용법이 여주인공의 이름을 따서 '마치코마키'라는 이름으로 크게 유행했다. 한류 드라마 〈겨울연가〉의 배용준 식 목도리 감기(욘사마마키) 유행의 원조라 하겠다. 처음 만났던 스키야바시 다리에 주인공 하루키와 마치코가 서 있는 광경은 1950년대를 상징하는 문화적 아이콘이 되었다. 2016년 〈너의

이름은〉의 엔딩 계단 신은 스키야바시 다리 신에 바치는 오마주로 읽을 수도 있겠다.

동명의 라디오 드라마를 영화화한
〈너의 이름은(제3부)〉(1954)은
그해 최고 흥행작이 됐다.

　무엇보다 〈너의 이름은〉은 계속 리바이벌됐다. 라디오 드라마로 1962년, 1966년, 1976년에 다시 제작되었고, 1991년에 'NHK 연속 테레비 소설'로 제작된 다음 2006년에 앵콜 방영됐다. 2020년에는 NHK 아침드라마 〈엘ェール, yell〉 속의 극중극으로 다시 방영됐다. 어느 세대 이상의 일본인이 신카이 마코토의 〈너의 이름은〉을 접할 때, 저 수많은 〈너의 이름은〉이 환기되는 것은 거의 자동적인 프로세스인 것이다.

　그렇다면 원조 〈너의 이름은〉은 어떤 이야기일까? 드라마는 1945년 5월 24일, 도쿄에 미 공군의 소이탄이 무차별로 투하된 대공습의 날로부터 시작된다. 긴자의 다리 스키야바시 일대에서 화염을 피해 도망치던 주인공 하루키와 마치코는 우연히 서로의 생명을 지켜주게 된다. 다음 날 아침 스키야바시 다리 위에서 헤어지며 하루키가 말한다. "만약 반년이 지나도 살아 있다면… 지금부터 반년 째의 밤, 11월 24일이네, 다시 한번 여기서 만나지 않을래, 너…?" 마치코가 대답한다. "그래, 만나. … 서로의 생명의 강이 아직 흐르고 있다는 걸 축하하기 위해서 말이야." 하루키가 묻는다. "너의 이름은…?" 왠지 대답하지 않는 쪽이 로맨틱한 것 같아 마치코는 대답하지 않고 돌아선다.

1945년 5월 25일, 도쿄를 폭격 중인
미 공군 B-29 폭격기.

하지만 반년 후 둘은 만나지 못한다. 그사이 패전의 8월 15일이 있었고, 운명이 이들을 갈라놓는다. 1년 반 만에 겨우 다시 만나지만 마치코는 다음 날 결혼할 예정이다. 공습에 부모를 잃은 마치코에게 숙부가 엘리트 관료 하마구치와의 결혼을 강권한 탓이다. 결혼 후 질투하는 남편과 학대하는 시어머니 아래서

마치코는 불행하다. 하루키와 마치코는 만남과 헤어짐을 반복
하며 사랑이 깊어진다. 남편의 아이를 임신한 채 마치코는 마침
내 이혼 동의를 얻어내고, 하루키와 함께하리라는 암시를 주며
드라마는 끝난다. 1945년 5월 24일부터 1953년 9월까지 8년
반 동안의 사랑 이야기가 이렇게 끝난다. 전쟁 전의 어두운 과
거와는 다른 새로운 연인 관계와 개인주의, 핵가족 상을 제시하
며 큰 공감을 얻었다고 평가된다.

　당초의 시나리오에서는 하루키와 마치코의 비중이 크지 않
았다고 한다. 그러나 청취자들은 비중이 더 컸던 퇴역 군인, 미
군 상대 직업여성 팡팡, 전쟁 '미망인'처럼 전쟁을 떠올리게 하
는 인물들이 아니라 새로운 시대를 보여주는 하루코와 마치코
의 이야기에 열광했다. 결국 드라마의 방향이 바뀌었다.

　망각 그리고 망각의 불가능성은 이 드라마의 중요한 주제
다. 드라마는 매회 시작 때마다 "망각이란 잊어버리는 것/ 잊지
못하고 망각을 맹세하는 마음의 서글픔이여"라는 대사를 반복
했다. 퇴역 군인, 팡팡, 전쟁 '미망인'처럼 전쟁과 관련된 많은 기
억들이 역사 속에서 망각되고 억압됐다. 그래도 잊지 말아야 할
것이 있었다. 폭탄이 쏟아지는 도쿄에서 불길에 죽어간 사람들
이다. 도쿄 대공습으로 20만 명 이상이 죽거나 실종됐다. 원자
폭탄보다 더 많은 희생자를 낳은 재앙이었다.

　일본의 전쟁 책임이 준엄하다고 해서 수많은 민간인을
살상한 도쿄 대공습을 옹호할 수 있을까? 피해가 가장 컸던
1945년 3월 9일~10일 사이 한 번의 공습에 10만 명 이상이 죽
고, 100만 명의 이재민이 발생했다. 미군은 일본의 주택 대부분
이 목조라는 점을 고려해서 일부러 불을 내는 소이탄을 퍼부었

다. 사상자 대부분은 민간인이었다. 공습을 지휘한 커티스 르메이 장군은 일본인 민간인들도 무기를 생산하는 등 일본군의 전쟁 수행을 돕고 있다며, "무고한 민간인은 없다There are no innocent civilians"는 말을 남겼다. 과연 그럴까? 그 말대로라면 전쟁 중에 민간인 학살을 막을 어떤 명분도 없다. 어차피 전쟁이라며 민간인을 학살해도 괜찮을까?

그렇게 비참하게 패전한 일본과 연합국 사이에 샌프란시스코 강화 조약이 맺어졌고, 1952년 4월 발효되었다. 라디오 드라마 〈너의 이름은〉이 시작된 시점이다. 점령군의 통제를 벗어난 뒤 제작된 첫 번째 드라마가 도쿄 대공습에 대한 기억으로 시작했다는 사실은 의미심장하다. 미군정 아래서 미군의 공습을 묘사할 수는 없었다. 일본의 문화연구자 스즈키 타카네는 대도시들이 공습당한 사실을 잘 모르고 있던 농촌 지역 대다수 일본인들이, 이 드라마를 통해 대공습을 간접 체험하고 피해자 정체성을 공유하게 됐다고 말한다.

대공습의 참상을 생각하면 드라마를 통해 아픔을 공유한다는 건 충분히 이해할 수 있는 일이다. 하지만 어떤 경우에 우리는 말한 것보다는 말하지 않은 것에서 더 큰 함의를 찾을 수도 있다. 드라마는 대공습의 비극을 재현하면서도 대공습의 원인이나 전쟁 책임 따위는 전혀 다루지 않았다. 공습과 전쟁은 마치 '천재지변'처럼 묘사되고, 사람들은 모두 힘없고 슬픈 피해자로 그려졌다. 이를테면 하루키를 괴롭히는 마치코와의 사랑이 공습에서 비롯됐음을 알게 된 여성 코즈에는 "불쌍하네"라고 말한 다음 이렇게 말을 잇는다. "전쟁이니까 그렇게 된 거구나." 하루키가 대답한다. "응… 전쟁이니까 그런 일이 있었어. 그래서 이

제 그런 일은 잊혀버린다는 것이 정말일지도 모르겠어." 코즈에가 말한다. "전쟁은 슬프네."(제1부 〈황궁 앞 광장〉 중에서) 이렇게 슬픈 피해의 기억이 전쟁 책임에 대한 망각과 결합된다.[2] 이것이 바로 일본 현대사에서 계속 리바이벌되어온 〈너의 이름은〉을 둘러싼 의미의 그물망이다.

이 시기, 〈너의 이름은〉을 필두로 전쟁 책임과 피해에 대한 균형 잡힌 기억이 아니라 일본을 오직 일방적 피해자로만 기억하는 일련의 문화적 재현 작업들이 본격화된다. 〈너의 이름은〉이 한창 히트하던 1952년 9월에 필리핀에 수용된 일본인 전쟁범죄자 사형수들의 사연을 담은 노래 〈아, 몬텐루파의 밤은 깊어ぁ、モンテンルパの夜は更けて〉가 발표됐다. 사형수의 서러운 사연을 노래한 이 곡은 20만 매 이상의 판매고를 기록하며 대히트했다. 그들이 그곳에서 무슨 범죄를 저질렀는지는 질문되지 않았다. 〈너의 이름은〉이 대단원을 맺던 1954년에는 미국의 수소폭탄 실험으로 탄생한 괴수 고지라가 일본을 파괴한다는 〈고지라〉시리즈가 시작됐다. 일본군 패잔병들이 항복을 거부하고 인도네시아 독립 운동을 돕는다는 내용의 영화 〈영광의 그늘에〉가 좌초한 후 진행된 프로젝트였다. 그 여주인공이 만주국의 대스타 리샹란이었다는 것은 앞 장에서 살펴보았다.

일본의 정치학자 쿠마가이 나오코는 일본인들이 전쟁에 대해 두 단계에 걸쳐 상이한 기억을 가지고 있었지만, 전후에는 한 가지만 선택적으로 기억되었다고 지적한다. 초기 단계의 전쟁 기억은 아시아태평양 지역에서의 영광스러운 승리를 자랑스러워하는 대일본제국에 대한 이야기들로 구성된다. 최종 단계의 전쟁 기억은 일본인 개인들이 겪어야 했던 모든 고난과 고통들에 대한 일화들로 구성된다. 대부분의 일본인들에게서 전쟁 기억은 후자로 귀결됐다. 무조건항복과 도쿄전범재판으로 전쟁이 범죄화되자, 일본인들은 전쟁 전반부의 영광스러운 군사적 전진의 기억을 묻어버린 채 전쟁 후반부의 고통스러운 경험만을 선택적으로 기억하게 되었다는 것이다.[3]

일본 역사와 문화 연구의 권위자인 네덜란드 학자 이안 부루마는 일본인들이 스스로를 희생자로 생각하게 된 과정을 이렇게 설명한다. 천황이 무죄로 판명되고 대신 그의 지시를 받은 군국주의자들이 모든 비난을 받았다. 일본이 도쿄전범재판에서 배운 것은 왜곡을 통해 거짓과 정치적 위선을 은폐하는 것이었다. 전쟁 초기에 해외 파병에 대한 대중적 열기가 무척 뜨거웠었다는 사실도 대충 넘어갔다. "군국주의자들을 제외하고 나머지 모든 일본인이 그들의 천황과 같이 무죄라면, 그들은 희생자들인 것이다."[4]

두 편의 〈너의 이름은〉이 똑같다는 말은 아니다. 하늘에서 폭탄이 떨어지고 혜성이 떨어지는 공통점이 있다고 해도 둘의 의미가 같지는 않다. 무엇보다 2016년의 〈너의 이름은〉은 침략을 은폐하는 이야기가 아니다. 하지만 어떤 점에서 두 편의 〈너의 이름은〉은 여전히 닮았다. 분명한 원인과 책임이 있는 인간의 비극을 천재지변으로 묘사하는 것, 직면해야 할 정치사회적 문제를 개인들 간의 연결이라는 방식으로 우회하는 건 동형적이다.

한국 사회는 과연 얼마나 다를까? "잊지 않겠다"고 다짐하지만, 생명과 안전을 경시하는 파렴치한 세상을 변혁하기 위한 고통을 우리는 얼마나 감내해왔을까? 착한 마음을 넘어 구조의 문제들을 얼마나 직시했을까? 4 · 16세월호참사특별조사위원회의 어느 조사관이 쓴 표현처럼 "그날 지켜본 것은 배 한 척의 침몰이 아니라, 사회의 참담한 실패였다". 그렇다면 사회의 근본적인 개혁이 필요했다. 거기에 연루된 우리 자신의 고통스러운 변화도 필요했다.

초기에는 이런 문제의식이 선명하게 공유됐다. 2014년 특별법 제정 운동 당시의 '진상규명, 책임자 처벌, 안전한 나라'라는 대표 슬로건이 바로 그런 문제의식을 반영하고 있었다. 그러나 실제 진행 과정은 달랐다. 처벌은 선원과 출동한 해경, 해운 회사, 해운업계 등 직접 관련자와 하급자들에게 집중됐다. 구조 책임을 진 해경 지휘부와 정부 당국자들에 대한 조사와 책임규명은 회피됐다. 그렇게 되자 4 · 16세월호참사특별조사위원회와 세월호선체조사위원회, 사회적참사특별조사위원회를 거치면서 논의는 책임을 회피한 나쁜 개인을 찾아내는 데 집중됐다. 사과를 보관한 방식을 문제 삼는 것이 아니라 단지 '썩은 사과' 한 알만 골라내면 된다는 '썩은 사과' 프레임이 논의를 지배했다. 안전 사회를 위한 구조적 개혁, 우리 자신을 포함한 사회의 근본적인 변혁이라는 과제는 계속 미뤄졌다.[5] 슬픔에 공감한다는 선한 마음에서 출발하는 것이 인지상정이라도, 희생자들과 연결되는 방식은 비극이 남긴 과제를 직시하고 해결하는 데 있다. 3 · 11과 4 · 16이 우리에게 제시하는 질문이다.

3.
콰이강의 다리 위에
조선인이 있었네

멀리서 경쾌한 휘파람 소리가 들린다. 밀림을 행군하는 장병들이 스코틀랜드 군가 〈보기 대령 행진곡〉을 부른다. 들으면 누구나 아, 하게 되는 익숙한 멜로디다. 보무도 당당히 행진하며 부대가 들어오는 곳은 태국의 정글 속 포로수용소다. 말레이에서 일본군에 항복한 영국군 포로들이 도착한 것이다. 일본군은 전쟁 물자 수송을 위해 태국과 버마(오늘날의 미얀마)를 잇는 철도를 한창 건설 중이다. 험준한 협곡을 흐르는 강에 열차가 지날 다리를 건설하면서 이 포로들을 동원한다. 포로들은 온갖 어려움을 이겨내고 기어코 다리를 완성한다. 그리고 완공 날, 영국 특공대가 다리를 폭파한다. 영화 〈콰이강의 다리〉(1957) 이야기다.

영국 출신으로 〈위대한 유산〉(1946) 〈올리버 트위스트〉 (1948) 〈아라비아의 로렌스〉(1962) 〈닥터 지바고〉(1965) 등을 감독한 데이비드 린이 메가폰을 잡았고, 저 작품들을 함께 한 그의 페르소나, 알렉 기네스가 영국군 대령 니컬슨 역을 맡았다.

영화 〈콰이강의 다리〉 미국 포스터.

수용소장 사이토 대좌 역을 맡은 일본 배우는 주로 할리우드와 유럽에서 활약한 하야카와 셋슈다. 영화는 그해 최고의 흥행작이 됐고, 작품상을 비롯한 일곱 개의 아카데미상을 받았다. 어떤 이야기이기에 흥행과 비평, 두 마리 토끼를 모두 잡았을까?

　　영화는 니컬슨 대령과 사이토 대좌의 갈등을 축으로 진행된다. 태국-버마 철도는 버마 전선에 물자를 보급하는 중요한 전략철도였고, 동남아시아 전구를 총괄하는 일본 남방군이 직접 지시한 중요한 작전이었다. 하지만 정글과 험준한 지형, 전염병 등 장애물이 한두 가지가 아니었다. 그중에서도 '콰이강의 다리' 건설지는 특히나 험지였는데, 기한 내에 완공하지 못하면 할복해야 하는 사이토가 결국 장교에게도 노역을 강요한다. 니컬슨은 제네바협정에 따라 장교는 노역이 면제된다며 거부한다. 사이토는 완강히 버티는 니컬슨을 때린 후, 좁고 뜨거운 감옥 '오븐'에 가둔다. 니컬슨은 굴복하지 않는다. 공사는 계속 지체되고 결국 굴복한 쪽은 사이토다. 러일전쟁 승전일을 명분으로 사면을 실시하면서 장교의 노역 면제를 약속한다.

니컬슨은 한술 더 떠 아예 공사 진행의 전권을 요구한다. 영
국군은 해낼 수 있다며 큰소리를 친다. 다급한 사이토가 동의한
다. 니컬슨의 지휘 아래 영국군은 다리 건설에 총력을 기울인다.
다리의 위치를 적절한 곳으로 옮기는가 하면, 급기야 협정의 내
용을 스스로 어기며 장교와 환자까지 노역에 동원한다. 기적처
럼 다리가 완공되고 고위인사들을 태운 첫 열차가 도착하는 날,
영국군 특공대가 다리를 폭파하러 온다. 우연히 도폭선을 발견
한 니컬슨이 소리치며 특공대에 다가가는 바람에 특공대원들이
노출되면서 일본군이 출동한다. 총탄에 특공대원들이 죽어간
다. 열차가 다리에 들어서고 파편에 맞은 니컬슨이 말한다. "내
가 무슨 짓을 저지른 거지?" 쓰러지는 니컬슨의 몸이 기폭 장치
를 누르자 다리가 폭파되고 열차는 추락한다. 그렇게 영화가 끝
난다.

주연 니콜슨 대령 역의 알렉 기네스가
아카데미 남우주연상을 받은 뒤 그려진 기념 목판화.

포로가 된 영국군이 적군의 다리를 주도적으로 건설한다는
설정이 아이러니하다. 피할 수 없다면 즐기라는 군 격언의 영국

군 버전 같다. 당연히 반발도 나온다. 군의관 클립튼이 항의한다. "대령님, 이건 적에 대한 협력이라고 볼 수 있습니다. 반역 행위라고 할 수도 있죠." 니컬슨이 화를 낸다. "자네 제정신인가, 클립튼? 우리는 전쟁포로야. 노동을 거부할 권리가 없다고." "저도 압니다, 대령님. 하지만 이렇게까지 잘해야 합니까?" "만약 자네가 사이토를 수술해야 한다면 최선을 다할 건가, 아니면 죽게 내버려둘 건가? … 우리를 육체적으로나 정신적으로나 깨뜨릴 수 없다는 걸 저들에게 보여주는 게 얼마나 중요한지 모르겠나? 언젠가 전쟁은 끝나게 될 거야. 난 몇 년 후에 그때가 오면 이 다리를 쓰는 사람들이 이 다리가 어떻게 세워졌는지, 그리고 누가 세웠는지를 기억하기 바라네. 노예들이 아니라 군인들이 세웠다는 걸 말이야. 영국 군인 말일세. 그것도 포로가 된 군인들이."

카메라가 비추지 않은 참상

포로가 된 군인들이 명예를 지키기 위해 적군에게 협력한다는 플롯 탓에 영화는 논란을 불러일으켰다. 원작은 영화 〈혹성탈출〉(1968)의 원작자로도 유명한 프랑스 작가 피에르 불의 소설 《콰이강의 다리Le Pont de la rivière Kwaï》(1952)다. 원작이 화제가 되자 2년 후 영어로 번역되고 다시 영화화됐다. 원작에서는 다리가 폭파되지 않지만(실제로도 폭파는 없었다) 그 외에는 원작과 영화 사이에 큰 차이가 없다.

소설이라고는 해도 실화를 표방했으니, 반발이 일어났다. 특히 영국군 참전자들의 반발이 심했다. 반영 감정이 심한 프랑스 작가가 영국군을 깎아내리려고 실상을 왜곡했다는 비판이었다. 다리 건설을 지휘한 실제 인물로 알려진 필립 투시 중령은 그렇게까지 협력적이지 않았다는 증언이 많다. 오히려 고의로 작업을 지연시켰다고 한다. 나무로 된 다리 구조물들을 갉아먹도록 흰개미들을 잡아 몰래 집어넣기도 하고, 콘크리트 강도를 일부러 낮추기도 했다는 것이다. 잔인하게 묘사된 수용소장 사이토에 대해서는 또 다른 증언이 나왔다. 실제 인물인 사이토 리사부로 소좌는 수용소 부소장이었고, 포로를 공정하게 대한 인물이라는 것이다. 영화 촬영 중에도 니컬슨 역의 알렉 기네스가 인물 설정에 반발하는 바람에 감독과 여러 차례 갈등을 빚었다고 알려져 있다. 그러나 결과적으로 그는 이 작품으로 아카데미 남우주연상을 수상하게 되었다.

논란은 이처럼 주로 적군에 대한 협력의 진위나, 인물 묘사의 정확성을 둘러싸고 일어났다. 중요하다면 중요한 논란이겠

타이 서남부 칸짜나부리에 남아 있는 콰이강의 다리. 상부 구조물은 복원된 것이다.

지만 이게 정말 핵심일까? 실제 역사는 어땠을까? 여기서 우리는 2011년에 출간된 한 권의 책을 주목하게 된다. 영국인 알리스터 어쿼트가 펴낸 《잊힌 하이랜더 부대원》이라는 제목의 회고록이다. 저자는 스코틀랜드 애버딘 출신으로 1939년에 지역 부대인 고든 하이랜더스에 징집됐다가 1942년 싱가포르에서 일본군 포로가 된 인물이다. 콰이강의 다리에서 죽을 고비를 넘겼고, 화물선으로 이송되다가 연합군의 어뢰 공격으로 죽을 뻔했으며, 나가사키 인근 탄광에서 노역 중 원폭 투하로 피폭된다. 1919년생이니 90세를 훌쩍 넘긴 나이였다. 그제야 회고록을 낸 이유가 무엇일까?

> 60년이 넘는 세월 동안 나는 일본인들 손에 당한 고통에 대해 침묵을 지켜왔다. 많은 예전 포로들이 그랬고, 모두 같은 이유에서였다. 상상할 수 없는 고통에 대한 심란한 이야기로 아내와 가족, 그리고 우리 자신을 화나게 하고 싶지 않았기 때문이다. 잠을 자다가도 악몽에 시달려야 했던 기억이 너무 끔찍했다. 해방이 되자 우리 모두는 영국 정부에 우리가 목격한 전쟁범죄에 대해 이야기하거나 나가사키의 원폭 폐허에서 본 것을 밝히지 않겠다는 서약서에 서명했다. 이제 나는 침묵을 깨고 수만 명의 연합군 포로들에 대한 조직적인 고문과 살인을 증언하고자 한다. … 이 책을 쓰는 과정 또한 고통스러웠다. 그러나 일본과의 일은 아직 끝나지 않았으며, 일본 정부가 죄책감을 완전히 인정하고 국민에게 그들의 이름으로 행해진 일을 말할 때까지 계속될 것이다. … 냉전 기간 살아남은 우리들은 중국과 러시아에 맞

서 동맹을 맺으려는 욕망으로 일본의 전쟁범죄를 눈감아준 영국과 미국 정부에게 골칫거리가 되었다.[1]

난징대학살 당시 일본군이 자랑삼아 저지른 100인 참수 경쟁을 보도한 《도쿄일일신문》 기사.

어쿼트의 회고록을 읽는 건 고통스럽다. 콰이강에서 포로들은 하루 18시간씩 일했다. "잔인함, 질병, 굶주림, 죽음이 우리의 모든 발걸음을 따라다녔다." 어느 날 밤엔 볼일을 보고 오두막으로 돌아오는 어쿼트를 포로감시원이 제지한다. "어이, 멋쟁이, 너, 나, 멋쟁이." 어쿼트는 자신을 덮쳐오는 감시원의 아랫도리를 걷어찼다. 이후의 일은 예상하는 대로다. 감시원들에게 구타당하고 검으로 찔린다. 끌려간 수용소장 앞에서 성폭행 시도를 고발하지만 소용없다. 딱 죽기 직전까지 고문받는다. 항의하러 온 영국군 장교는 뺨을 맞는다. 풀려난 그는 네발로 엉금엉금 기어간다. 겨우 회복해서 일하다가 이번에는 감시원에게 항의하던 중 개머리판에 맞아 앞니가 부러진다. 콜레라에도 걸린다. 치료는 없다. 생사의 고비를 넘나들다 기적처럼 살아난다. 환자 텐트 안의 열세 명 중 유일한 생존자가 된다.

영화에서 우리가 겪은 고통은 매우 위생적으로 묘사됐
다. 영화에서 잘 먹고 지내는 엑스트라들과 달리 우리는 휘
파람으로 〈보기 대령 행진곡〉을 부르지 않았다. … 제복 같
은 것도 입지 않았다. 우리는 벌거벗은 맨발의 노예였다. …
가능한 한 적게 일하다가 가학적인 구타를 당한 것은 나만
이 아니었다. 생존을 위해 모든 에너지를 아껴 써야 했다.
굶주린 배급량으로 배짱을 부리는 건 절대적인 자살 행위
였다. 우리는 존엄성을 잃은 지 오래였고, 더 빨리 일한다고
해서 존엄성을 되찾을 수도 없었다.

일본군이 다이멘泰緬철도라고 불렀던 이 415킬로미터의 철
도 건설에 몇 명이 동원됐고, 얼마나 희생됐는지 정확한 통계는
없다. 일본의 공식 전사 기록이라고 할 수 있는 방위청 방위연
구소의《전사총서戰史叢書》에 따르면 일본군 약 1만 명, 연합군 포
로 약 5만 5000명, 말라야, 네덜란드령 동인도, 태국, 버마에서
징용된 민간인 노무자 약 7만 명 등 총 13만 5000명 정도가 이
공사에 동원됐다. 포로의 20퍼센트와 노무자의 30퍼센트, 일본
군의 1퍼센트가 사망한 것으로 추정한다. 반면 일본의 사회학자
우쓰미 아이코 교수는, 포로는 4명 중 한 명이, 노무자는 두 명
중 한 명이 죽었다고 추정한다.[2]
어느 쪽이 맞든 수만 명이 죽은 끔찍한 참극이라는 사실은
바뀌지 않는다. 가혹한 구타와 고문, 처형, 기아와 전염병으로
죽은 시체가 철도를 따라 즐비했다. 영화는 일본군을 부정적으
로 묘사하면서도 이 끔찍한 참상을 전혀 다루지 않는다. 갈등

1943년 일본군은 태국-버마 전선에서 연합군 포로들을 철도 공사에 동원했다.

은 사이토와 니컬슨 사이의 개인적 심리전으로 전개되며, 카메라는 군의 명예와 적에 대한 협력 사이의 우아한 대조에 초점을 맞춘다. 그저 다른 곳을 비추는 방식으로 진실을 바꿔치기한다. 과거의 적을 비판하되 지금의 동맹국을 너무 불편하게 만들지 않을 절묘한 균형점을 찾아낸다.

포로감시원, 그들은 누구였나?

어쿼트를 성폭행하려 했던 자도, 그의 앞니를 부러뜨린 '무쏘'라는 별명을 가진 자도 모두 군인이 아니라 군에 소속된 민간인인 포로감시원이었다. 포로들에게 직접 폭력을 휘두른 자들은 대개 이등병보다 아래, 최말단의 이 군속들이었다. 어쿼트는 이 '코리안' 포로감시원들을 잊지 못한다. 잠깐, 코리안이라고? 그렇다. 코리안, 조선인이다. 영화가 감춘 사실이, 우리가 직면해야 할 불편한 진실이 아직 남아 있다. 어쿼트의 회고록만이 아니다. 피에르 불의 원작 소설에서도 포로감시원은 모두 조선인이다. 그중에는 '고릴라를 닮은 조선인'으로 특정된, 사이토의 개인 경비병도 있다. 이 철도 공사 현장에서 최대 1000명의 조선인 포로감시원이 일했다. 영화는 이런 이야기를 아예 생략했다. 동맹국을 너무 불편하게 만들지 않는다는 원칙을 한국에 대해서도 지켰다.

《잊힌 하이랜더 부대원》의 저자 알리스터 어쿼트.

아시아태평양전쟁에서 26만 명의 연합군 병사가 일본군의 포로가 됐다. 포로 감시 인력이 태부족이었다. 1942년 5월부터 일본은 식민지 조선과 대만에서 포로감시원 역할을 할 군 소속의 민간인, (요즘은 군무원이라고 불리는) '군속'을 '모집'했다. 후방에서 지원 시설을 만들거나 경비 업무를 담당하고, 보수도 제대로 지급한다며 광고했다. 지역별로 인원을 할당해서 독려했다. 관이 지목해서 강권하면 거절하기 어려웠다. 이렇게 동원된 3223명의 조선인 청년이 남방 곳곳에서 포로감시원으로 일했다.

종전 후 포로감시원 중 일부가 B, C급 전범으로 분류됐다. 전범 재판을 받은 조선인 148명 중 129명이 포로감시원이었다. 사형된 조선인 23명 중 14명이 포로감시원이었다. 포로 학대는 중대 범죄였으니 죗값을 치렀다고 볼 수도 있겠다. 도쿄의 극동국제군사재판에서 사형당한 A급 전범이 도조 히데키* 전 총리 등을 포함해 고작 일곱 명이다. 기시 노부스케처럼 풀려나 총리까지 오른 A급 전범도 있고, 731부대의 이시이 시로처럼 미국과의 거래로 잘 먹고 잘산 이들도 많다. 과연 정의란 무엇인가?

1925년 전남 보성의 가난한 소작농 집 첫째 아들로 태어난 이학래는 열일곱 살이던 1942년, 면사무소의 권유로 군속이 됐다. 모집 최저 연령인 스무 살에 미달했지만 문제가 되지 않았다. "당시는 관공서에서 말하면 거절하기가 매우 어려운 형편이었어요. 사실은 강제 징용인 셈이지요." 합격 후 부산 서면의 육군부산서면임시군속교육대에서 두 달간 훈련받았다. 교육대장의 이름을 따 흔히 노구치부대라고 불린 곳이다. 1930년 이후 경마장으로 사용되던 곳이 일제의 훈련소가 됐고, 한국전쟁기 이후에는 미군기지인 캠프 하야리야가 됐다.

이학래는 1942년 9월 중순 무렵 태국 쪽 콰이강 상류 왕야이의 포로수용소에 배속됐다가 버마에 가까운 꼰유를 거쳐, 1943년 2월 버마에 더욱 가까운 힌똑에 배치됐다. 포로는 500명

---

* 일본제국의 쇼와 천황 재위기에 군인이자 정치인으로 활동한 인물로, 태평양전쟁을 일으킨 장본인이다.

1946년 일본 도쿄에서 열린 극동국제군사재판 장면.

1947년 전범재판을 받고 있는 도조 히데키.

에 달했는데 일본인 상관이 한 명도 없었고 조선인 군속 여섯 명이 전부였다. 그 바람에 7월 무렵까지 업무 전반을 통할하는 역할을 맡았다. 전범으로 고발된 것도 이때의 역할 때문이었다. 규율을 위반하는 포로들을 처벌하지 않을 수 없었다. '뺨 때리기'를 주로 사용했는데 일본군에서는 이를 죄악으로 여기지 않았지만, 포로들은 말할 수 없는 치욕으로 받아들였다. 포로에 대한 대우가 반인간적이었다.

"지금 생각하면 정말로 인정머리 없는 짓을 했다고 후회하고는 하지만, 당시의 일본군은 포로를 인간으로 취급한 적이 없었어요. 일본군에게 포로는 무시해도 좋은 존재였어요. 제네바협약에 포로의 인도적 대우에 관한 규정이 있다는 사실은 교육조차 받은 적이 없었어요. 오히려 〈전진훈戰陣訓〉*에 적힌 "살아서 포로가 되는 치욕을 당하지 말 것"이라는 표현처럼, 포로가 되는 일 자체를 부정적으로 인식하고, 그럴 바에는 차라리 죽음을 택하라고 철저히 가르쳤기 때문에, 적국의 포로를 인도적으로 대우할 리는 더더욱 없었어요."

패전 후 일본군과 군속들은 이전의 연합군 포로들에 의한 '대면 지목'을 통과해야 했다. 그 과정에서 이학래는 통과하지 못했다. 학대 혐의자 50여 명 중 한 명으로 지목됐다. 복수라도 당하듯이 연합군 간수들에게 구타당하며 학대받았다. 배가 너무 고파서 죽어도 좋다는 생각이 들 정도였다. 재판은 영어로 진행됐고, 변론도, 기소 사실에 대한 반증도 허용되지 않았다. 캠프 관리 장교이자 수용소장으로서 시설을 열악하게 관리하고 급여와 피복, 의약품을 부족하게 공급했으며 부하를 제대로 통제하지 못하고 환자를 노동에 종사하게 했다는 혐의로 기소됐다. 수용소장은커녕 일개 군속에 불과했다고 항변했지만 인정되지 않았다. 왕야이 포로수용소 시절의 상관이던 우스키 중위

---

* 도조 히데키가 일본제국 군대의 모든 병사들에게 배포한 야전 규정집. 일본군이 전장에서 지켜야할 마음가짐과 도덕에 관한 내용이 실려 있다.

가 자신에게 책임이 있다며 증인으로 나섰다. 기소장이 각하되고 1946년 12월 24일 석방됐다.

감회에 젖어 귀환하던 중 홍콩에서 다시 소환되어 싱가포르로 돌아갔다. 같은 취지의 기소장을 받았고 이번에는 교수형을 선고받았다. 왜 조선인 군속인 자신이 전범으로 죽어야 하는지 납득할 수 없었다. 사형 집행이 계속됐고, 그는 자살 충동에 휩싸였다. 사형수가 모두 처형되고 혼자 남았을 때 20년 감형 통고를 받았다. 연합군 포로 중 영향력이 매우 컸던 오스트레일리아 군의관 던롭 중령의 증언과 스기마쓰 변호사의 변론, 동료들의 탄원서 등이 영향을 미쳤다.

1951년 8월에 일본 도쿄의 스가모 구치소로 이감됐다. 1952년 4월, 일본과 연합국 간의 샌프란시스코 강화 조약이 발효되면서 일본인이 아닌 사람들의 형 집행 면제를 기대했지만, 무위에 그쳤다. 계속된 석방 요구 끝에 1956년 10월 6일, 가석방됐다. 일본 정부는 강화 조약이 발효되었을 당시 조선인·대만인 B, C급 전범들을 일본인으로 규정하며 계속 형을 받게 했지만, 군인연금 지급과 원호법상의 보상 대상이 되는 일본인으로는 인정하지 않았다. 이학래가 조선인 B, C급 전범들과 함께 동진회를 결성하고 싸움을 시작한 이유다. 회고록《전범이 된 조선청년》(민족문제연구소, 2017)을 펴냈다. 일본 정부의 사죄와 명예 회복, 보상을 요구하며 평생토록 싸우다가 2021년, 일본에서 세상을 떠났다.

처형당한 14명의 조선인 포로감시원에 비하면 이학래의 운명은 그나마 나았다고 해야 할까? 처형되지 않았지만 그에 못지않게 기구한 사연도 있다. 1914년 지금은 북한 지역인 강원도 평강에서 태어난 이영길은 1942년부터 인도네시아 수마트라의 포로수용소에서 포로감시원 노릇을 했다. 종전 후 네덜란드 관할 전범재판에서 포로 학대 혐의로 10년 형을 선고받았다. 고향에 처와 딸 둘을 두고 온 그였다. 수용소 근무 중 아들이 태어났다는 소식도 들었다. 가족에게 돌아갈 수 없다는 생각에 절망에 빠졌다.

1947년에 조현병 증세가 발병했다. 1950년 일본 도쿄의 스가모 구치소로 이감된 다음에는 기억상실증이 악화됐다. 1951년 석방됐지만 후생성이 다시 정신병원에 가뒀다. 이학래는 이영길에 대해서 이렇게 회상한다. "우리가 문병을 가도 불꽃놀이가 벌어질 때마다 전쟁을 떠올리며 무서워했어요. 전쟁이 끝난 것도, 가족의 생사도 몰랐어요." 이영길은 세상에서 잊혔다. 1991년 8월 21일까지 40년간 일본 치바현 국립 시모후사요양소 격리 병동의 병실에 갇혀 있다가 세상을 떠났다. 2000년에야 한국에 있는 딸의 생존이 확인되어 도쿄의 한국계 사찰인 국평사로 옮겨 봉인할 수 있었다.

가해자이자 피해자가 안는 윤리적 고민

포로감시원은 어떤 사람들이었을까? 잘 감시하는지 늘 감시받았다. 잘 때리라고 늘 맞았다. 피에르 불은 《콰이강의 다리》에서 이렇게 적는다. "(니컬슨) 대령은 다시 구타를 당했고, 고릴라 같은 조선인은 처음 며칠 동안의 가혹한 체제를 재개하라는 엄명을 받았다. 사이토는 감시원까지 때렸다. 그는 … 죄수뿐만 아니라 간수에게도 권총을 사용하겠다고 위협했다." 그들은 가해자이자 피해자였다. 중첩된 운명의 희생자였다. 조선인 B, C급 전범의 비극을 연구한 일본의 사회학자 우쓰미 아이코는 포로감시원들의 개인적 학대가 없지 않았지만, 식량과 의약품이 부족해 포로를 학대할 수밖에 없던 상황 자체를 문제 삼아야 한다고 말한다.[3]

일본군의 포로 대우는 왜 이렇게 잔학했을까? 얼핏 생각하면 아군을 공격하던 포로를 굳이 인도적으로 대우할 필요는 없을 것도 같다. 그러나 조금만 더 생각해봐도 그렇지 않다. 적군 포로에 대한 대우는 아군 포로에 대한 대우와 연동될 수밖에 없기 때문이다. 포로에 관한 국제협약이 맺어진 이유다. 제네바협약은 육상 전투에서의 부상자 및 병자에 관한 제1협약(1864년), 해상에서의 부상자, 병자, 조난자에 관한 제2협약(1906년), 포로의 대우에 관한 제3협약(1929년), 전시의 민간인 보호에 관한 제4협약(1949)으로 이루어져 있다. 협약은 부상자, 병자, 포로, 민간인 등 적대 행위를 할 수 없는 자들에게 인도적인 대우를 제공하고 부당한 인권침해를 가할 수 없도록 세세히 규정하고 있다.

일본은 제3협약에 서명했지만, 의회 비준은 하지 않았다. 진주만 기습으로 미국과 일본이 전쟁 상태에 돌입한 후 미국은 일본군 포로에게 제네바협약을 적용하겠으니 일본도 미군 포로에게 협약을 적용하라는 의사를 전했다. 협약을 비준하지 않은 일본이었지만 미국인 포로에 대해서는 협약의 규칙을 준용하겠다고 밝혔다.

하지만 일본군이 대외적으로 표명한 입장과 실제는 완전히 달랐다. 후일 A급 전범으로 처형당하는 도조 히데키는 육군대신이던 1941년 1월, 전군에 "살아서 포로의 수치를 받지 않는다"는 유명한 구절이 포함된 〈전진훈〉을 시달한다. 포로가 될 바에는 자결해야 한다는 것이 일본군의 인식이었다. 실제로 진주만 기습 당시 최초로 미군에 의해 포로가 된 사카마키 가즈오 해군소위의 가족은 일본 내에서 '비국민'이라고 크게 비난받았다. 자결하지 못하고 포로가 된 일본군 상당수가 가명을 대는 등 본국에 포로가 된 사실을 알리지 않으려 하고, 제네바협약이 보장한 서신 발송의 권리를 대부분 포기한 이유다.

포로가 되느니 죽어야 한다고 배운 일본군에게, 제네바협약을 거론하며 포로의 권리를 주장하는 연합군 포로는 이해할 수 없는 존재였다. 일본군에는 상관의 말이라면 비합리적인 것이라도 무조건 따라야 하는 상명하복 관습이 일반화되어 있었고, 야만적인 구타 관습도 만연해 있었다. 계급이 높으면 낮은 사람에게 마음껏 폭력을 행사해도 괜찮다고 생각했다. 이등병 아래, 포로 위의 존재인 군속은 위에서 내려오는 야만적 폭력이 쌓이고 쌓여서 아래로 전가되는 결절점이었다.

조선인 포로감시원은 일제의 전쟁 수행에 협력한 가해자였다. 이런 사례들을 근거로 한국도 일본과 같은 전범국이라고 주장하는 사람들이 있다. 그 현실적 함의는 일본에 동조한 같은 전범국이니 일본에 대해 전쟁 책임을 물을 수 없다는 것이다. 전쟁 책임 부인에 동조하는 논리 중 하나일 뿐이다. 다른 한편에는 그들은 강제로 끌려간 것이니 그저 순전한 피해자일 뿐이라는 생각이 있다. 구조적 악이 있다면 그에 동조한 개인의 윤리적 책임은 간단히 면제될 수 있을까? 이학래가 수기에서 고백하듯 결코 그렇지 않다. 일본과 동일시하지 않으면서 우리가 져야 할 몫의 역사적 책임을 인식해야 한다. 그때에만 윤리적 주체가 될 수 있다.

〈감각의 제국〉 등의 영화로 일본 누벨바그 영화 사조를 이끈 오시마 나기사(1932~2013) 감독의 영화 〈전장의 크리스마스〉(1983)가 이와 관련해 생각할 거리를 준다. 일본 음악인 사카모토 류이치가 영화음악과 주연을 맡았다던 그 영화 맞다. 영화는 일본군 포로수용소장 요노이(사카모토 류이치 분), 포로인 영국군 소령 잭 셀리어스(데이비드 보위 분), 중령 존 로런스(톰 콘티 분), 일본군 군조 하라 겐고(기타노 다케시 분), 조선인 포로 감시원 가네모토(조니 오오쿠라 분), 네덜란드인 포로 칼 더용(알리스테어 브라우닝 분) 등 수용소 내 인물들 사이에서 벌어지는 갈등과 폭력을 다룬다. 야만의 참극 속에서 수용소장과 영국군 사이에, 조선인 포로감시원과 네덜란드인 포로 사이에 동성애적 감정이, 그러니까 사랑이 싹튼다. 이토록 파격적인 설정으로 화제가 됐다. 일본 대중문화의 수입이 금지되어 있던 시절이기도 했고, 개방 이후에도 파격적인 주제 탓인지 한국에는 들어오지 못했다. 다만 사카모토 류이치가 작곡한 영화 음악 〈Merry Christmas Mr. Lawrence〉가 크게 히트했으니, 멜로디가 귀에 익숙한 이들이 많을 것이다.

영화의 원작은 남아프리카 출신의 작가 로렌스 반 데르 포스트의 소설 《씨앗과 파종자The Seed and the Sower》(1963)다. 영국군으로 참전했던 포스트는 1942년, 일본군의 포로가 됐고, 인도네시아 반둥의 수용소에서 종전을 맞았다. 그때의 체험을 바탕으로 쓴 단편 소설 〈그림자 바A Bar of Shadow〉(1954)가 반향을 일으키자 장편으로 쓴 것이 이 소설이다.

소설 속에서 가장 경악스러운 폭력의 실행자는 일본군 군조 하라 겐고다. 포로의 목을 예사로 벤 다음 그 칼에 입을 맞출 정도로 잔인한 인물이다. 그의 손발이 되어 폭력을 실행하는 건 역시나 조선인 포로감시원들이다. 그들은 때로 일본인보다 더 일본인 같았다. 일본의 패전이 다가왔을 때다. "수용소가 소문으로 가득 찼던 종전 무렵, 시대의 바람이 바뀌는 낌새를 채고서 배신할 마음을 품은 조선인 포로감시원들은 자신들이 저지른 잘못에 대해 굽실거리며 화해를 시작했고, 심지어 일본인들이 자신을 탄압했다며 징징대고 있었다." 소설 속 이야기라 사실 여부를 따질 일은 아니다. 하지만 학대받은 포로의 입장에서 볼 때 조선인 포로감시원의 폭력이 단지 일제의 강압에 따른 것이었다며 치부할 수 있는 문제인지 고민하게 되는 것도 사실이다. 가해의 사실을 쉽게 잊어선 안 된다.

이 탈출구 없는 참혹한 비극의 현장에서도 저항이 있었다. 어떤 이들은 대담하게 탈출을 시도했다. 태국의 포로수용소에 근무하던 김주석은 1944년 10월 7일, 영국군 장교와 사병 포로와 함께 수용소를 탈출해 중국으로 넘어가려다 체포됐다. 그리고 이듬해 사형선고를 받고 처형됐다.

이 소식을 들은 인도네시아의 조선인 군속 16명도 자카르타에서 은밀하게 모여 미래를 도모하기로 결의했다. 1944년 12월 29일, 10명이 '고려독립청년당'을 결성했다. 총령 이억관(가명 이활)을 비롯해 군사부장, 조직부장, 지부장 등의 직책을 나눠 맡았다. 창당 직후 당원이 26명으로 늘었다. 연합군, 현지 항일 세력과 함께 공동전선을 펼 계획을 세웠다. 그러던 중

1945년 1월 4일 암바라와 수용소에서 당원 여덟 명이 갑작스레 말레이로 전출 명령을 받자 이에 항거하며 손양섭 등 세 명이 무기고를 탈취하고 무장봉기를 일으켰다. 15명의 일본군을 살상한 후 세 명은 스스로 목숨을 끊었다. 배후를 추적한 일본군 헌병대에 의해 이억관 등 10명이 체포되었고, 종전 직전에 징역형을 선고받았다. 암바와라 수용소 봉기를 소문으로 들은 이학래는 깜짝 놀랐다고 고백한다. 포로가 되는 것만으로도 가족이 고통을 겪던 시절이다. 그 도저한 용기를 상상하기조차 어렵다.

1945년 7월 7일 버마 칼라콘 마을에서 1000명에 가까운 주민을 학살한 혐의로 법정에 선 일본군 14명. 이들 중 4명이 사형됐고 책임자인 기무라 헤이타로 장군은 도쿄에서 처형되었다.

훨씬 사소한 이야기도 있다. 영국인 포로 어퀴트는 회고록에서 짐짝처럼 열차에 갇혀 질식할 것 같은 공포 속에서 이송되는 것이 얼마나 고통스러운 경험인지 떠올린다. 그렇게 또 이송되던 어느 날, 포로들이 조선인 포로감시원에게 제발 문을 닫지 말아 달라고, 탈출하지 않겠다고, 도착하면 문을 닫겠다고 애원한다. 놀랍게도 그는 문을 닫지 않았다. "우리가 움직일 때 쾌적한 바람이 불었다. … 나는 감시원이 문을 열어두는 걸 허락했다는 사실을 잊을 수 없었고, 감시원 중 한 명에게 받은 첫 번째 친절과 동정심을 잊을 수 없었다."

아무도 탈출하지 않았다. 탈출은커녕 도착하자마자 문을 닫음으로써 호의를 베푼 조선인 포로감시원이 의심받지 않도록 보답했다. 위험을 무릅쓰고 작은 호의를 베푼 이들이 있었다. 참담한 비극 앞에 이토록 작은 호의가 도무지 무슨 의미가 있을까 묻게도 된다. 다만 어쿼트는 이를 기억하고 기록으로 남겼다. 그래서 우리가 알게 됐다. 희망은 어쩌면 여기서 찾을 수도 있지 않을까?

4.
카스바*에서의 망향,
자기 연민의 서사를 넘어서기

　'국민학교' 5학년 때 담임선생님은 일제시대에 학창 시절을 보낸 분이었다. 태평양전쟁 말기에 소년비행병학교에 지원한 일이 큰 자랑거리였다. 항공점퍼에 비행모와 고글을 쓰고 조종석에 앉은 사진을 아이들에게 보여주며 뿌듯해하던 모습이 지금도 선하다. 종전 때문에 진짜 출격을 못 했다며 아쉬워했다. 수업 시간에는 열중쉬어 부동자세를 취해야 했고, 남학생에겐 짧은 상고머리만, 여학생에겐 커트 단발머리만 허락됐다. 남자아이들은 두발 검사에 걸리면 학교 이발소에서 바리깡으로 정수리만 직선으로 밀어버리는 일명 '고속도로'라고 불리는 처벌을 받았다. 〈나의 조국〉 같은 군가를 부르며 매일 제식훈련을 받았다. 운동회 때는 분열행진 시범도 보였다. 얼마나 어려웠던

---

　*　북아프리카와 에스파냐에서 볼 수 있는 성채 및 성곽도시를 일컫는 말로, 이 장에서는 특히 미로처럼 복잡한 알제리의 카스바를 가리킨다.

지 나중에 논산에서 받은 제식훈련이 오히려 쉬웠다. 우리는 그렇게 '군국의 아이'로 자랐다. 유신시대가 끝을 향하던 무렵이었다. 그의 일제시대는 아직 끝나지 않았다.

유신의 권부에는 그처럼 일제시대에 태어나 군국의 아이, 황국 소년으로 자란 다음, 황군으로 복무한 이들이 가득했다. 유신의 '마지막 날'을 다룬 임상수 감독의 영화 〈그때 그 사람들〉에서 궁정동 안가에 모인 이들은 때로 일본어로 대화하고, 불려온 여자 가수(김윤아 분)는 일본 노래를 부른다. 성대 깊은 곳에서부터 으르렁거리듯 음을 끌어올리는 우나리 창법으로 유명한 엔카 가수 미야코 하루미의 히트곡 〈북쪽의 여관에서北の宿から〉(1975)다. 어디까지나 영화적 설정이지만 무리한 것도 아니지 싶다.

이들이 뼛속까지 친일이었다고 비판하려는 게 아니다. 감수성의 힘이 얼마나 질긴지 말하고 싶은 것이다. 실은 이 글을 쓰다가 문득 기억이 났다. 담임선생님과 같은 해에 태어난 나의 선친이 무척 좋아한 엔카가 〈북쪽의 여관에서〉였다. 아버지는 집에서 곧잘 엔카를 들었다. 일제시대 말 징용을 피해 산에서 숨어 지냈다는 분이다. 쿠데타를 일으켰다며 박정희를 몹시 미워했다. 하지만 감수성은 그와 별로 다르지 않았던 것 같다. 일본어를 '국어'로 배운 세대다. 엔카의 아버지 고가 마사오의 유행가를 듣고, 일제의 침략을 찬양하는 '국민가요'를 부르며 자랐다. 감수성에 무슨 유죄, 무죄가 있겠는가? 다만 그 영향력과 역사적 의미를 살피는 건 우리의 숙제다.

감수성의 힘은 머릿속에 자리 잡은 의식의 힘과는 다르다. 손의 촉감으로, 몸의 리듬으로, 심장의 떨림으로 기억되기에 의

식이 변하더라도 감수성만큼은 대개 질기고 오래간다. 종종 민족의식의 두꺼운 벽도 뛰어넘는다. 그래서 때로는 바다도 훌쩍 건넌다. 〈목마와 숙녀〉의 시인 박인환이 1952년 8월에 잡지《재계》에 쓴 이야기도 그렇게 바다를 건넌 감수성의 이야기다.

> 6월 10일 밤 부산의 거리는 유달리 흐렸다. 배를 타기 전에 적어도 저녁밥만은 취하여야 할 안과 손은 발걸음이 떨어지지 않는 땅 위를 걸어가며 발작적인 우울과 불안에 잠겼다. 밥은 목을 넘어가지 않았다. 가슴을 치밀며 눈물이 흘렀다. 부산아 잘 있거라 이런 감정보다도 폭풍과 거센 파도를 헤쳐가며 일본으로 간다는 생각보다도 이들을 한없이 괴롭힌 것은 집안사람과 조금 전까지 앉아 이야기하던 친한 사람들이 걱정되는 것이었다. … 이들이 고국을 등지고 그 지긋지긋한 일본에까지 간다면 여기에는 커다란 사유가 있을 것이다. … 가족을 피난지인 살풍의 부산에 남겨두고 어째서 일본으로 간 것일까?[1]

영화인 안경호와 작곡가 손목인의 일본 밀항 이야기다. 박인환의 글은 안경호의 도일에 초점을 맞추고 있지만, 대중에게는 손목인이 훨씬 유명한 인물이었다. 손목인은 대중음악계의 거물이었다. 그는 〈타향살이〉(1934) 〈목포의 눈물〉(1935) 〈짝사랑〉(1936) 〈바다의 교향시〉(1938) 〈아내의 노래〉(1948) 〈슈샤인 보이〉(1952) 등 수많은 히트곡을 작곡한 당대 '악극계의 지배자'였다. 이후에도 〈아빠의 청춘〉(1966) 같은 빅히트곡을 썼다.

전쟁 중이니 이들의 밀항을 두고 세간의 비난이 거셌다. 그

작곡가 손목인은 1930~1960년대
여러 히트곡을 작곡한 '악극계의 지배자'였다.

와중에 밀항을 시도한 유명인들이 더 있었다. 이틀 후인 1952년 6월 12일, 신카나리아, 박단마, 손석우, 황정자, 김백희, 김광수, 노명석 등 내로라하는 톱 가수들이 또 밀항했다. 하지만 이들은 운이 없었다. 상륙하자마자 일본 경찰에 체포되어 나가사키현의 오무라 수용소에 수용됐다가 8월 1일에 송환됐다. 오랜 세월 동안 한국인 밀항자들을 수용한 것으로 유명한 그 오무라 수용소였다. 송환된 배에서 내리자마자 바로 경찰에 연행되어 조사를 받았다. 사상 관계 혐의가 없는 단순 밀항 시도로 처리돼 모두 구류 21일 처분에 그쳤다.

　전쟁 중에 제 살길 찾겠다며 조국을 버린 이들에게 여론의 분노가 폭발했다. 연예인들은 입이 열 개라도 할 말이 없었다. 물론 속마음도 그렇지는 않았으리라. 군예대 활동 외에 제대로 된 연예 활동이 불가능한 시절이었다. 바다 건너 일본에는 무대와 관객이, 레코드회사와 충분한 수입이 있었다. 불과 몇 년 전까지 '한 나라'였던 곳이다. 말이 통하고 인맥도 있었다. 배가 있다면 타지 않을 이유가 없었다.

　물론 전쟁으로 일상이 끊긴 게 연예인만은 아니었다. 대중의 분노는 당연했다. 급기야 "노래로 총알을 대신하여 일선 장병에 보답하겠다"는 사과도 나왔다. 〈나는 열일곱 살〉(1938) 〈슈샤인 보이〉로 유명한 가수 박단마의 다짐이었다. 한데 먼저 바다를 건넌 손목인은 잡히지 않았다. 불법체류 신분에도 불구하고 제국축음기(데이치쿠), 빅타레코드 등과 계약하고 구가야마 아키라를 비롯한 일본식 예명 세 개로 200여 곡의 노래를 발표하며 활동했다. 과연 손목인이었다.

식민지인의 이국 취향과 제국의 꿈

식민지 조선의 지식인과 예술인 사이에서 '내지' 일본을 향한 문화적 열등감과 동경은 불가피했다. 다만 사태가 마냥 단순하지는 않았다. 일본 위에 서구라는 '원본' 모델이 존재했기 때문이다. 시인 이상의 도쿄행은 식민지 조선과 일본, 그리고 서구 사이에 존재한 이 중층적 문화 위계를 뚜렷이 보여주는 사례다.

당대의 댄디이자 모더니스트 이상에게는 내지 유학을 못했다는 콤플렉스가 있었다. 그의 주변에는 유학생이 지천이었다. 그 시절 일본에서는 화려한 도쿄의 도심, 특히 긴자의 밤거리를 거니는 걸 두고 '긴부라'라고 불렀다. 긴자의 '긴'에 '어슬렁어슬렁'을 의미하는 부라부라ぶらぶら의 '부라'를 붙인 속어였다. 경성의 모던 보이들이 혼마치(지금의 충무로)를 거닐며 '혼부라'라고 흉내 냈다. 그래봐야 긴부라에 대한 열등감을 메울 수는 없었다. 이상은 갈수록 도쿄에 가고 싶어졌다.

이윽고 감행한 1936년 가을의 도쿄행이었다. 그 찬란한 도시성에 압도되리라 예감하면서 몸을 떨었을 것도 같다. 그러나 도쿄에 도착한 첫 순간에 그 큰 기대가 실망으로 바뀐다. 도쿄 역을 나서면 바로 보이는 일본 모더니즘 건축의 상징 마루노우치 빌딩(마루비루)을 제 눈으로 확인한 바로 그 순간이었다. 마루비루는 이상이 상상한 크기의 4분의 1에 불과했다. 왜 그랬을까? 이상은 경성고등공업학교 건축과를 수석 졸업하고, 총독부에서 건축기사로 일한 전문가였다. 마루비루의 도면까지 본 그였다. 그렇게 심하게 착각할 수가 없었다. 이상의 상상 속에 구축된 근대의 크기가 그렇게 터무니없이 컸던 것이라고 평론가 이성욱은 유고집[2]에서 추정한다. 정말로 그랬다. 도쿄에 실망한 이상은 이제 뉴욕이 보고 싶어졌다. 근대의 크기를 포기할 수 없었으니 원본의 크기를 확인하고 싶었다. 꿈은 꿈으로 남았다. 이듬해 봄, 그는 도쿄에서 스물일곱 해의 짧은 삶을 마쳤다.

조선인이 서구에 직접 간다는 것이 문자 그대로 꿈이던 시절이었다. 사람들은 그 꿈과 현실 사이의 간극을 이국 취향으로

1934~1935년 무렵으로 추정되는
시인 이상의 모습.

메웠다. 일제시대 내내 조선인들은 할리우드 영화 등의 서구 영화를 조선 영화나 일본 영화보다 더 좋아했다. 거기에는 꿈이 있었다. 꿈이라 달콤하고 꿈이라 서글펐다. 그 꿈 이야기를 해보자.

프랑스의 거장 영화감독 쥘리앵 뒤비비에의 대표작 〈페페 르 모코〉(1937)가 〈망향〉이라는 제목으로 1938년 말 조선에서 개봉해 크게 히트한다. 주인공 페페 르 모코(장 가뱅 분)는 파리에서 살인을 저지르고 식민지 알제리로 도피하여 원주민 구역 '카스바'로 숨어든다. 카스바란 북아프리카 도시들의 성채 안 미로 같은 구역을 가리키는 말이다. 너무 복잡해서 경찰도 쉽게 진입하지 못한다. 페페는 카스바의 원주민 여인과 위험한 불장난도 저지르지만, 파리에서 온 여인 가비(미레이유 바랭 분)를 만나 사랑에 빠진다. 그 사랑 탓에 결국 경찰에 체포된다는 비극적 결말이다. 가비에 대한 페페의 사랑, 그 저변에 파리에 대한 노스탤지어가 있다. 〈망향〉이라는 번안 제목이 꽤 어울린다.

식민지에 숨어든 제국 출신 백인 범죄자가 메트로폴리스 고

〈페페 르 모코〉의 포스터.

4. 카스바에서의 망향, 자기 연민의 서사를 넘어서기   73

향을 그리워한다는 서사가 식민지 조선인들의 마음을 사로잡은 이유는 무엇일까? 쉽게 추정하기 어렵다. 마침, 이효석의 단편소설 〈여수〉(1939)에 〈망향〉과 관련된 이야기가 나온다. 그걸 힌트 삼아 상상해보자. 〈여수〉의 주인공인 '나'는 극장에 소속된 화가다. 다음 날 개봉되는 영화의 신문 광고지를 그리고 있다. 그 영화가 바로 〈망향〉이다. 미레이유 바랭의 얼굴을 그리는데 마치 페페처럼 그녀와 연애라도 하는 것 같은 마음이 된다. 그리고 '애트랙슌' 팀과 어울리게 된다.

애트랙슌이란 무엇일까? 영화가 최고의 흥행물이던 시절이었다. 한낮에도 꿈꾸기를 원하던 식민지의 대중은 극장을 찾아 백일몽을 꿨다. 필름을 갈아 끼우는 막간에 노래와 춤, 장기로 관객을 사로잡는attract 공연물을 애트랙슌이라고 불렀다. 곧잘 흥행에도 영향을 미쳤다. 〈망향〉은 대작이었다. 소설 속 극장주는 큰맘을 먹고 백인들로 구성된 '셀비안 쇼'를 초청했다. 사실은 하얼빈 기반의 유랑극단일 뿐이지만 아무튼 백인들이니 화제가 될 수밖에 없었다.

'나'는 그들과 어울리며 가까워지고 동질감을 느낀다. 그 동질감은 어디서 비롯되었을까? 제정 러시아가 개척한 도시 하얼빈에는 그 시절에도 여러 부류의 백인들이 살고 있었다. 혁명으로 조국을 잃은 백계 러시아인을 비롯해서, 폴란드인, 헝가리인, 체코인, 유대인 등등. 모두 조국과 고향을 떠나고 잃은 이들이었다. 제국 출신 페페의 망향이 범죄라는 개인적 처지에서 기인했다면, 이들의 망향은 고국과 고향을 잃었다는 집단적 운명에서 비롯된다. '내'가 그들과 함께 '여수旅愁'를 느끼는 이유다. 〈여수〉의 이 애트랙슌 팀은 한편으로 이국 취향을 한껏 고취하면서도 다른 한편으로 그들과의 거리감을 좁혀주는 완충 장치는 아니었을까? 물론 이는 이효석의 소설에 대한 나의 해석일 뿐이다. 당대 실제 관객의 마음속은 물음표 속에 남겨둔다.

이상과 이효석이 보여주듯 일제시대 내내 조선인들의 이국 취향은 주로 서구를 향했다. 그러다 1930년대 후반부터 변화가 나타난다. 일본제국의 침략지가 만주와 중국 대륙, 동남아시아와 남양 각지로 점차 확장되면서, 식민지 조선 대중문화의 상상력도 함께 커져갔다. 서구 취향이 순수한 판타지에 가까웠다면, 아시아 취향은 훨씬 현실적인 판타지였다. 조선총독부의 지원을 받아가며 성장한 경성방직이 만주국에 남만주방직공장을 설립한 것이 1939년이었다. 같은 해에 최남선은 만주 건국대학 교수가 됐다. 경성제국대학 교수 자리는 언감생심이었지만, 만주에서 제국대학과 동급인 대학의 교수가 될 수 있었다. 만주국이 기획한 스타 리샹란의 영화 〈백란의 노래〉가 히트하던 해였다. 조선악극단, 라미라가극단, 반도가극단 등이 일본과 만주국, 북중국 순회공연을 하던 시절이기도 했다. 그렇게 순회하던 멤버들 중에는 〈목포의 눈물〉의 이난영, 〈연락선은 떠난다〉(1937)의 장세정 등으로 이뤄진 최초의 걸 그룹 '저고리 시스터즈'도 있었다. 동남아시아 각지에서는 조선인 군속들 수천 명이 일하고 있었다.

아시아적 이국 취향을 드러내는 소재로 가장 흔한 것은 아무래도 인접한 만주였다. 백년설의 노래 〈복지만리〉(1941)는 만주를 개척하는 조선인의 희망을 노래하면서 인기를 끌었다. 같은 음반에 실린 〈대지의 항구〉는 "동서라 남북" 항구 찾아 떠도는 나그네의 삶을 담았다. "노래하자 꽃서울 춤추는 꽃서울"이라는 가사로 시작되는 진방남의 히트곡 〈꽃마차〉(1942)는 들으면 누구나 "아, 이 노래!" 할 정도로 유명한, 지금까지 불리고 있는 대히트곡이다. 그러나 지금의 가사와 원곡의 가사는 조금 다르다. 원곡에서는 '꽃서울'이 아니라 '하루빈'(하얼빈)이고, "한강물 출렁출렁"이 아니라 "송화강 출렁출렁"이며, "손풍금 소리"가 아니라 "대정금 소리"였다. 대정금大正琴(다이쇼고토)은 일본의 다이쇼大正 천황 시기(1912~1926)에 만들어진 일본 악기였다. 일본이 지배하던 만주를 낙원으로 찬양하는 가사들이다. 해방 후에는 모두 수정되었다.

일본제국의 침략지가 중국 내륙과 동남아시아로 점차 확장되면서 조선인이 그리는 이국 취향의 대상도 점차 확장됐다. 박단마는 〈상해 아가씨〉(1939)에서 "네온의 거리 주마등/ 애 끊는 호궁胡弓 소리에/ 눈썹을 적시는 꾸냥"과의 로맨스를 노래한다. 백난아가 부른 〈황하다방〉(1941)은 내몽골의 시라무렌강黃河(널리 알려진 황하와는 다른 강이다)과 상하이의 쓰마루四馬路를 배경으로 이국의 정취를 노래한다. 이해연의 〈안남 아가씨〉(1943)는 "남십자 별빛 아래"의 안남(베트남)과 아유타야(태국의 지명)에서 "벚꽃이 피는 나라"를 그리워한다. 이인권이 부른 〈밀림의 달밤〉(1943)은 "야자수 푸른 잎에 달이 뜨는 자바섬"에서 "대동아 그날 영광"을 꿈꾼다. 진방남의 〈고원의 십오야〉(1943)는 "부키태마(부킷 티마, Bukit Timah) 언덕 위 십오야 달" 아래서 "마라카(말라카)의 파도 소리"를 들으며 "승리의 깃발 아래" 밤을 새고 있다. 싱가포르 안팎의 지명들이다.

만주에서 중국 내륙과 몽골로, 베트남과 태국으로, 자바와 싱가포르로 일제 황군의 점령지 확대를 따라 식민지 조선 대중가요의 상상력도 팽창했다. 가사들은 대개 낯설고 신비한 이국의 풍경을 묘사하면서, 현지 여성과의 로맨스를 꿈꾼다. 중국어로 아가씨를 가리키는 꾸냥姑娘은 대표적이다. 하얼빈 "꾸냥의 귀걸이는 한들한들"하고(〈꽃마차〉), "사랑에 가슴불이 핀 둘이서 달맞이하던 그때"를 보낸 상하이 꾸냥을 추억하며(〈상해 아가씨〉), "목단꽃 붉게 피는 시라무렌黃河 찻집에 칼피스 향기 속에 조으는 꾸냥"과 로맨스를 꿈꾼다(〈황하다방〉).

이런 노래들은 대부분 일본에서 유행한 '대륙 멜로디'를 모방한 것이었다. 대륙 멜로디는 대부분 남성 화자가 현지의 풍경과 여성을 관조하거나, 현지 여성이 남성 화자를 그리워하는 형식을 취했다. 침략자 제국 남성의 시선으로 점령지의 주인을 꿈꾸는 노래들이었다. 식민지 조선의 어떤 남성들은 제국의 침략에 편승하면서 그 시선을 내면화했다. 노래들은 그 욕망을 담았다. 그중 많은 수가 가사가 변경되고 기원이 은폐된 채 살아남았다. 이국 '취향'이었다며 넘기기엔 부끄러운 역사다.

가해자의 자기 연민, 남의 이야기일까?

패전 후 일본에서 전쟁기 대중가요는 좌·우익 모두에게 비판받았다. 단절과 쇄신이 절실하다는 공감대가 확고했다. 평화 국가, 문화 국가 수립의 꿈이 부풀었다. 하지만 그 공감대는 오래가지 못했다. 냉전이 시작되면서 1948년경부터 미국의 주도 아래 역사의 후퇴, 소위 '역코스'가 시작됐다. 전범들이 공직에 복귀했고 재무장이 시작됐다. 노동운동, 사회주의 운동에 대한 탄압도 시작됐다. 이제 일본은 미국의 적국이 아니라 반공 전선의 든든한 동맹국이었다. 일본군의 포로가 되어 끔찍한 고통을 겪었던 많은 연합군 포로들이 일본의 전쟁 범죄에 대해 침묵해야 했다. 그 힘든 기억을 털어놓은 《잊힌 하이랜더 부대원》의 저자 알리스터 어쿼트의 고발처럼. 전쟁 범죄에 대한 단죄도, 전쟁을 찬미한 문화에 대한 단절도 없었다. 많은 것들이 되살아났다.

대중문화의 영역도 마찬가지였다. 일본이야말로 오히려 피해자라는 감수성이 자라기 시작했다. 전범이 되어 돌아오지 못하고 있던 이들의 존재가 피해자 감수성을 키웠다. 1948년 9월, 시베리아에 갇힌 전쟁포로들이 고향의 가족을 그리는 마음을 노래한 〈이국의 언덕異國の丘〉(1948)이 히트했다. 이국의 언덕에서 "울고 웃고 노래 부르며 견디면 바라던 날이 온다. 아침이 온다"는 가사가 마음을 울렸다.

원래 슬픈 노래는 아니었다. 원곡은 전쟁 중 만주 전선에서 복무하던 상등병 요시다 타다시가 지어 널리 불리던 〈대흥안령 돌파연습의 노래大興安嶺突破演習の歌〉(1943)였다. 시국에 복무하는 국민가요를 작곡하던 요시다가 군인이 되어서도 실력을 발휘한 노래였다. 그런 노래가 전쟁에 지자 억류된 채 귀환을 그리는 애절한 노래로 바뀌었다. 노래가 크게 히트하면서 이듬해에는 동명의 영화로도 제작되었다.

1952년 9월 발매된 〈아, 몬텐루파의 밤은 깊어〉는 필리핀 몬텐루파(문틴루파)의 전범 수용소에 갇힌 전쟁범죄자 사형수들의 기구한 사연을 담은 노래였다. 선우휘의 소설 《외면》(1976)은 일본군 포로감시원 하야시가 전후에 바로 이 몬텐루파 전범 수용소에서 전범으로 처형당하는 이야기를 다룬다. 하야시의 본명은 임재수. 조선인이었다. 포로를 심하게 학대했지만 일본인 장교의 지시에 따른 것이었다. 장교는 책임을 부인하고, 처형당하는 것은 임재수다. 반면 〈아, 몬텐루파의 밤은 깊어〉에 등장하는 전범 사형수는 일본인 장교들이었다. 이 노래가 수록된 레코드는 20만 매 이상의 판매고를 기록하며 크게 히트했다. 원래는 사형수 두 명이 조국에 대한 그리움을 담아 작사 · 작곡한 노래였다. 그해에 몬텐루파의 상황을 지켜보며 연락을 취하고 있던 가수 와타나베 하마코에게 악보와 사연이 편지로 전달됐다. 그녀는 우츠미 키요시와 함께 이 곡을 취입했고, 노래는 대히트했다. 이를 계기로 국교 부재 상태에도 위문 공연이 이루어졌고, 결국 다음 해 전범 108명이 특별사면을 받아 귀국하게 된다.

귀환하지 못한 전쟁포로들이 남아 있었다는 건 응당 슬픈 일이었다. 그들이 전쟁에서 무슨 범죄를 저질렀는지는 질문되지 않았다. 다만 슬프고 또 슬펐다. 자기 연민의 시대였다. 이윽고 대륙 멜로디도 살아났다. 1947년, 재즈와 블루스 가수 디크 미네가 상하이 조계 시절의 사랑을 추억하는 노래 〈밤안개의 블루스夜霧のブルース〉를 히트시켰다. 1950년에는 야마구치 요시코가 만주국의 스타 리샹란이던 시절의 인기곡 〈야래향〉을 다시 히트시켰다. 역시 상하이 조계 시절의 사랑을 그리워하는 츠무라 켄의 〈상하이에서 돌아온 리루上海帰りのリル〉(1951)가 대히트했고, 엘레지의 여왕 스가와라 츠즈코菅原都々子가 〈광둥 엘레지広東エレジー〉(1951) 〈아리랑〉(1952) 〈도라지〉(1952) 그리고 〈아리랑애가〉(1953)를 히트시켰다. '피해자 일본'의 아시아 향수가 살아나고 있었다.

1954년의 연말이 다가오던 어느 날 밤, 데이치쿠의 전속 작사가 오오타카 히사오의 집에 손목인이 불쑥 찾아왔다. "신곡을 만들었네" 하며 오오타카 앞에서 기타를 연주했다. 손목인 특유의 애조 띤 멜로디가 그 자체로 이국적이고 멋져서 일본 엔카풍의 사랑 이야기로는 느낌을 못 살리겠다고 오오타카는 느꼈다. 음악을 듣다 문득 전쟁기에 본 영화 〈망향〉을 떠올렸다. 파리에서 도망쳐 카스바로 숨어든 페페의 노스탤지어를 그린 바로 그 영화 말이다.

　　영화를 모티프 삼아 외인부대의 남성이 알제리의 카스바에 스며들어 낯선 현지 여인과 하룻밤 불같은 사랑을 나누고 다시 어디론가 떠난다는 가사를 썼다. 손목인, 아니 구가야마 아키라의 대표곡 〈카스바의 여인カスバの女〉(1955)이 그렇게 탄생했다. 본래 영화 〈심야의 여인深夜の女〉의 주제가로 만들어졌는데, 영화 제작이 무산되면서 노래도 크게 히트하지 못했다. 그러다 대중가요계에서 복고 멜로디 붐이 일어나던 1967년 미도리카와 아코의 재발표로 대히트하면서, 1950년대 엔카를 대표하는 명곡 중 하나로 자리 잡았다.

　　"이곳은 땅끝 알제리아" "세느강의 황혼, 눈에 아련한 도시" "내일은 튀니지인가, 모로코인가" … 오오타카의 가사들은 망향의 그리움과 자기 연민으로 가득 차 있다. 자신의 범죄를 숨긴 채 식민지의 카스바에 숨어든 제국 출신 페페의 노스탤지어를 빌려, 지난날의 전쟁범죄를 숨기고 자기를 연민하고 싶던 제국 일본의 욕망이 투영된 가사라고 하면 너무 심한 과장일까?

　　손목인은 1957년 7월에 귀국했다. 도쿄에서 생활하다 단속에 적발되어 퇴거 명령을 받은 것이다. 손목인 정도의 신분이

구가야마 아키라(손목인)가 작곡한
〈카스바의 여인〉 리메이크 곡을 부른
미도리카와 아코의 앨범 표지.

면 레코드 회사의 보증으로 재류특별허가, 소위 특재를 받는 것이 어렵지는 않았다. 두 아이와 어머니 생각에 귀국했다고 전한다. 손목인이 온전히 구가야마 아키라가 되기가 이렇게 쉽지 않았다. 그래도 묻게 된다. 제국의 남성이 식민지 카스바의 여인과 하룻밤 사랑을 나눈다는 서사는 그저 오오타카 히사오의 상상이기만 했을까? 구가야마 아키라의, 아니 손목인의, 아니 제국 일본의 팽창에 한 발을 걸치고 싶었던 조선인 남성의 욕망이 거기 연루되어 있던 건 아닐까?

5.
한국인을 혐오한
어떤 서구인 이야기

백인 여행자가 처음으로 한국에 체류할 경우 처음 몇 주 동안은 기분 좋은 것과는 영 거리가 멀다. 만약 그가 예민한 사람이라면 두 가지 강력한 욕구 사이에서 씨름하며 대부분의 시간을 보낼 것이다. 하나는 한국인들을 죽이고 싶은 욕구이며, 또 하나는 자살하고 싶은 욕구다. 개인적으로 나라면 첫 번째 선택을 했을 것이다.

한국인에 대한 이토록 강렬한 혐오 발언의 주인공은 누구일까? 20세기 초에 활동한 미국의 작가 잭 런던Jack London이다. 본명은 존 그리피스 채니(1876~1916), 잭 런던은 필명이다. 그는 러일전쟁(1904~1905) 취재차 1904년 2월 7일경부터 5월 1일경까지 3개월 가까이 한국에 머물렀다. 그때 잭 런던은 스물여덟 살, 그 전 해에 발표한 대표작《야성의 부름》(1903)으로 막 작가로서 성공의 길을 걷기 시작하던 무렵이었다.《샌프란시스코 이그재미너》《뉴욕 헤럴드》《허스트》《콜리어스》등 네 개의 매체에 보낸 종군 취재 기사들이 1982년, 프랑스의 한 출판사에 의해 《전쟁 속의 한국La Corée en Feu》이라는 제목의 단행본으로 묶여 출판됐다.[1] 이 책 전체에 걸쳐 도저하게 흐르는 그의 한국인 혐오는 도저히 참기 어려울 정도로 노골적이고 때로는 역겹기까지 하다.

한국의 입장에서 러일전쟁은 조선왕조의 멸망과 일본의 식민 지배로 귀결되는 비극의 시작이다. 서구 열강의 시각에서 보는 이 전쟁은 19세기 초부터 20세기 초까지 이어진 영국과 러시아 간 패권 경쟁, 이른바 '그레이트 게임'에 마침표를 찍은 전쟁이었다. 나폴레옹의 몰락 후 세계의 바다를 지배하는 영국에 도전하는 패권 경쟁국은 없었다. 아니, 딱 한 나라가 있었다. 대륙 규모의 영토를 이용해 바다를 통하지 않고서도 영국의 패권에 도전하며 남하하던 러시아였다. 흑해의 크림반도에서, 이란과 아프가니스탄에서, 티베트와 위구르에서 두 제국이 충돌했다. 곳곳에서 가로막힌 러시아가 마침내 다다른 곳이 동아시

러일전쟁을 묘사한 그림. 일본 군인들이 포격으로 파괴된 요새에 진입하는 장면이다.

아였다. 한국인들이 교과서에서 배우는 영국 해군의 거문도 점령 사건(1885~1887)도 그레이트 게임의 일환이었다. 갑신정변(1884) 후 조선과 러시아가 가까워지는 기미를 보이자 이를 차단하러 나섰던 것이다.

러일전쟁은 시베리아횡단철도의 완성을 목전에 둔 때 일어났다. 영국 입장에서는 완공 이후 러시아의 보급 문제가 획기적으로 개선되기 전에 판도를 결정지어야 했다. 러일전쟁이 그레이트 게임의 대단원이 된 이유다. 1902년, 영국은 일본과 동맹을 맺어 일본이 동아시아에서 러시아를 견제하도록 했다. 일본이 영국의 대리전을 치르게 된 것이다. 1년 예산이 3억 엔 남짓하던 일본이 러일전쟁의 전비로 20억 엔을 썼다. 그중 상당액을 런던 금융시장에서 조달했다.

일본 입장에서 이 전쟁은 단지 대리전만은 아니었다. 러시아의 남하는 일본에도 큰 위협으로 인식됐다. 무엇보다 일본인들은 삼국간섭에 대한 복수심에 절치부심하고 있었다. 청일전쟁(1894~1895)의 승리로 중국에서 뺏은 랴오둥반도를 러시아, 프랑스, 독일의 간섭으로 돌려주어야 했던 굴욕의 기억이 생생한 일본인들이었다. 영국과 함께 미국도 일본 편을 들어주었다. 반면 러시아 뒤에는 이번에도 프랑스와 독일이 있었다. 일부 연구자들이 러일전쟁을 제0차 세계대전이라고 부르는 이유다. 서구의 시선이 집중되는 것이 당연했다. 잭 런던의 한국행은 이런 세계사적 흐름 속에 있었다.

개화기에서 구한말 사이에 서구인들이 쓴 한국 관련 책이 적지 않다. 흥선대원군의 아버지인 남연군의 묘를 도굴한 사건으로 유명한 독일인 오페르트의 《금단의 나라 조선》(1880)이 최초의 저작으로 꼽힌다. 미국인 윌리엄 엘리엇 그리피스의《은자의 나라 한국》(1882)은 일본에서 교육자로 활동하던 그리피스가 정작 한국에는 와보지도 않고 쓴 책이다. 후일 화성의 '운하' 발견으로 유명해지는 미국의 천문학자 퍼시벌 로웰은《조선, 고요한 아침의 나라》(1885)를 썼다. 그는 조선이 서구에 파견한 첫 외교사절인 보빙사 일행을 수행한 후 이들이 귀국하던 1883년 12월에 함께 조선으로 왔다. 넉 달 가까이 조선에 머문 후 돌아갔는데, 고종과 순종의 사진을 비롯해 이때 촬영한 사진 스물다섯 장의 화질이 뛰어나, 사료적 가치가 높다.

영국인 화가 새비지 랜도어의《고요한 아침의 나라 조선》(1895), 마찬가지로 영국인인 이사벨라 버드 비숍의《한국과 그 이웃 나라들》(1898), 미국인 선교사로서 조선과 한국의 독립에 헌신한 호머 헐버트의《대한제국 멸망사》(1906) 등도 중요한 저작으로 꼽힌다. 여성 최초의 영국왕립지리학회 회원이자 저명한 여행 작가였던 비숍의 책은 서구에서 베스트셀러가 되기도 했다. 저자들마다 입장이 달라서 어떤 책은 한국을 동정하고, 어떤 책은 한국에 대해 비판적이다. 한 권의 책 안에서 시선이 엇갈리는 경우도 있다. 노골적인 혐오감으로 일관한다는 점에서 잭 런던의 글은 그중에서도 두드러진다.

그의 글은 당대 미국 사회에 얼마나 영향을 미쳤을까? 일개 백인 우월주의자의 헛소리로 치부하기는 어렵다. 우선 그의 글이 실린 매체들의 영향력이 제법 컸다.《샌프란시스코 이그재미너》는 '황색 저널리즘'의 창시자인 신문 재벌 윌리엄 랜돌프 허스트 소유의 매체 중에서도 기함급이었고, 19세기 중반 미국에서 가장 영향력 있던 신문이던《뉴욕 헤럴드》는 20세기 초에도 유럽에 가장 잘 알려진 미국 신문이었다.

무엇보다 잭 런던은 당대에 "미국 작가 중 상업적으로 가장 성공한 작가"였다. 그가 1년 전에 발표한 《야성의 부름》은 《톰 아저씨의 오두막》(1852) 《톰 소여의 모험》(1876) 《셜록 홈즈의 모험》(1892) 같은 초대형 베스트셀러보다 더 많이 팔렸다. 여러 차례 영화화되고 교과서에도 실렸다. 1913년 무렵, 그는 자신을 세계에서 가장 인기 있고 돈을 많이 버는 작가라고 일컬었다. 잭 런던은 마크 트웨인, 앰브로스 비어스 등과 함께 《샌프란시스코 이그재미너》의 가장 중요한 필진 중 한 명이었다. 그가 보낸 러일전쟁 기사와 사진은 종종 《샌프란시스코 이그재미너》의 1면 머리기사가 되곤 했다.[2] 한국인에 대한 그의 시선이 미국 사회에 제법 영향을 미쳤으리라고 보는 이유다.

잭 런던이 한국인을 혐오한 이유

잭 런던은 왜 그렇게 한국과 한국인을 혐오했을까? 간단하게 말하면 한국에서는 제대로 되는 일이 하나도 없었기 때문이다. 서울에서 평양과 의주를 거쳐 전선으로 가는 내내 문제가 생겼다. 이를테면 "20개의 편자는 20개의 문제를 일으"키는 식이었다. 전선으로 가는 길도 고난의 연속이었다. 명색이 황제의 사신이 다니던 왕도조차 우스꽝스러운 웅덩이의 연속이었다.

하지만 그에게 살인 충동까지 불러일으킨 것은 이런 물질적인 문제들이 아니었다. 겁 많고 나약하며 게으르고 도둑질 잘하는, 강자에게 약하고 약자에게 강한 한국인의 심성이 문제였다. 전장으로 향하던 3월 초의 어느 날이었다. 자꾸 뒤처지던 말 한 마리가 결국 걷지 못하는 사태가 발생했다. 런던은 마부에게 말발굽 상태를 살펴보라고 지시했다. 마부는 제대로 살펴보지도 않고 문제가 없다고 대답했다. 계속 지시해도 마찬가지였다. 런던이 채찍을 휘두르자 그제야 마부는 앞발굽을 살펴본 다음 이상이 없다고 말했다. 뒷발굽은 괜찮다며 우겼다. 다시 채찍으로 위협하자 마부는 마지못해 말 뒤로 갔지만, 멀찍이 떨어져서 대충 살펴볼 뿐이었다. 런던의 협박에 못 이겨 어쩔 수 없이 뒷발에 다가가지만, 말이 뒷발질을 해대자 도망가버렸다.

결국 런던이 나서야 했다. "말에 대해 아는 것은 하나도 없었으나 단 한 가지 유리한 점이 있다면 그것은 그(잭 런던)가 한국인이 아니라는 점이었다." 힘차게 말을 쓰다듬은 뒤 뒷발을 잡자, 말이 뒷발질을 했고, 그는 나동그라졌다. 주변 군중들이 모두 놀랐다. 하지만 그는 굴하지 않았다. 등으로 말을 굳게 받친 다음 뒷발굽을 들었다. 거세던 말이 고분고분해졌다. 세상에, 편자가 절반이나 깨져 있었다.

런던은 이렇게 에피소드를 맺는다. "마부에게 일어난 일은 모든 경우에, 모든 사람에게 적용된다. 그들은 어떻게 하는지도 모르고 배우려고도 하지 않으며 관심도 없다. … 수 세기 동안 한국인들과 한국 정부는 다리를 절었으며, 우수한 마부가 발을 들어 편자를 고칠 때까지 그렇게 계속하여 다리를 절고 다닐 것이다."

에피소드처럼 한국인은 나약한 민족이었다. 러시아군에 맞서기는커녕 도망만 쳤다. 사진을 찍으려고 피난민들을 잡아 오면 두려움에 울부짖었다. 황주에 도착했을 때는 이런 일도 있었다. 숙소를 구하려는데 도착하는 마을마다 "십 리만 더 가라"는 상투적인 대답이 돌아왔다. 점잖게 말해선 소용이 없었다. 또다시 "십 리만 더 가라"는 대답이 돌아오자, 일행 중 두 명이 권총을 꺼내 들었다. 그러자 한국인들은 2분 만에 편안한 잠자리로 안내했다.

한국인들이 잘하는 일은 딱 하나, 짐을 지는 것이었다. 마치 짐 끄는 동물이라도 되는 양 묵묵히 짐을 지는 데는 선수였다. 하지만 일의 효율성은 형편없었다. 한국인들은 그들의 상전인 '왜놈'들을 몸집으로 훨씬 능가하는 건장한 민족이었지만, 기개도 맹렬함도 없었다.

반면 일본군에 대한 런던의 인상은 호의적이다. 일본군은 질서, 규율, 효율성, 호전성의 측면에서 최고 수준에 도달해 있었다. "일본군보다 더 질서정연하고 조용한 군대는 본 적이 없는 것 같다." 그들은 무거운 군장을 지고서도 흐트러지지 않은 모습으로 행군했다. 일본군은 하나처럼 움직이는 단체였고, 능률 있게 일했으며 한 가지 목표 아래 모두 같이 움직이는 것처럼 보였다.

런던은 중국인에게도 호의를 보인다. 중국인은 근면했다. 그들은 세계에서 가장 근면하며, 일이야말로 그들이 사는 이유라고 할 수 있다. 그들에겐 차라리 자유가 고통이었다. 톈진 인근의 다구 요새를 점령할 때 선봉대로서 사다리를 성벽에 갖다 댄 것도 중국인들이었는데, 그들이 그렇게 용감하게 행동한 것은 애국심 때문이 아니라 일당을 받기 위해서였다. 한국인과 달리 중국인은 겁쟁이가 아니다. 다른 나라 군대가 자기 마을을 점령하면 도망가는 대신 남아서 닭과 계란 등 자신들의 재산을 끝까지 지켜냈다. 그러고는 곧바로 그것들을 점령군에게 팔아넘기는 데 주력했다.

'강자만이 살아남는다' 사회진화론의 부상

여기까지 보면 잭 런던은 자기 체험에 근거해서 한국인을 혐오하고, 일본인과 중국인을 칭송하는 것처럼 보인다. 하지만 잭 런던의 인식은 경험적 사실에 기반한 것만은 아니었다. 그의 생각 깊은 곳에는 백인과 서구 문명이 우월하다는 확신이 자리 잡고 있었다. 일본인과 중국인에 대한 칭찬은 그들의 표면에 대한 것일 뿐이었다. 하지만 '영혼'에 대해서라면 그의 태도는 바뀐다. 예를 들어 일본인의 영혼에 대해 그가 언급한 내용을 살펴보자. 그가 보기에 일본인에게는 생명에 대한 존중이 전혀 없었다. 압록강 도하 작전에서 보듯 인명 피해를 줄이는 선택지가 있었음에도 무리한 정면 돌파로 수많은 일본군이 전사했다. 그것은 자살 공격이었다. 이런 비판은 생명 존중이 부족했던 일본군에 대한 정당한 비판이라 할 것이다. 잭 런던은 여기에서 더 나아가 인종주의적 비판을 하기에 이르렀다. "일본은 아시아 인종이다. 그리고 아시아인들은 우리만큼 생명에 커다란 비중을 두지 않는다." 일본인에게는 고통에 대한 연민도 없었다. 일본인은 서구의 기술은 도입했지만, 윤리적 발전은 무시했다. 서양인만의 것인 올바름, 바른 양심, 삶에 대한 책임감, 동정심, 우정, 인간의 정 등은 동양인에게 가르쳐줄 수 없었다. 서양인의 역사는 영적인 싸움과 노력의 역사였던 반면, 일본인에게는 이런 면

잭 런던은 《야성의 부름》으로 세계적 명성을 얻었다.

이 전적으로 결여되어 있었다.

중국인에 대한 태도는 미묘하게 달랐다. 중국인은 정말 근면했고, 중국인 사업가는 서양의 비즈니스 강령과 윤리를 일본인보다 훨씬 잘 이해했다. 중국의 문제는 문인으로 이루어진 지배층에 있었다. 중국 내 서양인들을 학살한 의화단운동, 철도 부설 등 서양의 계략에 맞선 폭동들은 모두 이 문인들에게서 나왔다. 그래서 잭 런던은 일본인과 중국인이 결합하게 되는 상황을 경계했다. 황인종이 서구 세계를 위협하는 상황에 대한 경계, 바로 황화론the yellow peril이었다.

서양의 사상은 일본인을 깨어나게 한 누룩이었고, 일본인의 정신에 의해 일본인의 사상으로 전달된 서양의 사상은 중국인을 깨어나게 할 만큼 강력한 누룩이 될 수 있다. … 4억 명의 지칠 줄 모르는 노동자가 과학적이고 현대적이며 훌륭한 전투동물인 4천 5백만 명의 인간에 의해 관리

되고 인도되는, '황화'라고 불리는 서구세계에 대한 위협을 구성하고 있다. … 생명체 이기주의뿐만 아니라 인종 이기주의와 같은 것이 존재하며, 그것은 매우 좋은 것이다. 무엇보다 서구 세계는 황화의 부상을 허용하지 않을 것이다.[3]

잭 런던은 서구 문명의 우월성과 서구에 의한 세계 지배를 '사실'이자 '당위'로 받아들였다. 일본과 중국이 협력해서 백인종의 이기주의를 위협하는 사태를 경계했다. 그는 일본군에 배속된 종군기자로서 일본군에게서 편의를 제공받고 있었다. 일본군과의 관계도 기본적으로 우호적이었다. 하지만 종군 취재 중 백인종인 러시아군 포로를 목격하고서는 큰 충격을 받는다. "나는 마치 주먹으로 머리를 얻어맞은 것처럼 정신이 멍해졌다. 피부는 희고 눈이 파란 사람 한 명이 나를 바라보고 있었다. … 나는 숨이 막혔다. 목을 조이는 듯한 느낌이 목구멍까지 올라왔다. 그들은 나와 같은 종족이었다. … 그리고 이상하게 내가 창문 저편에 있는 사람들과 연대 관계를 맺고 있는 것처럼 느껴졌다."

더욱 문제적인 지점이 있다. 잭 런던이 급진적인 사회주의자였다는 사실이다. 열한 살 무렵부터 노동을 시작한 그는 독학으로 사회주의자가 됐다. 〈나는 어떻게 사회주의자가 되었나?〉라는 글에서 그는 사회주의로의 '전향' 과정을 회고한다. 그는 마치 "튜턴 이교도들이 기독교인이 된 방식과 비슷한 방식으로 사회주의자가 되었다." 튜턴족, 즉 게르만족이 기독교인이 됐을 때처럼 급작스럽게 사회주의 사상이 주입됐다는 것이다. 그의 육체는 건강하고 단단했다. 스스로 강한 자라고 믿는 개인주의자였다. "순수한 우월감과 힘으로 정복하는" 모습으로 살아갔다. 열여덟 살이 되던 해에 동부를 향해 떠돌이 생활을 시작했다가 "사회학자들이 '수몰된 10분의 1'이라고 부르는 계층"으로 떨어져 밑바닥 생활을 체험했다. 나이아가라 폭포 인근에서 길을 잃었다가 단지 떠돌아다닌다는 이유로 경찰에 체포되고 심하게 학대당했다. 부당한 처우에 대한 반발심에서 "나도 모르게 사회주의자가 되어 있었고, 더 나아가 비과학적인 사회주의자가 되어 있었다."[4] 스물다섯 살에 미국 사회당에 입당했고, 《밑바닥 사람들》(1903) 《강철군화》(1908)와 같은 자본주의 비판 작품으로도 널리 이름을 알렸다. 문필가로 그치지 않고 정치 평론과 강연에 매진했고, 선거에 출마하기도 했다.

인간의 평등을 믿는 사회주의자가 어떻게 이렇게 공공연히 인종적 편견을 드러낼 수 있었을까? 사회주의자로서 그는 세계를 계급 사이의 투쟁으로 바라보았지만, 백인으로서 그는 세계를 백인종과 황인종 사이의 투쟁으로 이해하고 있었다. 러시아 군 포로를 보는 순간, 그는 사회주의자가 아니라 백인으로서 그들에게 정서적 연대감을 느꼈던 것이다.

사실 그의 태도는 이 무렵 서구 지식인, 엘리트, 일반 민중 사이에서 특별한 예외가 아니었다. 청일전쟁에 승리한 일본을 염두에 두고, 독일 황제 빌헬름 2세가 황화론을 제기한 것이 1895년이었다. 미국에서는 19세기 후반 유입된 중국인 노동자 쿨리에 대한 혐오 감정이 황화론으로 번졌다. 그렇다고 해서 황화론의 영향력을 과장할 필요는 없다. 황화론은 특정 인종을 대상으로 한 조악한 정치 선동에 지나지 않았다.

황화론을 포함하여 그 시대를 설명하는 '보편이론'의 지위를 차지하고 있었던 사회진화론이 훨씬 심각한 문제였다. 영국의 사회학자 허버트 스펜서와 미국의 심리학자 윌리엄 그레이엄 섬너 등이 다윈의 진화론을 단순하게 왜곡한 사회진화론이 이 시대를 지배했다. 인간 사회의 생활은 본질적으로 생존 경쟁이며, 강자가 생존하고 약자가 도태되는 것이 과학적 법칙이라고 믿는 신념이었다. 도태되어야 할 약자를 보호하는 행위는 자연의 질서에 반하는 것으로 여겨졌다. 사회진화론은 국내적으로는 기득권을 옹호하는 강경 보수주의 이데올로기로 작동했고, 국제적으로는 제국주의의 식민 지배를 정당화하는 침략 이데올로기 노릇을 했다.

사실 다윈의 진화론은 약육강식의 논리가 전혀 아니다. 다윈에게서 생존하는 것은 강자가 아니라 적합한 자, 즉 적자다. 약육강식이 아니라 적자생존이 진화의 메커니즘인 것이다. 강하거나 우수해서 생존하는 것이 아니라, 변화된 환경에 적합한 종이 자연에 의해 선택된다는 것이 다윈 진화론의 핵심이다. 그래서 공룡은 강했지만 멸종했고, 매머드도 코끼리보다 훨씬 크고 강했지만 멸종했던 것이다. 자연계에 '약한 것에서 강한 것으로, 열등한 것에서 우수한 것으로' 따위 진화의 방향성은 없다.

사회진화론은 좌파 사이에서도 영향력을 행사하고 있었다. 잭 런던은 그 표본 같은 인물이었다. 그의 대표작《야성의 부름》을 보자. 주인공 벅은 판사 집의 사랑받는 반려견이었지만, 정원사에게 납치되어 팔려 간 끝에 알래스카의 썰매 개가 된다. 거기서 '몽둥이와 송곳니의 법칙', 즉 약육강식의 법칙을 배우고, 끝내 무리의 우두머리가 된다. "도덕성은 무자비한 생존경쟁에서는 아무런 쓸모가 없고 오히려 장애만 될 뿐이다. 사랑과 우정의 법칙을 따르는 남쪽 땅에서야 개인의 재산과 감정을 존중해주는 것이 바람직하겠지만, 몽둥이와 송곳니의 법칙을 따르는 북쪽 땅에서는 그런 생각을 하면 바보이고 그런 것을 지키면서는 살아갈 수가 없었다." 우여곡절을 겪은 끝에 벅은 야성의 부름에 답하며 늑대의 세계로 들어간다.

또 다른 작품인 〈마이더스의 노예들〉(1901)에서는 무고한 사람들을 죽이겠다고 위협하여 자본가들에게 돈을 뺏는 지식인 프롤레타리아 테러 조직이 등장한다. 자본가 헤일에게 보내는 조직의 편지는 이렇게 주장한다. "강자만이 살아남을 수 있다. … 이러한 방법들로 당신(자본가 헤일)은 살아남은 것이다. … '당신과 우리 중 누가 주어진 사회관계 속에서 살아남게 될 것인가?' 우리의 생각엔 우리가 더 강한 자인 것 같다. 결정은 물론 시간과 법칙이 내려줄 테지만…"

조선인 사회진화론자들

한쪽에 사회진화론을 받아들인 사회주의자 잭 런던과 같은 인물들이 있었다면 다른 쪽에는, 약소민족이면서 사회진화론을 받아들이고 내면화한 인물들이 있었다. 《서유견문》(1895)의 저자 유길준(1856~1914)은 도쿄 유학 중 사회진화론을 받아들였다. 1883년에 집필한 〈경쟁론〉은 "군자는 경쟁하는 법이 없다"고 믿어온 조선의 유학자가 경쟁을 세상의 기본 원리로 받아들였음을 보여주는 전향서였다. "대개 인생의 만사가 경쟁을 의지하지 않는 일이 없으니 크게는 천하 국가의 일부터 작게는 한

몸 한 집안의 일까지 실로 다 경쟁으로 인해서 먼저 진보할 수 있는 바라. 만일 인생에 경쟁하는 바가 없으면 어떤 방법으로 그 지덕과 행복을 증진할 수 있는가?"

윤치호(1865~1945)도 미국 유학 중 사회진화론을 받아들였다. 인종차별을 겪고 오히려 '힘이 곧 정의'라는 사회진화론의 주장을 수용하게 된다. 물론 윤치호는 유길준보다는 내면이 복잡한 인물이었다. 특히 기독교 신앙과 사회진화론 사이의 부조화로 고민했다. 1892년 어느 날의 일기에서 그는 이렇게 고뇌한다. "나의 신앙이나 믿음의 가장 큰 방해물은 인종 간의 불평등과 그로 인해서 발생하는 여러 해악들이다. 왜 하나님께서 코카시안과 몽골리안, 아프리카인 등에게 평등한 기회와 동등한 심신의 능력을 부여하시지 않았는가? … 하나님께서 그렇게 하고자 하심에도 못 하셨을까? 그렇다면 그의 지혜는 어떤 것인가? 그렇게 하실 수 있으심에도 일부러 하지 않으셨는가? 그렇다면 그의 사랑은 어떤 것인가? 오호, 수수께끼로다!"[5]

1892년 미국 에모리대학 유학 중의 윤치호.

약육강식의 질서를 승인하게 되면 약자가 좀 더 나은 세상을 위해 벌이는 투쟁이 무의미해진다. 강자는 지배할만해서 지배하고, 약자는 지배당할만해서 지배당한다. "물 수 없다면 짖지도 말라"는 윤치호의 말은 유명하다. 1919년 3월 2일의 일기에서 그는 3·1운동에 대해 이렇게 썼다. "이 어리석은 소요는 무단통치를 연장시킬 뿐이다. 만약에 거리를 누비며 만세를 외쳐서 독립을 얻을 수 있다면, 이 세상에 남에게 종속된 국가나 민족은 하나도 없을 것이다."[6] 물리적 진압이라는 당장의 결과만 보면 이 말이 맞을지도 모르겠다. 그러나 이는 3·1운동이 조선인들의 마음속에 얼마나 깊은 염원을 남겨놓았는지, 일제가 3·1운동으로 얼마나 궁지에 몰렸는지, 한국인을 바라보는 세계의 시선이 어떻게 바뀌었는지 성찰하지 못하는 단견이다. 피지배자가 이런 자학적인 이데올로기를 받아들인다면 지배자로서는 최상이었다.

잭 런던은 작가로서 경이적인 성공을 거뒀다. 대저택과 큰 농장을 마련하고 요트로 세계 일주 여행을 했다. 자본주의적 성공의 혜택을 마음껏 누리면서 그 체제를 비판하고 타도하자는 《강철군화》 같은 작품을 썼다. 그런 작품으로 다시 더 큰 돈을 벌었다. 자기 농장의 노동자들이 비효율적이라고 불평하기도 했다. 이 모순 사이에서 동요하고 괴로워하다가 삶이 파괴됐다. 동료들과 불화했고, 말년에는 세상을 등진 채 은둔했다. 사인은 규명되지 않았지만, 그의 때 이른 죽음은 자살로 믿어진다. 뒤틀린 삶의 모순을 모른 체할 만큼 뻔뻔한 인물이 못 됐다. 그의 모순된 사유들 가운데서도 파렴치한 것들이 한국인들에게서도 깊고 넓게 공유되고 있다. 약육강식이 세상의 진리라며 식민 지배는 당한 쪽 잘못이라고 외친다. 힘이 조금 생겼다고 한국보다 덜 풍족한 나라 사람들을 얕보기도 한다. 마치 명예 백인이라도 된 듯한 기분이 들 때면 떠올려보자. 잭 런던의 웃고 있는 모습을.

6.
세계 일주의 꿈,
돌아와서 만나는 나

　"지구는 둥그니까 자꾸 걸어나가면, 온 세상 어린이를 다 만나고 오겠네." 어릴 적 즐겨 부르던 동요의 한 구절이다. 둥근 지구를 걷다 보면 정말 출발한 곳으로 돌아오게 될까? 생각해보면 바로 이게 세계 일주다. 세계 일주는 온 세상 사람들을 다 만난 다음 처음 자리로 돌아오는 행위다. 그러고 나면 우리는 어떻게 달라져 있을까?

　기록상 최초로 세계 일주를 한 것은 페르디난드 마젤란의 탐험대였다. 1519년 9월에 스페인을 출발해, 지구 한 바퀴를 돌아 3년 만에 귀환했다. 270여 명이 출발했는데 돌아온 건 겨우 18명이었다. 마젤란 자신도 필리핀에서 죽었다. 오랫동안 세계 일주는 목숨을 건 모험이었다. 세계 일주가 모험에서 탐험이, 더 나아가 여행이 되려면 이동의 안전을 보장할 세계적 '질서'와, 빠르고 편리한 교통수단이 필요했다. 19세기가 되자 '팍스 브리태니카', 영국 중심의 세계 질서 아래 안전한 이동이 가능해졌다. 1807년에 증기선이 등장하고, 1830년에는 증기기관차가 달리기 시작했다. 교통혁명의 시작이다. 1841년에는 영국에서 최초의 여행사 토머스쿡이 설립됐다. 여행이 귀족의 전유물을 넘어 부르주아의 새로운 취미로 떠올랐다.

개인이 세계 일주를 꿈꿀 수 있게 된 것도 이 무렵부터다. 토머스쿡은 1872년, 기선을 이용한 세계 일주 여행 상품을 선보여 화제를 일으켰다. 같은 해에 쥘 베른은 영국인 신사 필리어스 포그와 프랑스인 하인 장 파스파르투가 80일 만에 세계를 일주하며 벌이는 소동을 프랑스 잡지《르탕》에 연재했다. 이듬해에《80일간의 세계 일주》(1873)라는 제목으로 출간한 책은 크게 히트했다. 바야흐로 세계 일주의 시대가 열리고 있었다.

《80일간의 세계 일주》 초판 표지.

그리고 딱 10년 후인 1883년, 조선이 서구에 파견한 첫 외교사절단인 보빙사 중 일부가 세계 일주를 하게 된다. 조미수호통상조약(1882) 체결 후 미국은 조선에 특명전권대사를 파견했지만, 조선은 미국에 주재 외교관을 파견할 처지가 아니었다. 대신 답례로 파견한 사절단이 보빙사였다. 부대신 홍영식과 수행원들은 미국에서 바로 귀국했고, 전권대신 민영익, 종사관 서광범, 수행원 변수는 미국 정부가 제공한 군함을 타고 유럽 각국과 이집트, 인도, 싱가포르 등을 둘러보고 귀국했다. 일행 중 유길준은 현지에서 민영익의 허락을 얻어 미국에서 유학하게 된다. 유학 중 강자가 약자를 지배하는 것이 타당한 이치라는 사회진화론을 배웠고, 조선으로 돌아와《서유견문》(1889)을 썼다.

출발 전 보빙사. 현홍택, 최경석, 유길준, 고영철, 변수, 로웰, 서광범, 민영익, 홍영식(맨 왼쪽부터 시계 방향).

이때 보빙사 일행의 안내자로 일한 인물이 훗날 화성 운하설과 로웰 천문대로 유명해지는 미국인 천문학자 퍼시벌 로웰(1855~1916)이다. 보스턴 지역 명문가 출신인 로웰은 하버드대학을 졸업한 후 1883년부터 일본에 머물다가 주일미국공사관의 추천으로 보빙사 일행의 서기관 겸 고문 자격으로 동행했다. 홍영식 등이 귀국할 때 함께 조선을 방문하기도 했다. 1883년 12월부터 넉 달 정도 조선에서 지내고 돌아간 로웰이 이후 미국에서 펴낸 책이《조선, 고요한 아침의 나라》였다.

세계 일주가 서구 부자들의 취미가 된 시절이었다. 한반도에도 그들이 찾아왔다. 1909년 4월 28일 자《황성신문》에는 "일주단래경─週團來京"이라는 제목의 기사가 실렸다. 토머스쿡이 주관하는 세계 일주단 열 명이 4월 27일 아침에 부산에 입항해 기차를 타고 당일 밤 경성에 도착했다는 소식이다.

여행의 체험은 이중적이다. 바깥을 경험하며 안을 돌아보게 된다. 타자와 만나면서 자아가 흔들리기도, 단단해지기도 한다. 세계 일주는 안과 밖을 나누는 경계가 가장 멀리 확장되는 경험이다. 보편적인 세계라는 시점을 확보할 수도 있다. 유럽 여행이나 서구 체험과 구별되는 지점이다. 하지만 세계는 평평하지 않고 울퉁불퉁하다. 돌아온 여행자의 마음도 그랬을 것이다.

상상 속의 세계 일주와 실제 세계 일주

1910년, 대한제국이 사라졌다. 국망을 초래한 이 세계를 알아야 한다는 강박관념이 사람들을 휘감았다. 그 첨두에 선 청년 지식인 최남선(1890~1957)이 세계 일주를 위해 재미있는 방법을 고안해냈다. 창가로 〈세계 일주가〉(1914)를 지어 상상으로 세계를 일주한 것이다. "취미로써 세계 지리 역사상 요긴한 지식을 득하며, 아울러 조선이 세계 교통상 추요樞要한 부분임을 인식하게 할 주지"라고 서문에서 밝힌다. 한 연은 4행으로 이루어지고, 연마다 주석도 붙였다. 이렇게 중국, 러시아, 유럽 각국, 미국(하와이), 일본 등 모두 18개국, 수십 개 도시를 여행하고 있다. 세계적인 대도시에는 여러 연을 할애한다. 이를테면 파리의 첫 연과 주석은 이렇다.

> 파리야 얼굴로는 첨이다마는
> 세계 문명 중심에 선봉 겸하여
> 이 세상 낙원이란 꽃다운 이름
> 오래도다 들은 지 우뢰 퍼붓듯
>
> 〔파리〕(Paris) 프랑스국 수도. 센강을 가로탄 유럽 대륙 중 최
> 대 도부都府니 네거리街衢의 장려가 세계에 빼어冠絶나며, 또 공
> 예미술이 모이는 곳淵藪이 되느니라. 신발명 · 신유행의 발원
> 지.
> 〔낙원〕 파리는 물색도 번화하려니와 환락의 기관이 구비하
> 므로, 유락을 탐하는 인人이 사방으로서 진집湊集하느니, 고로
> 세계 낙원의 칭이 있느니라.[1]

"흰 비단을 넌 듯한 세느강"을 거닐고, "천하에 제일가는 대
영박물관"에 감탄하며, "여신상 우뚝 선屹立 곳 뉴욕"을 탐방한
최남선이다. 물론 그래봐야 머릿속 여행이었으니 저릿한 귀환의
감상 같은 것이 있을 리 없다. 그래서일까, 이렇게 끝을 맺는다.

> 양양洋洋한 한강 물이 눈에 보이네
> 그립다 남대문아 너 잘 있더냐
> 아무래도 볼수록 기쁜 제 고장
> 곤여坤輿*를 두루 돌 제 많은 느낌은
> 말씀할 날 있기로 아직은 이만

* 세계 또는 대지를 이르는 말이다.

일제시기에 실제로 세계 일주를 하고 여행기를 남긴 인물은 누가 있을까? 허헌, 나혜석, 이순탁, 박인덕, 최린 등을 꼽을 수 있다. 모두 유학파 엘리트였다. 일본 메이지대학 법학부를 졸업한 민족 변호사 허헌(1885~1951)은 《동아일보》 사장 송진우가 깡패 박춘금에게 테러를 당한 후 잠시 《동아일보》 사장 직무 대행을 맡기도 했고, 이때는 특파원 자격으로 1926년 5월부터 1927년 5월까지 약 1년간 세계를 일주했다. 벨기에에서는 세계 피압박민족대회에 참가하기도 했다. 후일 북한 지도부 일원이 되는 딸 허정숙이 동반하다가 미국에 머물며 유학했다. 귀국 후 잡지 《삼천리》에 3회, 《별건곤》에 1회 여행기를 연재했으나 내용이 소략하다.

메이지대학 법학부를 졸업하고 3·1운동의 민족대표 33인 중 한 명이기도 했던 천도교 지도자 최린(1878~1958)은 교단의 후원으로 1927년 6월부터 1928년 4월까지 미국과 유럽 각국 등 구미를 시찰하고 러시아, 중국까지 여행했다. 프랑스 소르본대학에서 사회학을 공부한 《중외일보》 기자 이정섭(1895~1950)은 미국, 영국, 아일랜드를 거쳐 프랑스 파리까지 최린과 동행하다 귀국했다. 그가 《중외일보》에 연재하던 여행기 역시 일제가 민감하게 여기던 아일랜드 문제를 다루는 바람에 중단됐다.

도쿄여자미술전문학교를 졸업한 최초의 여성 서양화가 나혜석은 1927년 6월부터 1929년 3월까지 세계 일주에 나섰다. 교토제국대학 경제학부 출신의 연희전문학교 상과 교수 이순탁은 학교의 지원으로 1933년 4월부터 1934년 1월까지 여행하며 《조선일보》에 여행기를 연재했다. 미국 컬럼비아대학에서 교육학 석사학위를 받은 여성운동가 박인덕은 유학 시절이던 1928년부터 1931년 사이에 1차로 세계 일주를, 조선여자기독교회YWCA 총무로 일하던 1935년 11월부터 1937년까지 2차로 미국과 캐나다를 여행했다. 기독교여성단체들의 후원이 있었다.

이순탁과 박인덕은 여행기를 당대에 단행본으로 출판했다. 이순탁은《최근 세계일주기》(1934)를, 박인덕은《세계일주기》(1941)를 펴냈다. 주로 월간지《삼천리》를 통해 발표되었던 나혜석의 여행기는 여행 일정 순으로 편집되어 몇 해 전《조선여성 첫 세계 일주기》[2]라는 제목의 책으로 묶여 나왔다. 세계를 일주하고 돌아온 이들의 글이라 당대에 반향이 꽤 컸다.

삶을 걸어야 했던 세계 일주

나혜석(1896~1946)이 남편 김우영과 함께 세계 일주에 나선 것은 1927년 6월 19일 오전 11시였다. 부산역에서 출발한 만주 봉천행 열차가 경성역에 도착하자 50여 명의 벗들이 전송을 나왔다. 명월관에서 함께 저녁을 먹고 밤 기차로 다시 출발했다. 어떻게 세계 일주를 떠날 수 있었을까? 남편 김우영은 교토제국대학을 졸업하고 변호사로 일하다 만주국 단둥의 일본영사관에서 부영사로 일했다. 일본 외무성에서 근무에 대한 포상 성격의 지원을 받은 덕에 풍족한 여행이 가능했다. 부영사로 일한 인연으로 6년을 살았던 단둥에서는 여러 날 머물며 지인들을 만난 후 다시 기차를 탔다. 창춘과 하얼빈을 거쳐 점점 러시아로 가

나혜석의 세계 일주는 삶을 건 모험이었다.

까워졌다.

부부의 여정은 어디서나 떠들썩하고 호화로웠다. 보통의 봉급생활자가 30년 모아야 할 돈을 여행 경비로 썼다. 늘 1등 객실의 침대칸에 탔고, 고급 호텔에 묵었다. 어디서나 최상류층과 어울렸다. 이를테면 러시아 국경 지역에서 갈아탄 기차의 객실 동행인들이 누군지 구경해보자. "귀족의원 노다 씨(남미 브라질행), 중의원 직원 마쓰모토 씨(제네바 군축회의 출석차), 공학사고토 씨(독일 시찰차), 가토 씨 일행 9인(흑해에 빠진 군함 중에 있는 금괴를 건지러 가는 길), 의학박사 안도 씨 부인, 호리에고등상업학교 교원 부인과 중국인 유 씨(베를린 대학생), 이 씨 부부(영국 옥스퍼드 대학생)."[3]

중의원 직원 마쓰모토의 목적지이던 제네바에 나혜석이 도착한 것은 7월 27일 저녁이었다. 그때 제네바에서는 6월 20일부터 열강들의 해군 군축회의가 열리고 있었다. 1921년부터 이듬해까지 진행된 워싱턴군축회의에서는 전함과 항공모함을 비롯한 주력함에 관해 군비를 축소하기로 합의가 이뤄졌지만, 순양함과 잠수함 등 보조함에 대해서는 규제하지 않았었다. 이제 보조함 건조 경쟁이 불붙자 이를 제한하기 위해 열린 회담이었다. 일본의 전권대사는 해군대신을 여러 차례 역임한 현직 조선총독 사이토 마코토와 외무대신을 역임한 이시이 기쿠지로였다.

제네바에 머물던 나혜석 부부는 일본 대표단 부부들과 식사하는가 하면, 사이토 마코토 일본 대표가 '이왕 전하' 영친왕을 주빈으로 모시고 연 각국 대표단 만찬에 참석하기도 했다. 관등으로만 따지면 참석하기 어려운 자리였지만 행운을 얻은 셈이었다. 만찬 다음 날에는 영친왕을 알현하기도 했다. 식사 후 사담을 나누던 중 영친왕은 나혜석에게 관심을 보였다. "나에게 특별히 그림을 그려달라고 하셔서 매우 황송스러웠다. 전하는 영국 황제와 인사를 나누러 이날 밤에 떠나셨다."

나혜석은 행복했다. 그럼에도 한 점 그늘마저 어쩌지는 못했다. 제네바 호수에서 배를 탔을 때 갑판 위에 관현악이 울렸다. "태양 빛이 흐르는 호수 위에 둥실둥실 떠 음악 소리에 몸이 쌓였을 때 아- 행복스러운 운명에 감사 아니 드릴 수 없었고, 삶에 허덕이는 고국 동포가 불쌍하였다."[4]

나혜석은 8개월 동안 파리에 머물며 그림을 그렸다. 예술의 도시에서 그녀의 감각은 불타올랐다. 더불어 그녀의 눈에 들어온 것은 서구 여성들의 활발한 사회활동이었다. "구미 여성은 창조적이요 예술적이다. 구미 여성은 인격으로나 두뇌로나 기술로나 학술상 조금도 남자의 그것보다 결핍하지 아니하여 당당한 사람 지위에 있는 것이다."[5]

귀국 후 남편이 서울에서 변호사 개업을 준비하는 동안 나혜석은 경남 동래에서 시집살이를 했다. 여행에 너무 많은 돈을 쓴 탓에 살림도 궁핍했다. 시부모 모시고 아이들 돌보며, 치마저

고리 입고 바느질을 했다. 끝없이 일했다. 구미에서 훨훨 날아다니던 지난날이 꿈같았다. 아득한 격차를 메울 수 없었다. 파리에 머물던 시절 '구미 시찰' 중이던 최린과의 사이에서 있었던 사랑 혹은 불륜이 부부 생활을 파탄으로 몰았다. 1930년에 이혼했다. 그리고 1934년, 나혜석은 최린을 향해 정조를 유린한 대가로 위자료를 내라며 소송을 제기했다. 이혼으로 이미 평판에 치명상을 입었던 나혜석은 이 소송으로 사회적으로 매장된다. 나혜석의 불행한 말년은 잘 알려져 있으니 굳이 거론하지 말자. 세계일주가 여행이 된 시대였지만, 어떤 이에게는 여전히 삶이나 목숨과 맞바꿔야 하는 모험이었다. 반면 아무것도 잃지 않은 이도 있었다. 최린은 나혜석과의 관계에 대해 한마디도 하지 않았고, 누구의 비난도 받지 않았다. 소송당한 그해에 중추원 참의가 되면서 본격적으로 친일의 길에 나섰고, 1938년에는 총독부 기관지《매일신보》의 사장직에 오르며 승승장구했다.

역시 여성으로서 세계 일주를 한 박인덕(1896~1980)의 경우는 어땠을까? 평안남도 용강군 진남포에서 태어난 그녀는 인물도 좋고 연설도 잘했다. 한마디로 난 사람이었다. 고향의 삼숭학교에서 동기로 수학한 동무들이 최초의 대중가요 히트곡으로 꼽히는 〈사의 찬미〉(1926)를 부른 윤심덕, 신여성 작가로서 후일 승려가 되는 김일엽 등이었다. 서울에서 이화학당을 나온 박인덕은 이후 모교인 이화학당에서 교사로 일했는데, 유관순의 지도교사로도 잘 알려져 있다. 3·1운동 당시 학생들을 선동한 혐의로 투옥되어 옥고를 치렀고, 그해 말에 대한애국부인회 사건으로 다시 옥고를 치렀다. 3월 2일에 박인덕의 이화학당 기숙사 방에서 만세 시위를 논의할 때 나혜석, 김마리아, 황애시덕

등이 함께했다. 나혜석은 더 이상 논의에 참여하지 않았지만 체포됐다가 4개월 만에 무죄로 풀려났다.

　박인덕은 미국 기독교여성단체의 후원을 받아 1926년 8월, 미국 조지아주의 웨슬리언대학으로 유학을 떠났다. 세계 최초로 여성에게 학위를 수여한 학교로 유명한 곳이다. 신중국의 지도자 쑨원의 부인이자 혁명 동지로서 후일 중화인민공화국 부주석에 오르는 쑹칭링, 장제스와 결혼하고 오랫동안 권부의 핵심에서 활약한 동생 쑹메이링 자매가 1910년대에 바로 이 학교에서 공부했다. 박인덕은 여기서 사회학 학사 학위를 받은 후 뉴욕의 컬럼비아대학에서 교육학 석사를 땄다.

박인덕의 세계 일주는
방문국 수와 여행 기간 면에서 독보적이다.

　미국에서도 박인덕은 말을 잘했다. 연설 실력이 뛰어났다. 학생선교회의 순회간사 자격으로 여기저기 선교 강연을 다녔다. 이 강연 여행이 세계 일주로 이어졌다. 1차 여행 때는 1928년부터 1931년까지 미국, 캐나다, 영국, 프랑스, 독일, 이탈리아, 벨기에, 덴마크, 스위스, 오스트리아, 폴란드, 터키, 소련, 그리스, 팔레스타인, 이집트, 인도 등을 방문했다. 2차 여행 때는 1935년에서부터 1937년까지 다시 북미 지역을 여행했다. 그녀가 방문한 나라는 모두 35개국에 달한다. 여행 기간과 방문국 숫자에서 독보적이다. 태평양전쟁이 발발하기 직전에 출간한《세계 일주기》(1941)에 가는 곳마다 느낀 인상기가 가득하다. 당대 일본 모더니즘 건축의 상징이던 도쿄역 앞 8층짜리 마루노우치 빌딩의 초라함에 실망한 이상이 그렇게 가고 싶었던 뉴욕에 대해서는 이렇게 썼다.

> 배가 뉴욕 항구에 거의 이를 때 갑판에서 바라보니 여러 십 층의 빌딩이 공중에 솟았고 그 모양이 마치 토막을 여러 십 개 백 개 천 개 쌓아놓은 것 같다. 그야말로 사람이 만든 일대 삼림원이다. 상륙하여 보니 돌아가며 부두가 몇 개나 되는지 알 수 없다. 마중 나왔던 친구들의 안내로 지하철도를 찾아 땅속으로 난 층대로 내려가니 땅속에 한 세상이 또 있다. 서점과 과자점이 있고 장의자가 정류장에 놓였다. … 유명한 삐쁘쓰애비뉴로 들어선다. 길 좌우에 30, 40, 50층 굉장한 빌딩들이 하늘을 찌를 듯하고 빌딩과 빌딩 새로 난 골목을 들여다보면 층암절벽의 굴속 같다.

세계 일주를 마치고 난 다음 그녀의 심경은 어땠을까? "마치 우물 안 고기가 넓은 바다에 나간 듯, 깊은 골짜기에서 높은 산꼭대기에 올라선 듯 좁고 편협하던 마음이 바닷물에 씻긴 듯 바람에 날린 듯 온데간데없어지고 넓고 넓어져서 호호탕탕함이 우주와도 같아진 듯"했다. 넓은 세계를 두루 살폈으니 당연한 느낌일 것이다. 하지만 그녀에게는 그 이상의 무엇이 있었다.

박인덕은 조선에 남편과 두 딸을 두고 유학을 떠났다. 지금도 그렇지만 당시로서는 상상조차 못 할 일이었다. 어떻게 그럴 수 있었을까? 옥고를 치르고 나온 그녀에게 김운호라는 사업가가 열렬히 구애했다. 한 번 결혼한 사람이었다. 본처와는 이혼한 상태였지만 주변의 반대가 적지 않았다. 그래도 결혼을 강행했다. 결혼 직후에 남편의 사업이 망했다. 박인덕은 배화학당과 감리교 여자신학교에서 교사 일을 하며 딸 둘을 키웠다. 그런데 남편에게 숨겨둔 기생첩이 있다는 사실이 드러났다. 한때 자살 결심을 하기도 했다. 그렇게 살 수는 없었다. 유학은 지긋지긋한 현실로부터의 탈출이었다.[6] 그렇게 미국에서 공부하고 일하며 힘겹게 번 돈을 남편에게 보냈다. 딸 둘 돌보는 데 쓰라는 뜻이었다. 그 돈을 남편은 첩에게 줬다.

1930년에 귀국해 남편과 이혼했다. 이혼하기 위해 남편에게 위자료를 줬다는 풍설까지 돌았다. "남편과 자식을 떠나며 가정을 던지고 나서는 조선의 현대적 노라"라는 평도 나왔다.[7] 세간의 여론은 그녀를 비난했다. 앞으로 활동이 쉽지 않으리라는 걱정인지 악담인지 모를 예상도 많았다. 조선감리교회 총리사 양주삼은 "절대적으로 말한다면 이혼은 불가 … 장래 활동에 악영향이 있을 것"이라고 밝혔다. 조선주일학교연합회 회장 김창준은 "동정할 여지가 많"다고 인정하면서도, "당분간은 어디나 선두에 나서지 말고 숨어서 근신하"기를 권했다. 나서면 비난이 더 커지리라는 둥 재혼은 용서할 수 없다는 둥 세론이 들끓었다.[8]

여성이라는 이유로 피해자가 비난받는 세상이었다. 결혼 생활에 대해 회고한 글이 남아 있다. "하루에 열네 시간 노동으로 몸은 피로할 대로 피로하고 마음도 또한 그 이상으로 피곤하고 우울하고 괴롭고 했습니다. 지옥에서 사는 것이었습니다. … 나를 살리자. 아랫돌을 빼어 웃목에 막고 웃돌을 빼어 아랫목에 막는 밤낮 마찬가지인 공허한 생활에서 뛰쳐나가자. 결국 나는 이렇게 결단을 짓고 여장을 꾸려 미국으로 떠났던 것입니다."⁹

전쟁기에 접어들면서 친일의 길에 나섰다. 1939년 황도주의* 사상단체 '녹기연맹'에 참가했고, 1941년 '조선임전보국단'이 결성될 때는 아예 발기인으로 참가해, 대의원과 부인대 지도위원으로 활동했다. 단장은 최린, 이사는 윤치호, 박중양, 한상룡 등이 맡았다. 이들과 함께 친일 논설을 쓰고 지원병 독려 연설을 했다.

3·1운동에 참가하고 여성 해방에 헌신한 공이 친일의 과를 덮지 못한다. 이학래나 이영길 같은 조선인 군속의 비극에 그녀 같은 이들의 책임이 있다. 그러나 친일의 과가 그녀의 주체적 결단과 실행이 품은 해방적 의의를 가리지는 못한다. 파렴치한 남성들의 세상에서 여성이 인간의 자리를 찾아가는 데 그녀의 공이 뚜렷하다. 세상이 모두 '이혼녀' 박인덕과 나혜석을 비난하며 마녀로 만들 때 윤치호는 이혼은 개인의 선택이라며 그들을 변호했다. 윤치호는 친일파에다 강한 것이 정의라고 믿는 사회진화론자였지만, 그런 믿음의 자기모순도 알고 있었다. 그만큼 내면이 복잡했다. 세상이 간단치 않다. 판단을 내리되 복잡함도 인정해야 한다.

* 일본 메이지헌법상 신성불가침의 절대적 주권자인 천황을 국민의 어버이로 간주하고, 나아가 천황의 직접통치를 이상으로 삼았던 일본의 사상운동.

돌아온 식민지 '고국', 그리고 나

이순탁(1897~1950)의 여행에는 나혜석과 박인덕이 겪은 드라마가 없다. 자유의 공기를 마신 대가로 운명을 바꾸어야 하는 일이 주류 남성 지식인에게는 일어나지 않았다. 교토제국대학에서 일본 마르크스주의 경제학의 선구자인 가와카미 하지메 교수에게 배웠으니 기본 인식은 좌파였지만, 실제 사회활동은 민족주의 우파 노선에 가까웠다. 조선물산장려회, 신간회 등 민족자본주의, 민족협동론 노선의 단체에서 활동했다. 1930년대에는 조선어사전편찬위원회 등 문화 활동에 주력했다.

이순탁의 세계 일주기는
당대 세계 정세를 풍부히 관찰하고 있다.

그의 세계 일주 여행기는 아시아, 아프리카 식민지인들에 대한 연민, 유럽 문명에 대한 찬탄, 미국 물질문명 앞에서의 현기증 같은 이야기들로 가득하다. 대공황과 파시즘에 대처하는 각국의 대응도 중요 주제였다. 이를테면 이집트에서 만난 일단의 청년들이 이구동성으로 영국으로부터 완전 독립을 이룩하겠다며 굳은 결의를 보여주자 감동한다. 자유가 꽃피고 있는 영

1933년 시카고 엑스포의 제너럴모터스관.
이순탁은 여기서 쉐보레 자동차가 라인에서 조립되는 광경을 목격하고 놀란다.

국에서 사상의 자유가 지닌 가치를 깨닫는다. 막 나치가 집권한 독일에서는 파시즘의 미래와 전쟁을 예감한다. 미국에서는 물질문명의 극한을 체험한다. 뉴욕의 마천루, 디트로이트의 자동차 공장 조립라인, 시카고의 만국박람회 등 가는 곳마다 얼이 빠질 지경이었다. 반면 높은 이혼율과 여성들의 '정조' 관념 희박화 등의 향락 풍조가 이 '신로마제국'의 멸망을 초래하는 원인이 되리라고 전망하기도 한다.

　곁가지 같은 이야기들도 있는데 이쪽이 더 흥미롭다. 일본 여권을 가지고 여행하는 그는 일본인 대우를 받는다. 런던에서는 일본대사관의 도움으로 대공황 극복책을 논의하던 세계경제회의의 폐막총회를 참관한다. 싱가포르에서는 일본인을 좋아한다며 빙수를 사달라는 박물관 수위에게 기분 좋게 빙수를 쏜다. 영국에서 교육받은 "면전인"(지금의 미얀마) 승객을 향해 면전 사람이라면 신사가 아니라고 홍보는 일본 여고생에게 동조한다. 제1차 상하이사변(1932) 때 일본군이 저지른 파괴의 흔적이 역력한 중국 상하이에서는 일본 소설《일본의 전율》속 한 구절을 떠올린다. "지나인*은 아무리 보아도 사람이 아니니, 그들은 인간의 형상을 한 동물이다." 식민지 신세가 된 나라들을 불쌍히 여길 때는 꼭 열강의 국민 같다.

그렇게 열강 일본의 지식인 행세를 한 이순탁이었다. 속마음은 어땠을까? 그래봐야 어차피 시한부 위장이었다. 돌아오면 결국 식민지 조선인이었다. 고국으로 돌아오는 배 안에서 이순탁은 생각한다. "떠날 때에는 용기백배로 온갖 호기심을 가졌지마는 돌아와서 본즉 나에게는 이전 용기는 간 곳 없고 넋 잃은 사람 같으며, 모든 호기심은 다 사라지고 도로 옛날의 자신 그대로라는 것을 발견하였다."

이순탁이 세계 일주를 마치고 돌아와 만난 현실은 나혜석과 박인덕이 돌아와 만난 현실과 달랐다. 지식인 엘리트 남성에게 세계 일주는 삶을 맞바꿔야 하는 모험이 아니었다. 그렇다고 해서 그 현실이 장밋빛일 리도 없었다. 이순탁은 1938년 4월, '연희전문 경제 연구회 사건'의 주모자로 몰려 같은 학과의 백남운, 노동규 교수, 그리고 학생들과 함께 구속됐다. 실형을 선고받고 1940년 7월까지 복역했다. 출소 후에도 복직하지 못했다. 다만 학교의 배려로 세브란스병원의 경리과장으로 재직하다가 해방을 맞는다. 이후 정부가 수립되자 초대 기획처장으로 참여해 농지개혁안 마련에 힘썼다. 남한의 농지개혁에는 농림부장

---

* '지나', '지나인'은 일본이 중국과 중국인을 낮추어 부르기 위해 이 시기에 사용한 멸칭이다. '조센징'의 뉘앙스를 떠올리면 이해가 쉽다.

관 조봉암과 기획처장 이순탁 등 중도좌파가 기여한 흔적이 뚜
렷하다. 한국전쟁 때 납북되어 생사를 모르다가 후일 1950년
10월에 사망한 것으로 밝혀졌다.

　세계에 나가보니 다른 세상이 있었다. 밖에서 배운 대로 살
기에는 돌아온 제 나라 사정이 너무 가팔랐다. 이들이 각각 선
택한 삶에 대해서 후세의 우리는 나름대로 평가를 할 수 있다.
하지만 이것 하나는 분명하다. 식민지에서 자유로운 이는 아무
도 없었다. 나혜석도, 박인덕도, 이순탁도. 세계 일주가 그 사실
을 더 아프게 깨우쳐줬다.

7.
에레나를 아시나요?

한국 TV 역사상 최고 시청률(65.8퍼센트)을 기록한 프로그램은 KBS2 채널의 드라마 〈첫사랑〉(1997~8)이다. 이 작품으로 최수종, 이승연, 배용준 등 많은 스타가 탄생했다. 무명이던 손현주도 밤무대에서 반주하는 밴드마스터 주정남이라는 캐릭터로 큰 인기를 얻으며 인생 역전을 이뤘다. 극 중에서 부르던 노래 〈보고 싶어도 보고 싶은〉이 인기를 얻자 앨범도 냈다. 그중 〈내 이름은 순이〉라는 노래가 크게 히트했다.

내 이름은 순이랍니다
하지만 여기서는 에레나에요
그냥 그냥 십팔번으로 통한답니다
술이 좋아 마신 술이 아니랍니다
괴로워서 마신 술에 내가 취해서
고향에 부모형제 고향에 내 동생
보고파서 웁니다

그날 밤 극장 앞에서 그 역전 카바레에서
보았다는 뜬소문도 거짓이에요

술집 여자가 된 실향민 순이의 사연을 그린 노래다. 슬픔을
노래한 엘레지이지만 가벼운 터치로 부른다. 군대 갔다 온 남자
라면 귀에 익숙할 법한 멜로디다. '원곡'이랄까, 아무튼 앞서 발
매된 곡이 있다. 1991년 작사가 박대림과 작곡가 정종택이 만든
것으로 되어 있고, 가수 금진호가 발표한 동명의 곡이다. 잊힌
채 묻혔다가 손현주의 리메이크로 히트했다. 성인가요계의 스
탠더드 넘버가 되어 아직까지도 계속 리메이크되고 있다.

한 일간지 기사는 이 노래의 유래를 이렇게 설명한다. "첫
출생은 아무도 알지 못한다. 월남전쟁 때 군대에서 여러 제목
과 다양한 가사, 각기 상이한 멜로디로 불린 구전가요가 91년에
서야 비로소 음반으로 대중을 만나게 됐다."[1] 정확한 설명이 아
니다. 구전을 거치며 변형됐다고는 해도 이 노래에 모티프를 준
'원곡' 비슷한 노래가 있다. 손로원 작사 한복남 작곡의 〈에레나
가 된 순희〉다. 함북 나진 출신의 실향민 가수 한정무가 1954년
에 발표했다. 한정무는 그해 발표한 또 다른 곡 〈꿈에 본 내 고
향〉으로 큰 성공을 거두지만 이 노래는 성공하지 못했다. 노래
는 〈청실홍실〉(1956)로 유명해진 안다성이 1958년에 다시 불러
서 히트했다. 순희를 순이로 고쳤다.

그날 밤 극장 앞에서 그 역전 카바레에서
보았다는 그 소문이 들리는 순이
...

이름조차 에레나로 달라진 순이 순이
오늘 밤도 파티에서 춤을 추더냐

시집갈 꿈을 꾸던 열아홉 살 순이는 피난 온 항구에서 에레
나가 되어 손님에게 술을 따른다. 2절 가사는 "오늘 밤도 파티에
서 웃고 있구나"로 끝난다. 한정무의 원곡 가사는 "오늘 밤도 양
담배를 피고 있더냐"로 끝난다. 가사가 부담스러웠던지 고쳐졌
다. 이름도 에레나다. 헬렌, 엘렌 같은 서양 여성 이름이 일본식
발음으로 변형된 이름이다. 양담배를 피는 에레나라면 그냥 술
집 여자는 아니다. 에레나는, 그러니까 순이는 양공주였다. 미군
에게 술과 몸을 팔아 생계를 잇는 새로운 종류의 '직업여성'이었
다. 탱고 리듬 흥겨운데 서글픈 엘레지다.

안타깝기는 해도 양공주라는 존재는 힘센 외국군이 주둔하
면 발생하는 어쩔 수 없는 현상이 아닐까? 그렇기도 하고, 결코
그렇지 않기도 하다. 전쟁은 무기를 든 남성에게 야만적인 힘을
부여하고, 여성의 삶을 그 발길 앞에 내동댕이치곤 한다. 하지만
양공주는 그런 보편적인 현상 이상이었다. 무엇보다 양공주는
정부 간 협상에 따라 탄생한, 법적으로 규정되고 관리되는 존재
였다. 한국전쟁기에 미군은 군인의 성욕 해소를 위한 위안소 설
치를 요구했고, 한국 정부는 기꺼이 응했다. 민간업자에게 위탁
하는 형식으로 미군에 대한 성 판매가 이뤄지는 특별구역, 이른
바 기지촌이 만들어졌다. 불법인데 또 합법이었다. 미군정 아래
서 입법기관 노릇을 한 남조선과도입법의원은 식민 잔재 청산
의 차원에서 1948년 일제시대의 유산인 공창제를 폐지했다. 그
이후 오늘날까지 남한에서 성매매는 원천적으로 불법이다. 하

지만 미군은 특별구역에 존재하는 법 바깥의 특권적 존재였다. 보건부는 예규로 위안부를 "위안소에서 외군을 상대로 위안 접객을 업으로 하는 부녀자"로 정의하고, 1957년부터 1977년까지 '전염병예방법시행령'상의 정기성병검진 대상자로 지정해 관리했다. 성병에 걸리면 낙검자 수용소에 강제수용했다. 감금됐다는 말이다. 모두 국가범죄다.[2]

어딘가 익숙한 스토리 같지 않은가? 맞다, 바로 일본 제국주의의 전시위안부제도다. 전범국에서 저런 걸 경험한 미군은 곧바로 한국에 요구했고 한국 정부는 고뇌 없이 응했다. 치외법권을 누리던 미군 장병들이 에레나에게서 주린 욕망을 채웠다. 그렇게 에레나는 주린 배를 채웠다. 그리고 가족을 먹였다. 종종 폭력에 노출됐고, 감금됐고, 때로 목숨을 잃었다. 해방된 조국과 자기들을 지켜준다는 병사들에게서 폭력을 당했다.

여기까지 읽었다면 독자 중에는 이렇게 짐작할 이들도 있으리라. 조국의 누이를 침략자와 점령군으로부터 지키지 못한 식민지, 약소국 못난 남성의 울분과 콤플렉스가 담긴 글이겠거니 하고 말이다. 거기에 과오와 무책임성에 대한 반성과 다짐 같은 걸 조금 곁들이겠지 하고 생각할지도 모르겠다. 아니라고 부정하지 못한다. 하지만 단지 식민지 약소국 남성의 민족적 수치심 같은 말로만 축소할 수 없는 이야기들이 있다. 더 보편적이고, 더 구체적인 이야기들이다. 그 이야기를 하려면 이 슬픈 노래, 엘레지의 '원형'을 찾아 조금 더 올라가야 한다. 모방이나 표절 여부를 따지기 전에 상상력의 원천으로서 문화적 원형을 찾아 거슬러 올라가보자. 그러니까 〈에레나가 된 순이〉에도 원형이 있다는 말이다.

에레나의 원형 상하이 릴을 찾아서

한국전쟁이 한창이던 1951년, 일본에서는 츠무라 켄의 노래 〈상하이에서 돌아온 리루〉가 크게 히트한다. 앞에서 보았던 것처럼 일본이 중국 대륙을 점령한 시절의 노스탤지어를 담은 노래다. 〈에레나가 된 순이〉는 바로 이 노래를 본떴다. 탱고 리듬의 도입부 느낌이 유사한 것은 물론 첫 소절의 멜로디도 거의 똑같다. 가사의 흐름과 정조도 비슷하다. 요코하마의 카바레에 있는 남성 화자는 조계 시절의 상하이에서 만난 리루를 그리워한다. 리루는 어떤 여성일까? 검은 드레스를 입고 우는 어두운 운명의 여인, 상하이의 환락가 "꿈의 쓰마루 안개 내리는 속에서" 헤어진 여인이다. 맥락상 고급 창기로 해석된다. 남자는 전쟁 중 헤어진 리루가 상하이에서 일본으로 돌아왔다는 소문을 듣는다. 리루를 본 사람은 없는지 애타게 묻고 또 묻는다.

한국전쟁이 터지고 전쟁 특수로 부흥이 막 시작되던 무렵의 일본이었다. 〈상하이에서 돌아온 리루〉는 패전의 아픔과 잃어버린 대륙 아시아에 대한 노스탤지어가 만나 대중의 심금을 울린 노래였다. 일본의 침략을 따라 팽창한 대중문화의 이국적 상상력 속에서 점령지 여성과의 로맨스는 판타지의 전형이었다. 침략의 기억을 지우려 애쓰던 전후의 사정이 반영된 것일까, 이 노래에서 화자가 사랑에 빠지는 대상은 현지 여성이 아니고 일본 여성이다. 대신 그녀에게 리루, 그러니까 릴(Lil, Lily의 애칭)이라는 서양 이름을 붙여서 이국성을 가미했다.

서양 이름을 가진 일본 여성이 일본 남성의 성적 판타지 속에 등장한다는 설정은 매우 징후적이다. 때는 바로 미군을 상대

하는 특수위안부, '팡팡 パンパン'의 시대였다. 무조건항복을 선언하고 사흘이 지난 8월 18일, 일본 내무성은 전국의 경찰과 현에 점령군 전용 특수위안시설을 설치하라고 지시했다. 곧 진주할 미군의 성욕을 해소하고 일반 부녀자를 보호한다는 명분으로 특수위안시설협회를 만들어 운영했다. 과연 전시 위안부를 운영한 정부다웠다. 직업여성 출신도 있었지만, 전쟁으로 남편을 잃은 여성, 가족이 돈을 받고 넘긴 여성 등 '일반 여성'이 상당수를 차지했다. 이들은 팡팡걸 또는 간단히 팡팡이라고 불렸다. 매춘부를 뜻하는 중국어 팡팡눌랑伴伴女郎에서 유래한 단어다. 이렇게 일본에서 위안부의 '효능'을 체험한 미국이 한국전쟁이 터지자 한국 정부에 위안부 공급을 요구했던 것이다. 일본-미국-한국으로 이어지는 성 착취 제도의 삼각 고리다.

패전 후의 일본 사회를 심층 분석한 역작《패배를 껴안고》에서 미국의 역사학자 존 다우어는 팡팡의 세계를 무법자들의 암시장, 선정적인 잡지(가스토리 잡지) 문화와 함께 이 시대를 대표하는 하위문화로 꼽는다. 전쟁 전의 구질서가 무너진 후 인습 타파와 자립이라는 새로운 정신을 보여주는 움직임들이었다는 것이다. 불빛에 물든 어두운 도시에서 핸드백을 메고 벽에 기댄 채 담배를 피우고 있는 팡팡의 이미지는 이 시기의 일본을 상징하는 이미지 중 하나가 됐다. 미군 병사와 어울리며 거리를 활보하는 팡팡은 일본인의 민족적 자긍심을 훼손했다. 무엇보다 일본 남성의 자존심을 심하게 파괴했다.[3]

팡팡은 가부장적 질서와 남성화된 민족주의를 뿌리부터 뒤흔드는 고통스러운 불안과 수치의 상징이었다. 공전의 히트를 기록한 NHK 라디오 드라마 〈너의 이름은〉(1952~1954)이 처음에

퇴역 군인과 팡팡 등을 중심으로 한 스토리로 시작했다가 청취자들의 부정적 반응에 '정상' 커플인 하루키와 마치코 커플로 주인공을 바꾼 이유도 이 수치심에서 찾아야 할 것이다.

팡팡은 대개 서양식 이름으로 불렸다. 리루도, 에레나도 모두 팡팡의 이름이었다. 대륙을 지배하던 시절의 기억을 환기하는 상하이 여인 리루는 팡팡 시대의 고통스러운 불안을 반영함과 동시에, 좋았던 옛 시절을 기억하며 그 불안을 위무하려는 심리적 보충물은 아니었을까? 음반 수십만 장이 팔리고 이듬해에 영화화될 정도로 히트한 데는 그만한 이유가 있었을 것이다.

많고 많은 이름 중에 왜 하필 릴이라는 이름이었을까? 문화적 원형을 찾아 몇 걸음만 더 나아가보자. 이제 할리우드 영화 〈풋라이트 퍼레이드〉(1933)를 만나게 된다. 영화는 대공황 시절을 대표하는 로맨틱 코미디의 명작으로 알려져 있다. 뮤지컬 본공연 직전에 실행되는 짧은 공연물 프롤로그를 만드는 뮤지컬 감독 체스터 켄트(제임스 카그니 분)의 일과 사랑이 주제다. 라이벌의 아이디어 도둑질로 위기에 처한 켄트가 스파이 짓을 막기 위해 모두를 감금한 채 프롤로그를 만든다. 그렇게 세 편의 화려한 프롤로그 공연이 영화 사이에 끼어든다. 〈허니문 호텔〉, 〈폭포 가에서〉 그리고 〈상하이 릴〉이다.

프롤로그 〈상하이 릴〉에는 딱히 서사 구조랄 것이 없다. 장소는 상하이의 한 클럽이다. 남자와 여자들이 상하이의 빛나는 별, 모든 남자들이 갈구하는 여성 상하이 릴에 대해 노래한다. "그 동양 여자는 우리 업계에 해롭다"는 백인 직업여성의 한탄도 들린다. 미국 해병대원들이 클럽에 들이닥치고 싸움이 일어난다. 해병대원 켄트가 마침내 상하이 릴(루비 킬러 분)을 찾아

내고 둘은 사랑의 노래, 〈나는 새 연인이 생겼어요I got new lover〉
를 부른다. 켄트가 릴을 보며 탄식하듯 외친다. "상하이 릴!" 그
러자 릴이 화답한다. "나는 새 연인이 생겼어요." 켄트가 릴을 찬
미한다. "당신은 작은 악마요, 그저 나비 같기만 해요." 릴이 간
청한다. "오, 제발 저를 큰 기선에 태워줘요. 당신과 함께 바다
건너로 데려다줘요." 켄트가 대답한다. "나도 그러고 싶소. 하지
만 저 큰 배는 내 것이 아니라오." 모두 함께 춤을 추며 막을 내
린다.

　〈상하이 릴〉은 동양을 향한 서구 남성의 성애화된 환상을
노골적으로 드러낸다. 물론 당대 할리우드의 관습에 따라 릴을
연기한 여배우는 백인이었다. 대신 검은 머리에 중국 여성 풍
의 화장을 하고 중국옷을 입고 있다. 여기서도 우리는 최소한 두
개의 선행하는 문화적 원형 또는 참조점을 찾을 수 있다. 하나
는 바로 전 해에 나온 오스트리아 출신의 조셉 폰 스턴버그(요제
프 폰 슈테른베르크) 감독의 할리우드 영화 〈상하이 익스프레스〉

〈풋라이트 퍼레이드〉에 등장하는 캐릭터 상하이 릴. 백인 배우가 동양인을 연기했다.

(1932)다. 감독과 함께 할리우드로 진출한 독일 출신의 전설적인 배우 마를레네 디트리히가 중국 백인 사회의 유명한 직업여성 상하이 릴로 등장한다. 릴이라는 이름의 원조다. 내전 중의 중국, 베이징과 상하이를 연결하는 상하이 특급열차가 군벌에게 나포되고 릴은 인질이 된 옛 연인 하비를 구하기 위해 군벌에게 몸을 바친다. 모파상의 단편소설 〈비겟덩어리〉를 모티프로 했다. 원작과는 달리 영화는 행복하게 끝난다.

또 하나의 원형은 훨씬 암시적이지만 아마도 서구인의 오리엔탈리즘적 판타지에 더욱 깊고 지속적인 영향력을 행사했을 텍스트, 푸치니의 오페라 〈나비부인〉(1904)이다. 스토리는 너무나 유명하다. 열다섯 살의 일본 게이샤 초초상(나비부인)과 미국 해군 핑커턴 중위가 결혼한다. 귀환을 약속하며 미국으로 돌아간 핑커턴은 미국 여성과 다시 결혼하고 나비부인을 잊는다. 아이를 낳아 기르던 그녀 앞에 어느 날 미국인 부인 케이트와 함께 나타난 핑커턴. 모든 것을 알게 된 나비부인은 케이트에게

독일 출신의 배우 마를레네 디트리히는
〈상하이 익스프레스〉의 상하이 릴
역할로 할리우드 스타가 됐다.

아이를 부탁하며 목숨을 끊는다. 〈상하이 릴〉에서 미국 해병 켄트는 릴을 보며 "당신은 나비 같아요" 하고 말하고, 릴은 켄트에게 "당신과 함께 바다 건너로 데려다줘요" 하고 부탁한다. 〈나비부인〉이 없었다면 나올 수 없는 가사들이다.

수치심과 동정심을 넘어서

한국과 일본, 그리고 미국 사이에 힘과 문화적 상상력의 위계가 엄연했던 만큼이나 성애의 판타지도 가파르게 위계화되었다. 승리한 나라의 남성이 점령지 여인과의 가벼운 로맨스를 꿈꿀 때, 패배한 나라, 약소국 남성은 수치심과 회한으로, 때로는 분노로 몸을 떨었다. 영화 〈오발탄〉(1961)에서 경식은 목발을 짚고 다니는 상이군인이다. 오래도록 그를 기다려온 연인 명숙이 경식에게 애원한다. "오늘 밤이래도 물 떠 놓고 결혼해요." 경식은 고개를 젓는다. "난 이렇게 병신이야. 퇴물이야." 어느 날밤 경식은 거리에서 미군과 어울리던 양공주와 부딪혀 넘어진다. 고개를 들어보니 세상에 명숙이다. 절면서 명숙을 뒤쫓다 넘어진 채 흐느껴 운다.

'불구'가 되지 않은 남성은 좀 나을까? 윤흥길의 단편소설 〈놋대도 아니 달고〉(1977)에는 졸업논문 작성을 위해 동두천의 기지촌을 찾아 양공주를 면담하는 사회사업과 대학생이 등장한다. 그가 만나는 양공주의 이름도 에레나 박이다. 대학생이 에레나에게 말한다. "주둔군이 있는 곳에 위안부가 따르는 건 역사적 사실이면서 동시에 필연적인 결과입니다. … 흔한 말

로 십자가를 지고 있는 셈이죠. 미스 박은 〈비곗덩어리〉라는 소
설을 읽으신 적 없습니까?"

미군기지도 떠난다는데 이제 새로운 삶을 개척해야 하지
않겠느냐고 걱정해주는 대학생이다. 새로운 삶이라는 말에 에
레나의 깊은 곳에서 뜨거운 것이 솟는다. 잭크 나이프에, 면도
칼에 찔린 상처투성이 알몸을 보여주며 외친다. "이런 몸뚱일
받아줄 만한 자리가 아직두 사회 어느 구석에 남아 있을 것 같
나요? 새로운 삶 좋아허시네! … 동정 같은 거, 대책 같은 거 다
필요 없어요! … 내 운명은 내가 결정해요. 그때까진 벌 수 있는
데까지 버는 거예요." 당황한 대학생은 사례금을 내놓고 떠나려
한다. 사례금을 본 에레나는 더욱 화가 치민다. "너 이 새끼, 아
까 비곗덩이 얘길 들먹거렸지? 주둥이로만 나불대지 말고 어디
몸으루 실천해봐! 병신이 아니라면 요 모양 요 꼴로 된 몸뚱이
두 받아들여 보란 말야!" 청년은 도망치고 소란에 놀라 나타난
포주는 에레나의 뺨을 갈긴다. 에레나는 알몸을 뒤틀어가며 깔
깔깔 웃어댄다.

소설 속 대학생은 약간의 선의와 죄책감을 겸비한 흔하디
흔한 지식인 남성 역을 맡았을 뿐이다. 자기의 상상 속에서 양
공주를 역사의 '불가피한' 희생양이라고 멋대로 규정하고, 새 삶
을 살라고 권한다. 있는 그대로의 상처투성이 그녀를 사랑할 자
신도 의사도 없다. 무엇보다 책임에 대한 인식이 없다. 새 삶을
살아야 할 자는 누구인가?

뒤틀리고 무책임한 남자들 사이에서도 삶은 이어져야 했
다. "난 커서 양갈보가 될 테야. 매기 언니가 목걸이도, 구두도, 옷
도 다 준댔어." 〈중국인 거리〉(1979)에서 열두 살 소녀 치옥은

이렇게 선언한다. 치옥은 소설 속 화자인 '나'의 급우다. 치옥의 언니 매기는 '양갈보'다. 백인혼혈인 딸 제니를 키우며 흑인 병사와 국제결혼을 꿈꾸다가 그에게 살해당한다. 이들에게 미제 물건과 미국 남성은 치욕적인 현실을 떠날 수 있게 해주는 유일한 동아줄이다. 그 동아줄이 종종 썩어 있었다. 외려 올가미가 되어 삶을 옥죄기도 했다.

이제 〈상하이 익스프레스〉에 모티프를 준 소설이자, 대학생이 에레나 앞에서 들먹였던 모파상의 〈비곗덩어리〉 이야기를 해보자. 1870년의 프랑스-프로이센전쟁(보불전쟁) 시기, 프랑스를 배경으로 한 이야기다. 승합마차를 타고 피난 가던 일군의 사람들이 탈출에 실패하고 적군인 프로이센군에게 제지당한다. 일행 중 '비곗덩어리'로 불리는 매춘부가 있다. 외모와 차림새만으로도 직업여성이라는 표시가 난다. 장교는 통과를 허락하지 않으면서 그녀와의 동침을 원한다는 눈치를 준다. 귀족, 민주주의자, 수녀들로 이뤄진 일행이 그녀에게 성스러운 희생을 설득한다. 결국 그녀가 응하고 일행은 풀려난다. 그리고 "다들 이 여자를 보지도 못하고 알지도 못한다는 태도"로 돌변한다. "저 계집 옆에 앉지 않게 되어서 다행이에요."

비곗덩어리 신세가 된 양공주는 이 땅을 떠나고 싶었다. 밀려났다고 해도 좋다. 미국에 대한 그녀들의 환상은 그만큼 절실했다. 그리고 누군가는 실제로 떠나 미국에서 새로운 삶을 살았다. 한국 현대사에서 종종 망각되는 이야기다. 미국의 사회학자이자 인류학자인 그레이스 M. 조의 근년작 《전쟁 같은 맛》[4]에서 그렇게 떠난 양공주의 후반부 삶이 펼쳐진다.

지은이의 엄마 '군자'(1941~2008)는 한국전쟁 중 가족 일부를 잃고 양공주로 일하다가 선원으로 일하는 미국 백인 남성을 만나 결혼해서 미국으로 이주한다. '유색인종'이 거의 없는 시골에서 배 타느라 부재한 남편 대신 두 자녀를 열심히 키운다. 그리고 어느 날 조현병이 찾아온다. 책은 엄마가 듣는 환청 속에서 식민지와 전쟁, 기지촌과 양공주로 얼룩진 한국 현대사의 굴곡들을 읽는다. "'타락한 여자'라는 꼬리표에도 불구하고 명예로운 삶을 살았고, '정신병자'라는 꼬리표에도 불구하고 이성적이었던 어머니의 존재"에서 존엄함을 찾는다.

양공주는 팡팡과 함께 일본 제국주의가 만든 전시 위안부 제도의 유산으로 탄생했다. 미국, 일본, 한국의 수직적 삼각동맹을 뒷받침하는 허리 아래의 토대가 됐다. 그 덕에 주린 배 채우고 편히 잠들던 이들이 이들을 비곗덩어리 취급하며 가두고 내쫓았다. 일본의 위안부는 성노예 제도라고 비판하면서 제 나라의 양공주는 기억에서 지웠다. 하지만 양공주들은 열심히 살

ⓒ《한겨레》, 이우연

경기 동두천시 소요산 입구에 있는 옛 성병관리소 건물.

고 싸웠다. 불쌍한 희생자이기 이전에 주권자로서 국가에 책임을 따졌다. 2022년 9월, 한국 대법원은 기지촌 운영의 위법성과 인권 침해 등 정부의 책임을 물어 옛 위안부들에게 승소 판결을 내렸다. 꼬리표 붙여 정의하고 동정할 사람들이 아니다.

책을 읽으며 문득 잊고 살아온 기억들이 떠올랐다. 중학교 3학년 때의 짝꿍은 아버지가 미군인 흑인혼혈이었다. 부모는 미국으로 가고 할머니와 함께 살고 있었다. 축구를 좋아하고 잘했다. 미국 가려면 영어 잘해야 된다고 친구들이 놀리면, "우짜꼬, 클났대이" 하며 같이 웃던, 가난해도 유쾌한 친구였다. 어느 순간 멀어지고 소식이 끊겼다. 미국에 갔을까?

초등학교 1, 2학년 무렵에는 같은 학년에 백인혼혈 여자아이가 있었다. 늘 시선을 끌었지만 나와 인연은 없었다. 어느 날 우리 집에 동네 아줌마들이 모였는데, 그 아이의 엄마도 왔다. 미군 남편이 혹시라도 군에서 쫓겨나 먹고 살 수 없게 되면, 시

©〈한겨레〉, 백소아

2022년 9월 '한국 내 기지촌 미군 '위안부' 국가손해배상 청구소송 대법원 판결 선고 기자회견'에서 원고인단과 여성단체 회원들이 국가의 배상 책임을 인정한 대법원 판결 선고에 환호하고 있다.

내 용두산공원에서 아이스케키를 팔아서 살면 된다고 했다는 것이었다. 남편 목소리를 흉내 내며 "아이스케-키! 아이스케-키!" 하던 목소리가 귓전에 생생하다. 올림머리를 한 단아한 여성이었던 기억이 난다.

그 아이와 딱 한 번 눈이 마주쳤다. 학교 철봉대에 혼자 매달려 있던 아이 주변에는 아무도 없었다. 잠시 세상이 정지한 것 같았다. 그 눈빛이 시리게 기억난다. 그레이스 조의 책을 읽는데 그의 고향이 나와 같은 부산이었다. 나이가 나보다 서너 살 아래라니 그 아이일 리는 없다. 문득 그 아이가 보고 싶어졌다. 고백하자면 나는 종종 그 아이를 훔쳐 보았다. 나와 다른 모습에 그랬고 예뻐 보여서 그랬다. 훔쳐 보는 게 왠지 거리껴지기도 했다. 왜 그랬을까, 미국도 미군도 모를 때였는데. 생각하면 얼마나 많은 시선이 그 아이를 훔쳐 보았을까? 미안하다고 할 일은 아닌데, 그래도 이렇게 말하고 싶다. 너희 엄마가 우리 집에 왔었다고, 널 이상하게 본 적은 한 번도 없었다고.

8.
서구의 시선이 동양 여성을 그릴 때

원수 지간인 조슈번과 사쓰마번 사이의 동맹을 이끌어냄으로써 메이지유신 성공의 디딤돌을 놓은 사카모토 료마(1836~1867)는 일본인에게 사랑받는 역사 인물 중에서도 첫손에 꼽히곤 한다. 도사번(지금의 고치현)의 하급 무사 집안에서 태어나 18세가 되던 1853년, 검술을 배우러 에도(지금의 도쿄)로 갔다. 그해 7월 8일, 에도만 우라가항에 네 척의 배가 나타났다. 일본인들이 구로후네, 즉 흑선이라고 부르던 서양 군함이었다. 페리 제독이 이끄는 미국 함대가 개항을 강요하며 '포함외교'를 벌이러 온 것이다. 마침, 시나가와 해안경비대원으로 차출되었던 료마는 제 눈으로 직접 흑선을 목격한다. 2010년에 방영된 NHK 대하사극 〈료마전〉에서의 묘사가 인상적이다. 거대한 배들이 지나가면서 일으킨 엄청난 물보라가 료마를 덮친다. 쓰러진 료마는 흑선의 위용에 넋을 잃는다. 당대 일본인들에게 서구의 위력이 얼마나 큰 공포였는지 잘 보여주는 연출이다. 그 위력 앞에 무릎 꿇고 강제로 개항했던 일본이다.

사카모토 료마와 막부 체제에는 기성의 질서를 무너뜨리는 거대한 공포로 다가왔던 저 군함이 또 다른 이에게는 삶을 구원해줄 기쁨의 전령선으로 묘사된다. 미국인 남성과 결혼한 일본인 여성은 미국으로 간 남편을 3년째 기다린다. 군함의 뱃고동 소리가 울리고, 우렁찬 대포 소리가 들려오기를 기다리면서. 이탈리아 작곡가 자코모 푸치니(1858~1924)의 오페라 〈나비부인〉(1904) 이야기다.

오페라 〈나비부인〉을 만든 이탈리아 작곡가 자코모 푸치니.

　　줄거리는 간단하다. 일본 나가사키에 기항하게 된 미국 해군장교 핑커턴이 15세의 게이샤 쵸쵸상蝶々さん(나비부인)과 사랑에 빠져 결혼한다. 가난 탓에 게이샤가 된 나비부인에게 핑커턴이 가져온 세계는 찬란한 구원의 빛이다. 나비부인은 핑커턴에게 인생을 건다. 하지만 귀환을 약속하며 미국으로 돌아간 핑커턴은 돌아오지 않는다. 나비부인은 아이를 낳아 기르며 그를 기다린다. 주변에서는 돌아올 리 없다며 재혼을 권하지만 물리친

다. 3년 후 어느 날, 나비부인은 〈어느 갠 날Un bel di vedremo〉을 간절하게 부르며 배를 기다리고 있다. 그때 나비부인의 귀에 멀리서 기다리고 기다리던 군함의 대포 소리가 들려온다. 드디어 핑커턴이 돌아온 것이다. 그런데 그는 혼자가 아니었다. 미국에서 결혼한 '진짜' 부인 케이트가 그의 옆에 있던 것이다. 나비부인은 케이트에게 아이를 부탁하며 칼로 자결한다.

〈나비부인〉은 예술의 이름을 빌려 동양 여성에 대한 서양 남성의 성적 환상을 노골적으로 표현한 작품이다. 이탈리아 사람 푸치니가 어쩌다 미국 장교와 일본 여성 사이의 사랑을 오페

1917년 〈나비부인〉 공연 당시의 한 장면.

라 소재로 삼게 됐을까? 전기에 따르면 코벤트가든에서 〈토스카〉 초연을 보기 위해 런던에 머물던 1900년 6월 무렵, 〈나비부인, 일본의 비극〉이라는 단막극을 보게 된 것이 계기였다. 미국 해군 장교가 일본에 파견 나와 게이샤를 아내로 두고 자식까지 낳지만, 곧 '진짜' 아내와 결혼하기 위해 고국으로 돌아간다

는 이야기였다. 영어가 짧은 푸치니였지만 바로 이 이야기다 싶을 정도로 인상이 강렬했던 모양이다. 푸치니만 그랬던 게 아니다. "당시 서양 세계는 이 이야기에 미친 듯 열광했다."[1]

제국의 시대, 오리엔탈리즘의 시대

영국 역사학자 에릭 홉스봄이 제국의 시대(1875~1914)라고 부른 시절이었다. 열강들의 팽창 경쟁은 식민주의 초기의 원거리 교역과 자원 약탈을 넘어 대규모 이주와 자본 수출로 고도화되고 있었다. 서구의 팽창 욕망을 북돋고 정당화하는 이데올로기, 문화적 상상력, 작품들이 속속 등장했다. 오직 서구만이 비서구, 동양(오리엔트)에 대해 정의하고 표현할 권위를 가질 수 있었다. 서구의 시선으로 동양을 묘사하고 분석하던 온갖 담론과 지식, 문화적 재현물들이 급기야 동양을 지배하고 재구성하며 위압하고 규율하는 하나의 스타일로 변화해갔다. 팔레스타인 출신 영문학자 에드워드 사이드가 '오리엔탈리즘'이라는 이름으로 포착한, 서구의 문화적 헤게모니가 극에 달한 시대였다. 〈나비부인〉은 오리엔탈리즘 문화상품의 전형적 사례라고 할 것이다.

나비부인과의 결혼식 날, 핑커턴은 자신이 〈세상 어디든지 Dovunque al mondo〉 갈 수 있다며 노래한다. "양키는 세상 어디든지 떠도네/ 위험을 무릅쓴 채 돈벌이와 즐거움을 찾아/ … / 그는 모든 장소, 모든 쾌락을 만끽하지/ 아름다운 소녀를 사랑하면서 … 다음 달이면 자유로울 수 있지 … 미국이여 영원하라." 그에게 나비부인은 "날개를 부러뜨려서라도 그 나비를 잡고 싶은 충동"의 대상, 즉 찰나적 쾌락의 대상이었다. 많은 서구 남성의 눈에 동양 여성은 쉬운 여자로 비쳤다. 하지만 그녀들은 달랐다. 진심으로 사랑했다. 이방인 남성과의 결혼으로 가족과 친지, 공동체와의 결별을 감수했고 삶을 바꿨다. 나비부인도 그랬다. 결혼 후 기모노 대신 서양 옷을 입었고, 조상의 위패를 치우고 예수상과 성조기를 올려놓았다.

〈나비부인〉은 순전한 허구의 이야기는 아니었다. 실화 기반 원작이 있다. 푸치니가 본 연극은 미국의 변호사 겸 작가 존 루서 롱이 월간지 《센츄리 매거진》에 발표한 단편소설 〈나비부인〉(1898)을 극작가 데이비드 벨라스코가 각색한 것이었다. 롱은 감리교 선교사인 남편과 함께 일본에서 산 적이 있는 여동생을 통해 일본 이야기를 듣고 소설을 썼다.

진짜 원작이라고 할 만한 글은 따로 있다. 프랑스 해군장교인 피에르 로티Pierre Loti(1850~1923)의 자전적 소설 《국화부인 Madame Chrysanthème》(1887)이다. 로티는 해군사관학교를 졸업한 후 43년간 해군에 복무하며 세계 곳곳을 전전한 그야말로 탐험가였다. 1891년에는 프랑스학사원 회원으로 선출됐고, 중국에서 벌어진 반제국주의 투쟁인 '의화단운동'(1899~1901) 때에는 진압군으로 북경에 진주한 전형적인 제국주의자이기도 했다. 가는 곳마다 현지 여성과 나눈 불장난 같은 사랑 이야기를 책으로 펴내며 큰 명성을 얻었다. 1885년, 프랑스함대가 나가사키에 몇 달간 머물 때 17세 소녀 게이샤 기쿠상菊さん과 계약 결혼한 이야기를 토대로 쓴 책이 바로 《국화부인》이다. 소설은 큰 성공을 거뒀다. 영어로 번역된 《국화부인》을 번안하다시피 고쳐 쓴

프랑스 해군장교 피에르 로티는
자전적 소설 《국화부인》을 썼다.

단편이 롱의 〈나비부인〉이었다.

　바야흐로 오리엔탈리즘의 시대였다. 예술, 특히 음악은 그 첨단에 서 있었다. 처음에는 투르크풍이 유행했다. 모차르트의 피아노 소나타 제11번(1783) 3악장은 좋은 사례. '터키행진곡'이라는 별명으로 더 유명한 곡이다. 모차르트는 오스만제국 고관의 궁전을 소재로 오페라 〈후궁으로부터의 도피〉(1782)도 썼다. 화려한 무대와 이국적인 의상, 춤이 곁들여지는 오페라는 오리엔탈리즘 취향을 위한 최적의 무대가 됐다.

　시간이 지나고 시선이 확장되면서 무대의 배경은 오스만제국에서 인도로 옮겨갔다. 조르주 비제는 오페라 〈진주조개잡이〉(1863)에서 실론인, 즉 스리랑카인들의 '야만적' 신앙이 낳은 비극적 사랑을 노래했고, 레오 들리브는 오페라 〈라크메〉(1883)에서 인도 브라만 승려의 딸 라크메와 영국 장교 제럴드 사이의 사랑을 그렸다. 이루어질 수 없는 사랑 탓에 라크메는 스스로 목숨을 끊는다. 〈라크메〉는 피에르 로티가 타히티 여성들과 나눈 사랑 이야기 《로티의 결혼Le Mariage de Loti》(1880)에서 영감을 얻었다. 로티는 이 책으로 유명해졌고, 《국화부인》으로 다시 성공을 거뒀다. 타히티를 지상낙원으로 묘사한 《로티의 결혼》을 읽은 폴 고갱은 타히티로 향했고, 13세 소녀 테하나마와 살면서 이국적인 그림을 그렸다. 반 고흐도 누이에게 보낸 편지에서 이 책을 타히티의 자연을 잘 묘사한 책이라고 소개하며 "강력히 추천할 수 있는 책"이라고 말했다.

투르크와 인도를 거쳐 오리엔탈리즘의 시선이 닿은 곳이 일본이었다. 아시아를 벗어나 서구로 진입하겠다던 일본이었지만, 막상 서구인의 눈에 일본은 아직 미개하고 신비한 동양의 작은 나라였다. 페리 제독의 내항 이후 일본이 서구 열강들과 맺은 통상조약은 전형적인 불평등조약이었다. 관세자주권을 인정받지 못한 일본은 관세율조차 뜻대로 정할 수 없었다. 반면 서구 열강들은 영사재판권 등을 확보하고, 개항장의 외국인거류지에서 치외법권을 누렸다. 메이지유신을 이루고, 청일전쟁, 러일전쟁까지 승리한 일본이었지만 불평등조약은 여전했다. 일본인들이 수치스러워 한 것은 물론이다. 불평등조약의 개정을 완료한 것이 1911년이었으니 일본은 반세기가 넘도록 서구와 외교적 불평등 상태에 놓여 있었던 셈이다. 〈나비부인〉은 훌륭한 음악 작품임과 동시에, 그 불평등을 증거하는 문화적 텍스트로서도 주목할 만하다.

나비부인에서 미스 사이공으로

서구 열강의 반식민지 상태에서 벗어나는 데 성공한 일본이 거꾸로 이웃 나라들을 침략하는 데 열중하게 된 것은 역사의 슬픈 아이러니다. 일본이 힘을 갖게 되자, 이제 서구 남성들의 환상을 채울 새로운 나비부인이 필요했다. 그렇게 나비부인에 이어 등장한 동양 여성 캐릭터가 바로 중국의 직업여성 '상하이 릴'이었다. 할리우드 영화 〈상하이 익스프레스〉(1932)에서 전설적인 배우 마를레네 디트리히가 처음 연기했던 역할이다. 로맨틱 코미디 〈풋라이트 퍼레이드〉(1933)에 등장하는 상하이 릴에게 미국 해병대원 켄트가 말한다. "당신은 나비 같아요." 바로 〈나비부인〉의 알레고리다.

1930년대의 상하이는 카이로 동쪽에서 가장 화려한 국제도시였다. 공동 조계 와이탄의 화려한 건물과 거리들, 프랑스 조계의 아름다운 주택가가 중국 속에서 반짝였다. 상하이는 중국이라는 거대한 먹잇감을 나눠 먹기 위한 열강의 공동침략 기지였다. 그 조계지의 팽팽한 공기 속에서 독특한 '상하이 모던' 문화가 꽃피기도 했고, 망명한 한반도의 독립운동가들이 독립을 꿈꾸기도 했다. 그러나 1949년 국공내전에서 공산당이 승리하자 상하이 릴에 대한 서구의 상상력은 설 곳을 잃었다. 상하이 대신 발견한 곳이 바로 베트남, 사이공이었다.

뮤지컬 〈미스 사이공〉(1989)은 프랑스 작곡가 클로드-미셸 쉰베르그가 잡지에서 우연히 본 사진 한 장에서 영감을 받아 만들었다고 알려져 있다. 사진에는 한 베트남 여성이 탄손누트 공군기지의 출국 게이트에서 아이를 맡기고 떠나는 모습이 담겨 있었다. 아이의 더 나은 삶을 위해 파월 미군이었다가 미국으로 돌아간 아이 아빠에게 보낸다는 사연이었다. 이 '궁극의 희생'에 깊은 인상을 받은 그는 뮤지컬 〈레 미제라블〉(1980) 제작

때의 콤비였던 작사가 알랭 부브릴과 함께 뮤지컬 제작에 들어갔다. 그때 줄거리의 뼈대로 삼은 이야기가 〈나비부인〉이다. 그리고 뮤지컬 역사에 남을 대성공을 거뒀다.

남베트남의 패망이 다가오던 무렵이다. 참전 후 전역했지만 미국에서 적응에 실패하고, 재입대하여 베트남에 돌아온 해병 크리스가 사이공의 클럽에서 바걸 킴을 만난다. 전쟁 중 부모를 잃고 고아가 된 17세의 소녀다. 둘은 사랑에 빠지고 결혼하지만 미군은 곧 철수하게 된다. 함께 가려 하지만 실패한다. 결국 크리스는 떠나고 킴은 남는다.

세상이 바뀌자 킴은 미군에게 협력했다는 비난 속에 고통스러운 나날을 보낸다. 그래도 홀로 낳은 아이를 키우며 견뎌낸다. 부모가 정해준 정혼자 투이가 찾아와 결혼을 강요한다. 강경한 공산주의자인 투이는 아이를 죽이겠다고 협박한다. 킴은 아이를 지키기 위해 크리스가 준 권총으로 투이를 죽이고 방콕으로 탈출한다. 킴의 소식을 알게 된 크리스가 미국인 아내 엘렌과 함께 방콕에 와서 킴을 만난다. 킴은 아이를 미국으로 데려가달라고 부탁하지만 엘렌은 거절한다. 킴은 아이를 부탁하는 말을 남기고 권총 자살한다.

베트남전쟁이라는 무거운 소재가 배경인 탓일까? 크리스는 핑커턴처럼 가볍고 단선적인 인물이 아니다. 그의 독창곡 〈왜 신은, 왜Why God, Why〉는 고뇌와 회의로 가득하다. "집으로 돌아갔을 때/ 아무도 전쟁 이야기를 하지 않았어/ 사람들이 TV로 아는 전쟁은/ 내가 겪은 것과는 상관이 없었어/ 그래서 돌아왔어." 전쟁의 실상을 낱낱이 겪은 그에게 자유세계를 지키기 위한 위대한 전쟁 따위의 헛된 수사가 들어올 리 없었다. 그래서 크리스에게 베트남은 풀리지 않는 질문 그 자체였다. "베트남, 너는 대답하지 않겠지/ 끝없는 질문만 던질 뿐/ 베트남, 난 화난 게 아냐/ 하지만 여기 있는 모든 건 왜 무의미할까?"

크리스에게는 해독되지 않는 무의미한 기호인 베트남이 킴과 동료 바걸들에게는 지긋지긋한 현실, 탈출하고 싶은 지옥이었다. 킴과 동료 지지가 탈출의 꿈을 노래하는 〈내 마음속의 영화The Movie in My Mind〉를 들어보자. "든든한 해병의 품에 안겨/ 이 삶에서 벗어나리/ 이곳을 떠나리/ 너무나 먼 세상/ 삶이 가혹하지 않은 곳/ 내 마음속의 영화라네."

크리스와 킴은 고뇌하는 입체적인 인물로 묘사된다. 하지만 거기까지다. 킴의 정혼자 투이는 공산주의 신념에 투철하고 외국인을 증오하는 단선적인 인물이다. 심지어 아이를 죽이겠다고 협박하다가 응징당할 만큼 잔인하다. 이 도저한 증오가 어디서 왔는지는 질문되지 않는다. 단지 악역에 그칠 뿐이다. 한국의 뮤지컬 배우 홍광호가 2014년, 런던 웨스트엔드의 〈미스 사이공〉 25주년 기념 프로덕션에 투이 역으로 캐스팅된 바 있다. 25주년 기념 콘서트에서도 그가 투이 역을 맡았다. 현지에서 호평도 받고 상도 받았다지만, 저토록 단순한 인물을 연기해야 했던 점은 못내 아쉽다. 뮤지컬은 크리스가 베트남에서 어떤 대답도 듣지 못한 것으로 묘사하지만, 대답을 듣고 싶은 마음이 진심이었다면 투이의 입을 통해 들려주어야 했다. 왜 그가 미국과 미국인을 그토록 증오하게 됐는지 말이다. 뮤지컬은 미국이 베트남에서 무슨 일을 저질렀는지 투이가 그것을 어떻게 겪고 느꼈는지 보여주지 않은 채 그의 증오심만 과장되게 묘사한다. 뮤지컬 속에서 크리스는 고뇌하는 내면을 가진 인간이지만 투이는 그저 분노하는 전쟁기계다. 투이를 분노하게 했을 진실, 미국에 불편한 이야기들은 나오지 않는다.

베트남전쟁은 20세기의 가장 부도덕한 전쟁 중 하나였다. 크리스처럼 잠시 베트남에 온 미군의 시각으로는 이 전쟁을 제대로 이해할 수 없다. 베트남전쟁은 30여 년에 걸친 두 차례의 인도차이나전쟁이라는 시각에서 바라볼 때만 그 모습이 온전히 드러난다. 프랑스의 식민지였던 인도차이나(오늘날의 베트남, 캄보디아, 라오스)에 제2차 세계대전 기간 일본군이 진주한다. 나치의 괴뢰 비시프랑스 정부의 지시를 받은 프랑스군은 전투도 없이 일본군의 온순한 포로가 됐다. 종전 후 일본군의 무장해제를 위해 베트남 남부에는 영국군이, 북부에는 중국군이 진주한다. 영국군은 일본군의 무장을 해제한 다음 프랑스군에게 다시 무기를 쥐여준다. 프랑스는 베트남을 다시 식민지로 지배하겠다고 선언한다.

일본군과 싸우면서 베트남 북부 상당 지역을 스스로 해방하고 베트남민주공화국 수립을 선포했던 호찌민胡志明(1890~1969) 등 독립 운동 세력과 베트남인들의 반발은 당연했다. 호찌민은 그래도 프랑스와의 전쟁만은 피하고 싶었다. 파리 해방전투의 영웅이자 베트남 주둔 프랑스군 사령관이던 르클레르 장군과 협상하여 당분간 독립 대신 자치에 만족한다는 합의에 이른다. 피를 피하기 위한 결정이었다. 정식 협정을 맺기 위해 파리로 향하지만, 본국 정부의 대답은 자치도 허락할 수 없다는 것이었다. 피를 뿌리기로 결심한 쪽은 프랑스였다. 협상 결렬 후 프랑스가 먼저 공격을 시작했다. 제1차 인도차이나전쟁이 이렇게 시작됐다. 당시 북베트남은 공산당만이 아니라 광범위한 독립 운동 세력의 연합정권하에 있었다. 이 전쟁의 본질이 제국주의 식민 지배를 연장하려는 더러운 전쟁 이상도 이하도 아닌 이유다.

이 전쟁에서 북베트남은 1954년 미국의 강력한 지원을 받고 있던 프랑스에게 승리를 거뒀다. 기적 같은 승리였다. 중립국 등 관련 9개국이 참가한 제네바협정에서 2년 내 자유 총선거 실시와 단일 정부 수립이 합의됐다. 막상 당사자인 미국과 남베트남 정부는 합의 이행을 거부했다. 질 게 뻔한 선거를 치르고 싶은 마음이 없었다. 그리고 미국은 자신들이 내세웠던 꼭두각시 황제 바오다이를 내쫓고 좀 더 유능해 보이던 응오 딘 지엠의 독재 정권을 수립했다. 지엠 정권은 비판자들에 대해 강경 탄압으로 일관했다. 정권은 극도로 부패했고, 지배층은 나라를 사익을 위한 사기업으로 여겼다. 나라를 지킬 마음 따위는 전혀 없었다. 제1차 인도차이나전쟁 때 프랑스를 앞세우며 전비의 80퍼센트를 댔던 미국은 제2차 인도차이나전쟁에는 아예 직접 나섰다. 이 전쟁에서 미국은 제2차 세계대전 때 쓴 전비만큼을 퍼부었다. 그러고도 결국 포기하고 철수하기에 이른다. 사실상 패배였다.

이 쉬운 전쟁에서 미국은 왜 졌을까? 그들이 지켜주겠다던 남베트남인들의 마음을 얻지 못했기 때문이다. 남베트남 국민 절대다수가 전쟁의 명분에 수긍하지 않았다. 남베트남 정권이 정통성도 없고 부패한 것도 중요한 이유였지만, 그보다 더 근본적인 이유가 있었다. 남베트남은 농민이 인구의 80퍼센트를 차지하는 농업 사회였다. 프랑스 식민지 시절부터 기득권이던 소수 대지주가 토지를 장악하고, 절대다수 농민은 고율의 소작료로 고통받고 있었다. 농지개혁이 지상 과제였지만 바오다이 정권도, 지엠 정권도 계속 거부했다. 1956년, 지엠 정권은 농지 소유 불평등이 가장 극심하던 곡창 메콩강 삼각주 지역에서 마지못해 농지개혁을 시도했다. 농촌 인구의 0.025퍼센트에 불과한 대지주 2500명이 쌀 생산 농지의 40퍼센트를 소유하고 있는 곳이었다. 개혁안은 농지 소유 상한선을 100헥타르(30만 2500평)로 정했다. 남베트남 농지개혁 몇 년 전에 실행된 남한, 일본, 대만 농지개혁에서의 상한선인 3정보(9000평)의 33배가 넘는 크기였다. 지주도 소작농도 사라지고 자기 땅 가진 소농들의 평등한 나라가 된 이 동아시아 3국은 이후 수십 년 동안 경제 기적을 이뤘다. 반면 응오 딘 지엠 정권의 농지개혁안은 대지주 체제를 온존하겠다는 방안이니 개혁이라고 할 수 없었다. 극소수 대지주의 이익만 옹호하는 부패한 정부를 농민이 지지할 이유가 없었다. 그들의 이익을 보위하자는 전쟁을 지지할 이유도 없었다.

전쟁을 기억하는 방법

베트남전쟁은 미국 현대사의 가장 큰 상처가 됐다. 실패에 대한 두려움과 전쟁에 대한 도덕적 혐오가 겹치면서 '베트남 신드롬'을 낳았다. 자기혐오의 상처를 봉합하는 데 다시 문화 상품들의 역할이 중요했다. 〈지옥의 묵시록〉(1979)과 〈람보First Blood〉(1982) 같은 영화가 전쟁으로 상처받은 병사들의 영혼을 드러내고 위로했다. 이 영화들에서 전쟁은 더 이상 정의롭게 묘사되지 않는다. 그렇다고 제국주의 전쟁이라고 비판받는 것도 아니다. 〈미스 사이공〉에서의 크리스가 보는 것처럼 모든 것이 부조리할 뿐이다. 그렇게 영화들은 전쟁의 상처로 고통받는 미군의 내면에 초점을 맞췄다. 그들의 총에 죽은 이들의 영혼에는 시선을 돌리지 않았다.

전쟁을 비판적으로 바라보는 듯한 이 문화 상품들의 역할은 그래서 이중적이고 역설적이었다. "미국 대중들 사이에 미군 병사에 대한 연민이 높아지면서, 세계가 기억의 예술을 어떻게 형성하고 다시 그것이 어떻게 세계를 형성하는지 보여주는 명백한 증거가 되었으며, 애국심의 부활을 도왔다. 1980년대 이후 미국이 점점 호전적으로 변한 근원에는 이러한 애국심이 도사리고 있다." 베트남에서 태어나 보트피플이 되어 미국에서 자란 작가 비엣 타인 응우옌이 고발하는 현실이다.[2]

2012년 3월 29일, 미국의 베트남전쟁 개입 50년 경과를 기념하는 연설에서 당시 미국 대통령 오바마는 이렇게 전쟁을 미화했다. "베트남전쟁은 서로 다른 문화적 배경과 피부색 그리고 종교적 신념을 지닌 채, 매우 힘겨운 사명을 완수하기 위해 함께 의무를 다했던 이들의 이야기다. 온 나라 구석구석에서 사랑하는 조국에 봉사하기 위해 따뜻한 가족의 품을 떠나야 했던 미국인들의 이야기다." 권투 영웅 무하마드 알리처럼 부도덕한 전쟁에 끌려가길 거부하며 감옥행을 택했던 수많은 이들, 반전운동에 나섰던 수많은 미국인 대중의 분노를 생략하는 화법이다. 미군의 총칼에 죽은 베트남인에 대해 침묵하는 화법이다.

워싱턴 D.C.의 베트남 참전용사 추모비 '검은 벽'에는 전몰자 5만 8000명의 이름이 새겨져 있다. 베트남전쟁에 종군한 영국 사진작가 필립 존스 그리피스는 통계 수치를 계산해본다. "미국 전몰자의 이름이 새겨져 있는 워싱턴 D.C.의 추모비는 약 137미터다. 같은 간격으로 베트남 전몰자들의 이름을 새겨 넣은 추모비를 만든다면 아마 15킬로미터에 이를 것이다." 베트남 사람 300만 명이 그 전쟁에서 죽었다. 〈미스 사이공〉도, 〈지옥의 묵시록〉도, 그리고 오바마도 침묵하는 사실이다.

베트남전쟁으로 상처 입은 것은 미국만이 아니다. 1964년부터 1973년까지 연인원 32만 5000명의 한국군이 베트남전쟁에 참전했다. 그중 5000여 명이 전사하고, 1만 2000여 명이 고엽제 후유증으로 고통받았다. 미국 다음으로 전쟁에 깊이 개입한 나라가 한국이다. 왜 제국주의 침략 전쟁에 한국이 연루되어야 했는지 그때도, 지금도 제대로 묻기 어렵다. 2017년 문재인 대통령이 현충일 추념사에서 베트남전쟁 참전 군인에게 경의를 표하자 베트남 외교부가 항의를 했다. 전몰자를 추념하는 것은 국민국가의 당연한 권리라며 한국 여론이 들끓었다. 일본 총리가 야스쿠니신사에 참배를 하거나 공물을 바치면 한국 정부와 여론은 단호하게 비판한다. 그에 대한 일본의 대응 논리와 똑같은 논리를 한국 정부와 사람들이 내세웠다. 일본에게 이런 것까지 배웠다. 그 전쟁이 어떤 전쟁이었는지는 한사코 외면하면서.

참전으로 고통받은 이들을 연민하는 것은 인지상정이다. 힘들고 가난하던 시절, 먹고 살려고, 가족을 도우려고 많은 젊은 이들이 그 전쟁에 나섰고 피를 흘렸다. 침략 전쟁이라는 걸 알고 간 이는 거의 없었다. 그러나 사정을 몰랐다는 말이 변명이될 수 있을까? 그들에 대한 연민으로 침략 전쟁을 정당화해도 좋을까? 그 무렵 한국의 인터넷 여론은 한술 더 떴다. "키워줬더니 베트남 따위가 건방지다"는 식의 혐오 댓글이 난무했다. 진보적이라는 커뮤니티들도 별반 다르지 않았다. 타자에게 입힌 상처를 기억할 때만, 우리가 입은 상처도 보듬을 수 있다. 그 균형을 잡기 전까지 상처는 아물지 않는다.

9.
과학이 우리를 구원할까?

　2023년 7월 말, 국내 연구진이 상온·상압 초전도체를 개발했다는 뉴스에 한국은 물론 세계가 들썩였다. 개발자들이 동료 심사를 거치지 않은 상태의 글을 올리는 사이트인 '아카이브arXiv'에 논문 초고를 공개했는데, 이 물질(LK-99)을 만드는 상세한 레시피도 함께 공개했던 것이다. 자신이 있으니 다른 연구자들이 손쉽게 검증할 수 있도록 한 것 아니겠느냐는 반응이 많았다. 관련 기업들의 주가가 요동쳤고, 대중 사이에서는 열광의 분위기도 일었다. 레시피가 공개된 터라 국내의 관련 학회가 공동 검증을 하겠다고 선언했고, 세계 곳곳의 연구 기관도 재현 실험에 나섰다. 사실이라면 노벨상 따위가 문제가 아니라며 관심이 집중됐다. 손실 없는 송전, 발열 없는 반도체를 가능하게 하고, 자기부상열차에 활용할 수 있음은 물론 에너지 문제를 해결할 상온 핵융합 기술도 앞당길 수 있다는 것이니, 그야말로 과학혁명이라 부를 만한 일이었다.

　해외의 유수 연구 기관들이 나서서 재현 실험을 시작했는

초전도 현상에 따른 자기 부상 효과를 표현한 이미지.

데 고작 국내 학회 따위가 검증하겠다는 것이냐며 비난하는 이
들도 있었다. 한국을 세계 1등 국가로 이끌 위대한 발명인데, 질
투심에 성과를 폄하하려 드는 게 아닌가 하는 의구심이었을 것
이다. 물론 정식 논문이 나오고 검증될 때까지 차분히 지켜보자
는 입장도, 아예 회의적인 시선도 드물지 않았다. 황우석 사태의
트라우마 때문이었으리라.

초전도체의 이름 LK-99에서 99는 이 물질을 처음 만든 해
인 1999년을 뜻한다고 한다. 그 후 20년 넘게 제조 공법과 이론
확립에 매진했다고 연구팀은 밝혔다. 뉴스에 나온 연구소 건물
사진이 놀라웠다. 주택가 허름한 빌라 반지하층에 연구소가 있
었다. 역사를 바꿀 위대한 발명이 이뤄진 곳이라기엔 초라해 보
였다. 하지만 연구의 진실함을 믿는 이들에게는 이 초라함이야
말로 오히려 위대함의 증거로 보였을 수도 있겠다. 세상이 알아
주지 않아도 오랜 세월을 인고하며 연구에 전념해왔음을 드러
내는 증거로서 말이다. 그 허름한 빌라 반지하에서 각고의 노력

을 기울인 끝에 마침내 인류를 구원할 위대한 과학적 성취를 이뤄낸 것이라면 더욱 감동적인 일이 될 것이다. 예수도 마구간의 구유에서 태어났다. 메시아는 낮은 곳으로 임하는 법이다. 과연 이 발명이 세상을 구원할까? 세계의 눈이 모였다.

2023년 12월 13일, 한국초전도저온학회 LK-99 검증위원회는 LK-99를 상온·상압 초전도체라고 볼 근거가 전혀 없다고 밝혔다. 해외의 반응도 다르지 않았다. 레시피에 따라 상온·상압 초전도체를 만드는 데 성공했다는 연구 기관은 한 곳도 없었다. 2024년 3월 4일, 연구진은 LK-99에 황을 추가하여 '진짜'(!) 상온·상압 초전도체 PCPOSOS를 만드는 데 성공했다고 발표했다. 이번에도 동료 심사를 거치지 않는 사이트 '아카이브'에 논문을 올렸다. 심사를 거쳐 정식 논문으로 발표했다거나 다른 연구 기관이 검증에 성공했다는 소식은 아직 들려오지 않고 있다. 성공하면 좋은 일이겠으나 지금까지의 행보를 보면 과연 신뢰할 만한 연구인지 고개를 갸우뚱거리게 된다.

오빠께서는 실험에 성공해주십시오

초전도체 발명을 둘러싼 소동 속에서 우리는 익숙한 소망 하나를 목격한다. 위대한 인물이 나타나 난제를 단숨에 해결하고 비루한 세상을 구원해주기를 바라는 열망 말이다. 메시아, 영웅, 천재는 그런 바람을 형상화한 닮은꼴 캐릭터다. 근대의 서구에서 이 열망은 특히 과학과 예술 분야에서 등장하는 천재에게로 집중되는 경향이 있다. 갈릴레이, 케플러, 뉴턴 등 천재 과학자들이 이끈 과학혁명을 거치며 과학은 '자연이라는 책'을 해독하는 권위를 종교로부터 얻어내며 부상하고 있었다. 레오나르도 다빈치 등 르네상스의 미술 거장들, 모차르트나 베토벤 같은 천재 음악가들이 이끈 예술도 마찬가지였다. 지구 반대편에서 식민지가 되어 있던 한반도에서도 이런 꿈은 뜨거웠다. 그 열망을 두드러지게 열성적으로 그린 인물이 바로 이광수(1892~1950)였다.

한국 근대문학사상 첫 장편소설로 꼽히는 《무정》(1917)을 살펴보자. 서로 운명이 얽히고설키는 형식, 선형, 영채, 병욱이 각기 미국과 일본으로 유학하러 가기 위해 기차를 타고 가던 중 삼랑진에서 수재를 목격하는 장면에서 서사는 절정을 맞는다. 물난리를 만난 백성들의 모습이 가엾고 구슬프다. 동정심이 차오른 넷은 역에서 즉석 자선 공연을 연다. 신여성 병욱의 바이올린 연주에 맞춰 셋이 노래를 부른다. 연주자와 관객이 함께 운다. 서러워서 울고 벅차서 운다.

모은 성금을 경찰서장에게 맡기고 여관에 도착한 넷이 이야기를 나눈다. 자연의 폭력 앞에 너무도 힘이 없는 조선의 백성들이다. "일생에 뼈가 휘도록 애써서 쌓아놓은 생활의 근거를 하룻밤 비에 다 씻겨 내려 보내고 말리만큼 그네는 힘이 없다." 형식은 저들에게 힘을 주어야겠다고 결심한다. "과학! 과학! 하고 형식은 여관에 돌아와 앉아서 혼자 부르짖었다." "'조선 사람에게 무엇보다 먼저 과학을 주어야 하겠어요. 지식을 주어야 하겠어요' 하고 주먹을 불끈 쥐며 자리에서 일어나 방 안으로 거닌다." 형식은 계속 말한다. "나는 교육가가 될랍니다. 그리고 전문으로는 생물학을 연구할랍니다." 하지만 아무도 생물학이 무엇인지 몰랐다. 그 말을 한 형식도 몰랐다. "다만 자연과학을 중히 여기는 사상과 생물학이 가장 자기의 성미에 맞을 듯하여 그렇게 작정한 것이다. 생물학이 무엇인지도 모르면서 새 문명을 건설하겠다고 장담하는 그네의 신세도 불쌍하고 그네를 믿는 시대도 불쌍하다."[1]

두 번째 장편《개척자》(1918)에서 과학의 비중은 훨씬 높아진다.《무정》에서는 주인공들이 생물학이 무언지도 몰랐지만, 여기서는 주인공이 아예 과학자다. 주인공 김성재는 식민지가 된 조국을 발명으로 구원할 위대한 천재 과학자를 꿈꾼다. 가난한 집안에서 태어났지만 열심히 공부한 끝에 도쿄의 고등공업학교에서 화학을 공부하고 귀국했다. 뜻한바 있어 집에 실험실을 차리고 신물질 개발에 7년째 몰두 중이다. 경성공업전문학교와 연희전문학교에서 초빙을 받았지만 모두 거절한다. 교수 자리조차 마다한 성재가 하는 어떤 실험은 대체 어떤 것일까? 잠시 그의 실험실을 엿보자.

성재는 빨리 탁자 앞으로 걸어가서 그 시험관을 쳐들어서 서너 번 쩔레쩔레 흔들어보더니 무슨 생각이 나는지 의자에 펄썩 주저앉으며 주정등酒精燈(알콜램프) 뚜껑을 열고 바쁘게 성냥을 그어서 불을 켜 놓은 뒤에, 그 시험관을 반쯤 기울여 그 불에 대고 연해 빙빙 돌린다. 한참 있더니 그 황갈색 액체가 펄럭펄럭 끓어오르며 관구管口로 무슨 괴악한 냄새 나는 와사瓦斯(가스)가 피어오른다. 성재는 고개를 반만치 기울이고 한참 비등하는 액체만 주시할 때에, 그 눈은 마치 유리로 하여 박은 듯이 깜박도 안 한다.[2]

성재가 만들려는 것이 무슨 신물질인지, 어떤 재료로 어떻게 만드는 것인지는 소설에서 한 번도 구체적으로 형상화되지 않는다. 그저 재료를 섞고 불을 지피고 연기가 피어오르고 악취를 참는 고통스러운 과정이 묘사될 뿐이다. 근대 초기 한국 문학 속에서 과학 실험에 대한 묘사는 거의 없지만, 있다고 해도 지극히 추상적이거나 아니면 오류에 빠지곤 한다. 염상섭의 데뷔작 〈표본실의 청개구리〉(1921)의 첫 장면은 유명하다. 주인공은 중학교 시절의 박물(생물) 실험을 떠올린다.

> 내가 중학교 이 년 시대에 박물 실험실에서 수염 텁석부리 선생이 청개구리를 해부하여 가지고 더운 김이 모락모락 나는 오장을 차례차례로 끌어내서 자는 아기 누이듯이 주정병에 채운 후에 옹위하고 서서 생도들을 돌아다보며 대발견이나 한 듯이 …[3]

주지하다시피 개구리와 같은 양서류는 변온동물(냉혈동물)이라 장기에서 모락모락 더운 김이 날 리 없다. 따로 무슨 의도가 있는 문학적 장치가 아니라면, 그저 과학적 오류일 뿐이다. 한국 최초의 과학소설로 꼽히곤 하는 김동인의 단편소설 〈K 박사의 연구〉(1929) 역시 마찬가지다. 주인공 K 박사는 식량 생산의 증가 속도가 인구 증가 속도를 따라갈 수 없다는 필연적인 한계, 즉 맬서스의 덫을 극복하기 위해 애쓰는 중이다. 그러다 어느 날 획기적인 아이디어를 생각해낸다. 똥으로 식량을 만드는 구상이다. 박사의 연구 장면은 이런 식이다.

박사는 똥을 떠가지고 현미경으로 시험관에 넣어서 끓이며 세척하며 전기로 분해하며 별별 짓을 다 해보더니 그래도 마음대로 되지 않는지 저녁까지 굶어가면서 밤새도록 가지고 그러데그려.[4]

애초에 풍자소설이기도 하지만 아무튼 실험 과정은 늘 현미경이며 시험관이며 이것저것을 가지고 "별별 짓을 다" 한다는 식이다. 연구는 성공해서 먹을 만한 것을 만들어내지만, 재료가 똥이라는 것을 안 사람들은 모두 구역질을 하고 먹은 것을 게워낸다. 이렇게 연구는 성공하고도 실패한다. 식민지에서 제대로 되는 일이 있을 리 없다.

그나마 K 박사는 시골에 몇백 정보의 토지를 가진 부자였다. 《개척자》의 주인공 김성재는 달랐다. 아버지가 한평생 노동으로 마련한 집과 논밭을 담보로 돈을 빌려 "시험관과 사생결단을 할 작정"으로 달려들었으니, 생사를 건 과업이었다. 그래서 성재는 고독했다. "성공만 하면 만인에게 이익을 줄 것이지만

이광수는 《무정》에 이은 두 번째 장편 《개척자》에서 과학 소재를 더 본격적으로 다뤘다.

《개척자》 초판 표지.

실패하는 날에는 끓을 사람은 나 하나밖에 없을 것"이다.

안타깝지만 결말은 비극이다. 신물질 개발은 한없이 늦춰지고 집과 전답을 차압당한 아버지는 충격에 급사한다. 궁지에 몰린 성재는 분신처럼 자신을 따르던 여동생 성순을 돈 많은 남성과 결혼시키려고 한다. 성순은 성재의 실험실에서 구한 유산(황산)을 마시고 죽는다. 죽어가면서 오빠의 가슴에 영원히 남을 못을 박는다. "오빠께서는 아무리 하여서라도 실험에 성공해 주십시오. 그리고 집안이 속히 제가 죽은 슬픔을 잊고 행복되게 되어 주십시오. 그리고 우리나라가 문명하고 번창하여 주십시오. 정의와, 자유와, 행복과, 사랑의 나라가 되게 하여 주십시오."

과학의 시대, 제국의 시대

이광수의 주인공들이 분투하던 19세기 후반에서 20세기 초 사이는 과학이 눈부시게 진보하던 시대였다. 영국 역사학자

에릭 홉스봄이 '제국의 시대'(1875~1914)라고 부른 시대와 대략 겹치던 무렵이기도 하다. 과학은 바야흐로 '제국의 무기'가 되고 있었다. 생물학에서는 프랑스의 루이 파스퇴르(1822~1895)가 나쁜 공기가 질병을 일으킨다는 장기설 대신 미생물이 질병을 일으킨다는 감염설의 기반을 다졌다. 광견병 백신 개발(1885) 등 백신의 시대도 열었다. 이어 독일의 로베르트 코흐(1843~1910)가 결핵균을 발견(1883)함으로써 감염설이 최종 승리를 거뒀다. 생물학과 열대의학의 발전 덕분에 전염병과 풍토병을 통제할 수 있게 되자, 제국들의 팽창은 새로운 동력을 얻었다. 서구인이 안전하게 지낼 수 있는 소수의 항구도시들, 즉 좁디좁은 '위생의 오아시스'를 넘어서지 못하던 식민 지배의 손아귀가 영국 작가 키플링이 '암흑의 핵심'이라고 부른 여러 대륙의 심장부로, 세계 전체로 거침없이 확장되기 시작했다.

플로렌스 나이팅게일과 에드윈 채드윅 등의 위생개혁가들은 나쁜 공기가 질병을 낳는다는 장기설을 신봉했다. 이론은 틀렸지만, 처방이 신통했다. 나쁜 공기를 막기 위해 도로와 상하수도를 정비하고 환기 시설을 개선한 위생개혁이 효과를 발휘했다. 영양 상태의 개선도 더해지면서 19세기 후반이 되자 평균 수명이 늘었다. 18세기 중반 8억 명쯤이던 세계 인구가 19세기 말에는 15억 명 정도로 급증했다. 수만 년간 수평선에 가깝던 인구 성장 그래프가 뚜렷하게 고개를 치켜들었고, 식량 부족이 현실화됐다. 곧 '맬서스의 덫'이 닥치리라는 공포가 덮쳤다. 1898년, 영국 과학아카데미 원장 윌리엄 크룩스는 1930년대쯤 대규모 기아 사태가 발생할 것으로 예측했다. 공포에 질린 제국들이 미친 듯이 팽창 경쟁에 나섰다.

1913년, 독일 화학자 프리츠 하버Fritz Haber(1868~1934)와 카를 보슈(1874~1940)가 산업적 규모로 암모니아를 합성하는 데 성공함으로써 인류는 마침내 맬서스의 덫이라는 공포에서 벗어났다. 암모니아로 만든 질소비료 덕분에 휴경하지 않고도 지력을 보존하면서 식량 생산을 크게 늘릴 수 있게 됐다. 프리츠 하버는 1918년에, 카를 보슈는 1931년에 노벨화학상을 받았다.

과학은 세상을 구원했지만, 막상 세상은 여기서 멈추지 않았다. 제국들의 팽창 욕망은 비료 따위로 채워지지 않았다. 1914년 6월 28일, 오스트리아-헝가리제국의 황태자 부부가 세르비아왕국의 수도 사라예보에서 세르비아 민족주의자 청년에게 암살당한다. 그리고 사건은 마치 나비의 날갯짓처럼 역사상 최대의 전쟁으로 이어진다. 제1차 세계대전이 발발한 것이다. 하버는 이 전쟁에 열광했다. 이후 염소가스 제조법 발명으로 화학전의 길을 열었다. 1915년 벨기에 전선에서 치러진 제2차 이프르 전투에서 최초의 독가스 공격이 실행됐고, 6만 7000명 이상이 사망했다.

프리츠 하버의 암모니아 합성 성공으로
질소비료가 탄생했다.

하버의 부인 클라라 임머바르는 브레슬라우대학에서 박사학위를 받은 독일 최초의 여성 화학박사였다. 여권운동에도 참가할 정도로 여성 인권에도 열정적이었다. 화학자 동료인 하버와의 결혼으로 화학자로서의 경력을 이어갈 수 있으리라고 기대했다. 하지만 하버는 마리 퀴리를 전폭 지원한 피에르 퀴리 같은 사람이 아니었다. 그녀는 "결코 앞치마를 벗을 틈이 없었다". 하버와 연구서 《기체반응의 열역학》을 공동 집필했지만, 사람들은 하버가 혼자 썼을 것이라고 생각했다. 하버의 독가스 개발에 대해 "생명에 대한 경외심을 가져야 한다는 규율을 타락시키는 야만성"의 상징이라며 반대했다. 제2차 이프르전투의 참상이 전해지고, 하버가 다시 독가스 공격을 위해 전선으로 떠나려던 날, 클라라 임머바르는 그의 권총으로 자살했다. 하버는 어린 아들에게 장례를 맡기고 전선으로 떠났다. 1991년 국제핵전쟁예방의사연맹 독일지부는 과학의 악용에 죽음으로 항거한 그녀를 기리기 위해 '클라라 임머바르상'을 제정했다.[5]

독가스 개발로 비난받게 되자 하버는 항변했다. "평화의 시기에 과학자는 세계에 속하지만, 전쟁의 시기에 그는 조국에 속한다." 가정 파괴를 무릅쓸 정도로 독일에 대한 애국심이 넘쳤지만, 1933년 나치가 집권하자 망명을 떠나야 했다. 유대인이었기 때문이다. 여러 나라를 전전하다가 이듬해 스위스에서 죽었다. 하버가 개발진으로 참여해서 만든 살충제 치클론 B는 제2차 세계대전 당시 유대인 학살에 널리 쓰였다. 즉사시키지 않고 서서히 고통스럽게 죽게 만드는 참혹한 독가스였다. 그가 이 참극을 상상이나 할 수 있었을까? 그의 장남 헤르만은 프랑스를 거쳐 미국으로 망명했다가 1946년에 미국에서 자살했다. 헤르만의 딸 클레어는 미국에서 화학자로 성장했다. 할아버지가 만든 염소가스의 해독제를 개발하는 데 전념하던 중 연구 예산이 핵폭탄 개발에 우선 투입된다는 소식을 듣고 목숨을 끊었다. 1949년이었다. 과학이 세상을 구원했는지는 불분명하다. 세상을 구원하겠다던 어떤 과학자를 구원하지 못한 것은 분명하다.

과학 천재가 세상을 구원할까?

프리츠 하버의 조국 독일은 천재가 역사를 이끈다는 믿음 아래 천재에 대한 열광이 가장 뜨거운 곳이었다. 18세기 후반에 등장한 괴테, 모차르트 같은 인물들이 천재라는 인간형을 대표했다. 천재는 어떤 인간형인가? 마치 신처럼 극도로 창조적인 재능을 발휘하는 인간이다. 서구 미학의 핵심 개념은 오랫동안 플라톤과 아리스토텔레스의 미메시스, 즉 모방이었다. 아리스토텔레스에게 미메시스 개념은 단지 모방을 뜻하는 것은 아니지만 여기서 따지지는 말자. 아무튼 천상의 세계(이데아)를 본뜨고 재현하는 것이 인간 행위의 본질이라는 생각이 주류였다. 천재는 신을 대신하여 인간이 역사 창조의 주체가 된 새로운 시대상을 반영했다.

새로운 시대를 선도한 영국과 프랑스에서 천재 담론이 인기를 끈 것은 당연했다. 영국의 역사가 토머스 칼라일(1795~1881)이 쓴, 영웅적 개인의 역사적 역할에 주목한《영웅숭배론》(1841)이 유명했다. 하지만 천재가 가장 주목받은 곳은 독일이었다. 근대 초까지 다른 나라에 뒤처졌다는 강박관념이 심했던 독일이 천재에 특히 집착했다. 독일적 천재 관념의 형성에 크게 기여한 인물은 철학자이자 비평가인 요한 고트프리트 헤르더(1744~1803)였다. 젊은 시절 그는 프랑스식 합리주의와 계몽주의에 심취했다. 그러다 언제부터인가 민중과 단절된 채 프랑스어로 대화하는 독일의 소위 '교양 시민'이 거슬리기 시작했다. 라틴어나 프랑스어에 오염된 채로는, 계몽주의에 물든 채로는 모방 이상으로 나아갈 수 없었다. 순수한 독일 민중의 세계 속에서만, 순수한 독일어로만 창조적일 수 있었다. 헤르더는 "민족적인 것이야말로 우리의 힘과 본성의 바탕"이라고 믿었다. 민족적인 것과 천재성이 결합한다는 신념이다.

하지만 괴테의 주인공 파우스트의 노래가 보여주듯 이 천재의 운명은 비극적이다. "다가올 어떤 고통도 피하지 않을 것이고, 인류 전체에 주어진 것을 나 자신의 내면으로 느껴보려 하네. 나의 정신으로 가장 높고 가장 깊은 것을 붙들고, 그들의 기쁨과 슬픔을 내 가슴에 쌓으면서, 나 자신의 자아를 인류의 자아로 확대하며, 마침내 인류와 마찬가지로 파멸하려고 하네."[6] 천재의 운명은 세계와 홀로 맞서다 파멸에 이르는 비극으로 귀결된다. 천재는 왜 파멸할 운명일까? 그의 조국이 세계사의 중심에서 벗어나 있기 때문이다. 이탈리아 출신의 비교문학자 프랑코 모레티는 괴테의 파우스트, 바그너의 지그프리트, 멜빌의 에이허브 선장 등을 가리켜 세계체계의 반주변부에서 익숙하게 등장하는 영웅서사의 주인공 형식이라고 지적한다. 중심을 향한 열망이 좌절되는 곳에서 등장하는 고독한 비극적 영웅들이라는 것이다.[7]

이광수의 주인공들이 살던 한반도는 세계체계의 반주변부는커녕 아예 식민지였다. 그래서일까? 생물학자가 되겠다고 결심하는 형식은 생물학을 모르고, 성재의 실험은 요령부득이어서 차라리 연금술과 비슷해 보인다. 그나마 1920년대를 지나면서 사정이 좀 나아진다. 이를테면 세계적인 물리학자 '아인슈타인'에 대한 관심은 식민지 조선에서도 열풍 수준이었다. 서양화가 나혜석의 오빠인 나경석은 1922년《동아일보》지상에서 상대성이론에 관해 7회에 걸쳐 설명했다. 1914년에 도쿄고등공업학교를 졸업한 나경석은 이광수의 친구였다.《개척자》의 주인공 김성재가 도쿄고등공업학교 출신으로 설정된 데는 둘의 관계도 작용했을 것이다. 이광수는 1910년대 중반 와세다대학 유학 중 나혜석과 사귀었지만, 나경석의 반대로 결혼하지 못했다. 이광수에게 본처가 있는 데다 도쿄여자의학전문학교에 다니던 허영숙과의 이중 연애라는 점이 반대 사유였지만, 이광수로서는 섭섭하지 않았을까. 이광수는 몇 년 후 허영숙과 결혼한다. 나경석이 이광수 대신 소개한 남자가 교토제국대학 법학부를 졸업한 김우영이었다. 그런 인연으로 나혜석은 세계 일주를 하게 됐던 것이다.

또 다른 도쿄 유학생들도 뭉쳤다. 경성의학전문학교 출신으로 상하이 임시정부에서 활동하다 와세다대학 정치경제학부에서 공부하던 한위건, 3·1운동 후 3년간 복역하고 릿쿄대학 경제학부로 유학하러 온 이여성, 도쿄제국대학 수학과에서 공부하던 최윤식 등이 조선유학생학우회를 조직하고, 1923년 여름 조선 전역을 순회하며 '상대성이론' 강연회를 열었다. 가는 곳마다 열기가 뜨거웠다. 이광수도 잡지《동광》1927년 6월호

에 '상대성원리'에 대한 장문의 논설을 실었다.[8]

과학에 대한 이광수의 관심은 지속되지 않았다. 대신 1930년 대에 그가 몰입한 것은 나치즘, 파시즘 등의 전체주의 사상이었 다. 나치가 집권하기도 전인 1930년에 히틀러의《나의 투쟁》을 발췌·번역했다. 전체주의라는 말을 만들어 퍼뜨린 것도 그였 다. 과학이 전체주의로 바뀌었지만 그 속에서 여전히 지속되는 관심사가 있었다. 바로 '힘에 대한 숭배'다. 돌이켜보자.《무정》 의 마지막 장면에서 형식이 "과학! 과학!" 하고 부르짖기 직전 그가 다짐한 말은 무엇이었나? "저들에게 힘을 주어야 하겠다. 지식을 주어야 하겠다. 그리해서 생활의 근거를 안전하게 하여 주어야 하겠다." 세상에 도움이 되는 힘에 대한 동경이 세상을 지배하는 힘에 대한 숭배로 바뀌는 것은 그리 어렵지 않았다.

과학사학자 김영식은 현대 한국 과학기술의 가장 두드러진 특성으로 지나치게 실용적이고 공리주의적인 과학기술관을 꼽 는다. 개화기 이래 과학기술이 주로 경제적 효용 달성이라는 도 구적 측면에서 받아들여졌다는 것이다. 이 동도서기론적 입장 에서 역설적이게도 일제시기 지식인들에게 과학주의적 태도가 널리 퍼졌다고 비판한다.[9] 그렇다면 세상에 쓸모가 없는, 힘이 되지 못하는 과학이 무슨 소용이 있을까? 세계적인 과학저술가 사이먼 싱은 말한다. "기술은 삶(그리고 죽음)을 편안하게 해주 는 반면, 과학은 세상을 이해하려는 노력이다. 과학자들의 동기 는 유용성이나 편리함이 아니라 호기심이다."[10]

이광수의 나라는 식민지였다. 과학기술 교육은커녕 고등교 육조차 제한됐다. 고등 연구 기관 설립은 언감생심이었다. 그나 마 경성제국대학에 이공학부가 생기는 것도 일본제국이 총력전

체제에 접어들며 필요성이 생긴 1941년에 가서였다. 그 척박함 속에서 이광수가 과학 천재의 출현을 꿈꿨고, 그 척박함 속에서 꿈이 몰락했다.

이광수의 시대가 지나간 지 오래다. 심지어 선진국이 됐다는 21세기 한국인데 집단 열병처럼 과학 천재에 대한 숭배가 폭발하곤 한다. 기이한 현상이지만 이유가 있을 것이다. 황우석 박사에 대한 열광적 지지를 살펴보면 그 근저에는 역시 힘에 대한 열망이 있었다. 그를 탄압하는 것으로 보이는 순간 보수든 진보든 모두 기득권 세력으로 규탄받았다. 서울대와 학계 전문가들, MBC,《한겨레》등 진보언론이 동시에 타깃이 되었다. 서구의 무기인 연구 윤리 따위나 앞세우는 '매국노'가 됐다. '300조 원 경제 효과'와 생명공학 연구의 선도국이라는 지위를 무산시킨 매국노들에 대한 분노가 하늘을 찔렀다. 미국과 유대인 자본의 개입이라는 음모론까지 횡행했다. 황우석은 십자가에 못 박힌 메시아였다. 시기하는 무리에 의해 희생된 우리시대의 이순신이었다. 저 불의의 무리에 비하면 그의 공인된 조작조차 찬란하게 빛난다. 한국인의 가슴 속에 식민의 한이 퍽이나 서럽게 쌓여 있었나 보다. 비극이라고 해야 할지 희극이라고 해야 할지.

지금까지의 경과를 보면 LK-99가 상온·상압 초전도체일 확률은 거의 없어 보인다. 수천조 원의 경제 효과가 없다고 생각해서일까? 뜨겁던 관심도 신기루처럼 사라졌다. 선정적으로 경제 효과를 부풀리고 애국주의에 호소하는 풍조가 문제일 뿐 과학의 진보는 그 자체로 좋은 일이다. GPS 기술에 군사적·상업적으로 응용되기 전에는 상대성이론이 무가치했을까? 그랬다면 세계가 상대성이론에 열광했을 리 없다. 상대성이론은 돈

황우석 교수의 지지자들이
진달래꽃 길을 만들어 황 교수의 연구실
복귀를 염원하고 있다.

이 되고 경쟁력에 도움이 되어서가 아니라 우주에 대한 이해에
크게 기여했기 때문에 가치 있는 것이다. 과학은 그런 가치를
인정하는 곳에서 발전한다. 윤석열 정부는 2024년도 정부 예산
을 짜면서 국가과학기술 연구개발 예산을 30퍼센트나 줄였다
가 여론의 거센 역풍을 맞았다. 타당한 근거도, 공론화 과정도
거치지 않은 채 대폭 삭감을 밀어붙였으니 당연히 비판받을 일
이다. 개념 없는 정부 탓에 국가 경쟁력에 큰 타격을 입게 됐다
고 걱정도 대단하다. 틀린 말은 아니지만, 과학에 대한 인식과
논란이 오직 '경쟁력'을 둘러싸고만 벌어지는 것 같아 안타깝다.
과학에 대한 한국인의 태도는 식민지 시절 '힘의 숭배'로부터 얼
마나 자유로워진 것일까?

10.
압록강을 건넌 의사들

1959년 3월 20일은 몹시 추웠다. 눈보라마저 몰아쳤다. 이미륵의 9주기 기일이던 그날, 전혜린은 이미륵의 친구였던 독일인 T, S와 함께 전차를 타고 뮌헨 교외의 묘지를 찾았다. 무덤은 거친 들판 한가운데 작은 공동묘지 안에 있었다. "그의 무덤은 아무 장식도 없고 아무 데나 굴러다니는 것 같은 돌로 만든 작은 비석 위에 단 세 글자, 새겨진 한문 李彌勒 때문에 누구의 눈에나 금방 띄었다. … 나는 화환을 비석 앞에 갖다 놓았다."[1]

꽃다발을 바친 사람 전혜린(1934~1965)은 어느 세대 이상의 한국인에게는 한 시대의 신드롬으로 기억되는 인물이다. 여대생이 극도로 희귀하던 시절, 수학 점수 0점을 맞고도 서울법대에 차석 합격했다는 일화가 생길 정도로 화제가 됐다. 그리고 전공을 바꿨다. "그것이 없으면 안 되는 유일한 것, 정신Geist을 찾아" 독문학으로 방향 전환을 하고, 1955년에 독일 뮌헨으로 유학을 떠났다. 이후 1959년에 귀국해, 대학에서 가르치며 에세이를 쓰고 번역에 매진했다. 그 무렵의 한국은 전쟁의 상처가 역

경성의전 학생으로서 3.1운동에 참여한
이미륵은 독일에서 망명 생활을 하던 중
〈압록강은 흐른다〉를 썼다.

력한, 낙후하고 권위적인 나라였다. 그녀는 서구 문화에 대한
청년들의 절망적인 선망을 대변했다. 정신의 몸살을 심하게 앓
다가 31세의 나이로 요절했다. 그녀의 죽음은 비극적 천재에 대
한 애도의 열기를 낳았다. 젊은이들의 개인주의와 허무주의를
대변하는 아이콘 같은 존재가 됐다.

전혜린은 수필가로 신화가 됐지만, 실제로는 번역가로서 훨씬
많은 작품을 남겼다. 루이제 린저의《생의 한가운데》(1961), 하인
리히 뵐의《그리고 아무 말도 하지 않았다》(1964), 헤르만 헤세
의《데미안》(1964?) 등 10여 종의 책을 번역했다. 그중 이미륵
의《압록강은 흐른다》(1959)가 있다. 그녀는 즐겨 들르던 뮌헨
의 고서점 주인을 통해 이미륵과 그의 소설《압록강은 흐른다》
의 존재를 처음 알게 됐다. 이미륵이 살던 곳은 뮌헨의 몽마르
트르로 불리던 예술가 동네 슈바빙이었다. 전혜린도 슈바빙에
살았으니, 마음이 더 각별했을 것이다. 그리고 T와 S, 특히 S 양
을 통해 이미륵의 삶을 알게 되고, 무덤을 찾아 꽃을 바쳤던 것

이다. 그 후 두어 달 뒤인 5월에는 잡지《여원》에 〈이미륵 씨의 무덤을 찾아서〉를 실었다. 그리고 같은 해,《압록강은 흐른다》에 수록된 40개 이야기 중 24개를 골라 여원사에서 한국어 번역본《압록강은 흐른다》를 출판한다.

뮌헨 슈바빙에 살던 시절의 전혜린.
이미륵도 뮌헨 슈바빙에 살았다.

　　전혜린은 금수저 출신이었다. 아버지 전봉덕은 경성제국대학을 졸업한 후 일본 고등문관시험 사법과와 행정과에 모두 합격하고 경기도 경찰부 보안과장까지 지낸 거물 친일파였다. 해방 후에도 이승만 정권에서 고위 경찰, 관료, 변호사로 승승장구했다. 전혜린이 손끝에 물 한 방울 묻히지 않고 오직 지식에만 탐닉할 수 있었던 데는 딸을 애지중지한 아버지의 전폭적인 지원이 있었다. 그 시절의 독일 유학은, 심지어 여성의 독일 유학은 상상력의 한계를 뛰어넘는 특권이었다. 거기서 전혜린은 이미륵을 만났다. 아버지와는 완전히 다른 삶을 산 사람을.

독일로 망명한 경성의전 학생 이미륵

본명이 이의경인 이미륵(1899~1950)은 황해도 해주의 유복한 천석꾼 집안에서 태어났다. 어머니가 38세의 나이에 미륵보살에게 축원한 끝에 얻은 아들이라고 미륵이라는 아명으로 불렀다. 작가의 길에 접어들었을 때 아명은 필명이 됐다. 신식학교를 1년간 다니기는 했지만, 주로 한문 고전을 읽으며 자랐다. 독학으로 공부해 1917년, 경성의학전문학교에 입학했다. 조선총독부의원 부속 의학교가 의전으로 승격한 후 첫 입학생이었다. 경성제국대학이 생기기 전이었으니, 식민지 조선에서는 가장 성공한 수험생 축에 들었다. 학교에 일본인 학생이 절반이 넘었다.

그렇게 의사가 되기 위해 공부하며 여섯 학기째를 보내던 1919년의 어느 날이었다. 친한 동기생 유상규가 다음 날 저녁에 식당 '남운'으로 나오라는 것이었다. 가보니 10여 명의 학생이 모여 있었다. 상규는 준비 중인 시위에 관해 말해주면서 다만 관립학교 학생들만 시위에 대해 모르고 있는 것 같다고 덧붙였다. 사람들이 경성의전 학생들을 '절반짜리 왜놈'이라며 믿지 않는 듯 보인다는 것이다. 일동은 숨 죽인 채 그에게 귀 기울였다. 시위 동참에 아무도 반대하지 않았다. "마침내 그는 첫 번째 시위가 3월 1일, 오후 두 시, 파고다 공원에서 시작될 것이라는 비밀 교서를 전달해주었다."[2]

마침내 3월 1일, 군중이 운집한 파고다 공원에서 이미륵은 독립선언서 낭독을 들은 다음 누군가에게서 삐라 한 뭉치를 받았다. "뿌리시오!" 사람들이 삐라를 가져갔다. "그럼 당연하지!"

몇몇 사람들이 외쳤다. "그래, 우리 학생들이고, 우리 아이들이야!" 또 다른 사람들이 외쳤다. 여인들이 울부짖고, 몸서리를 쳤다. 그녀들이 마실 것과 먹을 것을 건넸다. 목이 터져라 독립만세를 외쳤다. 시위는 전국으로 번졌다. 경찰이 사람들을 밤낮으로 고문했고, 도처에서 사람들이 죽어갔다. 서울의 학생들은 네 번째 독립 시위를 벌인 후 공식 활동에서 물러나 비밀 활동에 들어갔다. 이미륵도 선전문 작업에 투입됐다.

일제 경찰의 체포망이 점점 다가오자 그는 교복을 벗고 고향으로 돌아갔다. 몇 달 동안 제대로 잠을 못 잔 탓이었을까, 집에 도착하자마자 정신없이 잠이 들었다. 저녁 무렵 잠이 깼을 때 어머니가 들어와 말했다. "도망가거라! 도망가야 한다!" 압록강 너머로 도망가서 여권을 만들면 유럽에서 공부할 기회가 있으리라는 말씀이었다. 압록강을 건너다 체포되고 총살된 이야기를 알고 있는 이미륵은 겁이 났다. 유럽에서 공부한다는 게 얼마나 힘든 일인지 알아서 나서기가 싫었다. 어머니가 거듭 설득했다. 결국 어머니를 안심시키기 위해 망명길에 올랐다. 압록강을 건너 상하이로 갔다. 한동안 대한적십자회 청년단에서 간호사 교육에 종사했다.

1920년, 중국 여권을 만들어 안중근의 동생 안봉근과 함께 독일 유학길에 올랐다. 1921년부터 독일 뷔르츠부르크대학에서 의학 공부를 하다가 1923년 하이델베르크대학으로 옮겼다. 1925년부터 뮌헨대학에서 동물학과 철학을 전공했다. 1927년 2월 벨기에 브뤼셀에서 열린 세계피압박민족 반제국주의대회에 베를린대학에 재학 중이던 이극로와 황우일, 프랑스 파리대학의 김법린 등과 함께 한국대표단으로 참가했다. 마침 세계 일주 여행 중이던 변호사 허헌도 참가했다. 《동아일보》특파원 자격으로 여행 중이던 허헌에게는 이 대회에 참가하고 취재하는 것이 중요한 임무였을 것이다. 대회는 코민테른 등 공산주의자의 주도로 개최됐지만 비공산주의자도 많이 참석했다. 소련은 자와할랄 네루 인도국민회의 의장이 참석을 결정한 다음에야 지원에 나섰을 정도로 비공산주의자의 참여를 바랐다. 물리학자 알베르트 아인슈타인이 명예 대회장을 맡았다. 대회 기록에 따르면 독일 거주 한국인의 공식 대표는 이미륵 한 명이었다. 공산주의자는 아니었지만 그도 제국주의 반대에 뜻을 모았다. 한국인들이 쓴 결의안 초안에는 "우리는 일본 제국주의에 저항하기 위해 무장투쟁을 할 수밖에 없다"라는 표현이 있었지만, 공식 결의안에서는 삭제됐다. 여러 사정이 있었을 것이다. 대회 쪽 문서에 따르면 이미륵 역시 무장투쟁을 옹호했다.[3]

1928년 뮌헨대학에서 동물학 박사 학위를 받았지만, 대공황 시절 취직할 곳이 마땅치 않았다. 1931년 1월 문예지《다메Dame》에 〈어느 한국 골목의 저녁Nachts in einer koreanischen Gasse〉을 처음 발표하면서 글쓰기를 시작했다. 생계의 일환이었을 것이다. 1935년에는 잡지《아틀란티스Atlantis》에 유년 시절 사촌형과의 추억을 소재로 한 〈수암과 미륵Suam und Mirok〉을 발표하면서 소설 창작도 시작했다.

글쓰기만으로는 생계가 어려워 서예와 중국 고전을 가르쳤다. 자연스레 독일 지식인들과 교류가 시작됐다. 반나치 저항 활동으로 유명한 백장미단 사건으로 처형당한 쿠르트 후버(1893~1943) 뮌헨대학 교수도 그중 한 명이었다. 체포되고 처형되자 지인들이 유가족을 멀리했다. 후버의 절친 중에는 나치의 제3제국

시대를 상징하는 음악 〈카르미나 부라나Carmina Burana〉의 작곡가 칼 오르프도 있었다. 후버가 체포될 때 도움 주기를 거절하고 사후에도 그의 가족을 외면했다. 자칫 목숨이 위태롭던 시절이었으니 이해할 수도 있는 비겁함이다. 전후에 자신도 백장미단 멤버였다고 주장하며 나치 관련 혐의를 부인했다. 사람들이 믿지 않았다. 그런 와중에 오직 이미륵만이 자신의 배급 식량을 나눠주며 후버의 가족과 함께했다.

종전 후인 1946년, 이미륵은 유년의 기억부터 독일 도착까지의 여정을 그린 자전적 소설《압록강은 흐른다》를 발표했다. 앞선 서술이 모두 이 소설 내용에 기반했다. 독일 평단의 주목을 받았고, 고등학교 교과서에까지 실렸다. 영어, 프랑스어, 일본어, 불가리아어 등으로 번역됐다. 전후, 폐허가 된 독일 문단에 활력을 불어넣은 작품이 됐다. 이미륵은 뮌헨대학의 강사로 동양철학을 가르치며 작가로 활동했다. 해방된 조국에 돌아오고 싶어 했다. 돌아오지 못하고 1950년, 위암으로 사망했다.

©(사)이미륵박사기념사업회

뮌헨 인근 도시 그레펠핑의 쿠르트 후버 거리에는 이미륵의 기념 동판이 설치되어 있다.

백장미단을 이끌다 처형된 한스 숄과 조피 숄 남매의 맏이
인 잉게 숄이 살아남아 이들의 이야기를 증언한 책《하얀 장미
Die Weiße Rose》(1952)를 펴냈다. 독재 정권 시절 한국에서《아무
도 미워하지 않는 자의 죽음》이라는 제목으로 번역되어 저항 정
신을 일깨웠다. 2019년 5월 28일, 이미륵의 묘지가 있는 뮌헨
인근 그레펠핑시청 앞 쿠르트 후버 교수 거리, 후버의 동판 맞은
편에 이미륵의 동판이 설치됐다. 두 사람의 우정을 기리며 그레
펠핑시와 이미륵박사기념사업회, 국외소재문화재재단이 함께한
일이다. 동판에는 이미륵이 즐겨 쓰던 문구가 새겨졌다. "사랑으
로 세상을 보는 사람에게는 가시동산이 장미동산이 되리라."

좋은 의사는 민중과 어떻게 만나야 할까?

이미륵은 경성의전 학생으로서 3·1운동에 참가했다. '절
반짜리 왜놈'이라는 의심을 받던 경성의전 학생들이 만세운동
에 더 열심이었다. 1919년 4월 20일 자 조선총독부 보고에 따르
면, 구금된 학생 중 경성의전 학생이 가장 많아서 31명이었다. 경
성고보 22명, 보성고보 15명, 경성공전 14명, 경성전수학교
12명, 배재고보 9명, 연희전문 7명, 세브란스의전 4명 등이었다.
1919년 동안 79명의 조선인 학생이 경성의전에서 퇴학 처분
됐다.

지금도 그렇지만 변변한 전문직이라곤 찾기 어렵던 그 시
절, 의사는 그야말로 특권층이었다. 보장된 미래를 마다하고 만
세운동에 나선 청년의학도의 피가 더웠다. 퇴학, 체포, 실형이

잇달았다. 어떤 이는 독립투쟁의 길에 투신했다. 이미륵의 동기생인 한위건은 상하이로 건너가 임시정부 내무위원으로 활동하다가 사회주의 독립운동가가 되었다. 그 처가 페미니스트 여의사로 유명한 이덕요였다.

3·1운동 이전에 독립운동에 뛰어든 의사들도 있었다. 세브란스의학교 1회 졸업생으로 세브란스연합의학교 교수로 재직하던 박서양은 1917년 간도의 연길현으로 떠났다. 거기서 독립군 군의 활동을 했다. 박서양의 동기 김필순은 105인 사건에 따른 체포 위협을 피해 1911년 말에 중국으로 떠나 독립운동에 뛰어들었다. 그 아들이 중국에서 '영화황제' 칭호를 받기도 한 항일 배우 김염이다. 세브란스의학교 2회 졸업생인 이태준은 중국 난징을 거쳐 몽골로 가서 개업한 뒤 독립운동을 하다가 이후에는 중국 장자커우와 베이징 등지에서도 활동했다.

물론 의사의 길을 걸은 이들이 훨씬 많았다. 실형을 살았어도 어떻게든 복교만 되면 결국 보장된 길이 있고, 동족의 고통을 치유한다는 보람도 있는 직업이 의사였다. "장래에도 또 그런 소요에 가담하겠는가?"라는 경성법원 예심판사의 질문에 "가담하지 않겠다"고 대답한 이미륵의 동기생 백인제는, 10개월의 옥살이 이후 어렵사리 복교하여 수석으로 학교를 졸업했다. 이후 경성의전 교수이자 조선을 대표하는 외과의사로 명성을 떨쳤다. 법정 진술을 지키기라도 하듯 다시는 소란스러운 일에 가담하지 않았다.

이미륵에게 3월 1일 시위에 참가할 것을 권유했던 동기생 유상규는 상하이로 가서 임시정부에 참여했다. 도산 안창호 아래서 4년간 임시정부 교통국 조사원과 흥사단원으로 활동했다.

독립운동의 연락망 구축과 자금 조달 사업에 종사했으리라 추측된다. 임시정부 내 대립이 심해지자 도산이 귀국을 권했다. 1924년에 돌아와 조건부로 복학해 학업을 마치고 총독부의원 외과 부수, 경성의전 외과학교실 조수, 강사를 거쳤다. 흥사단 계열의 수양동우회와 기관지《동광》에 참가하고, 조선의사협회의 창립 발기인이자 서무부 간사로도 활동했다. 평생 도산의 무실역행 노선을 따랐다.

식민지 조선에서 의사는 어떤 존재였을까? 한편으로 "신시대의 최고 전문학문을 배운 지식계급"으로 존경받았다. 또 한편으로 "경향 각지를 통하여 발호하는 악덕 의사"로서 규탄받았다. 가난한 환자는 받지 않고, 부유한 환자는 치료 기일을 늘린다는 비난이 많았다. 1934년 12월 12일 밤, 서울 낙원동에서 화재가 났다. 가난한 부부는 화상 입은 영아를 안고 온 병원 문을 두드리며 치료를 빌었지만, 한 곳도 문을 열어주지 않았다. 아이는 부모 품에서 죽었다.[4] 1937년 9월 30일, 경성부 청진정 거주 림모 여인은 남편과의 불화로 음독을 했다. 병원들은 초췌한 행색을 보고 의사가 없다며 돌려보냈다. 여인은 거리에서 절명했다.[5]

의사를 규탄하는 여론이 높아지면 총독부의 단속 방침이 나오곤 했다. 1935년에는 의사가 매춘부보다 못하다는 모욕적 비난이 신문의 1면 사설로 나오기도 했다. 유상규는 화가 많이 났다. 의사를 대변하는 심정으로 1935년에 글을 발표했다. 대부분의 기사에는 병원 이름도, 의사 이름도 없으니 기사가 아니라 소설이라고 반박했다. 기자는 "증명할 수 없는 상상적 허구의 사실을 나열"하는, "'의사'라는 스위치를 틀면 악담만 쓰러 나오게 된 두뇌의 소유자"들이었다. "조선 민중이 모두 그대들 같다고 할진대 이것이야말로 '돼지에게 진주'를 던진 것이 아닐까 한다"며 기자의 선동에 놀아나는 민중을 비난했다.[6]

무지한 민중에 대한 유상규의 절망에는 역사와 유래가 있었다. 임정 활동을 마치고 귀국할 때 8개월간 일본 오사카에서 막노동을 했다. 근로 조건도, 생활 조건도 극악했다. 조선인 노동자들은 착취에 순응하며 술과 도박에 빠져 있었다. 우마나 돈견 이하로 무자각에 빠져 있었다. 그 우마나 돈견 같은 민중에게 신명을 바쳤다. 퇴근 후의 시간을 돈 안 받는 왕진에 쏟았다. 민중을 불신하면서 민중에 봉사했다.

유상규는 이 정열과 분노, 불신을 고스란히 안은 채 1936년 7월 18일, 수술 중 걸린 연쇄상구균 감염증으로 급서했다. 만 38세였다. 시신을 기증한다는 유언을 남겼다. 막 박사학위 논문이 통과됐으니 뜻을 펼치기 일보 직전이었다. 이어, 그가 생전에 아버지처럼 따르던 도산 안창호도 옥고의 후유증으로 2년 후인 1938년 3월 10일에 세상을 떠났다. 도산은 이렇게 유언을 남겼다.

"나 죽거든 내 시체를 고향에 가져가지 말고… 달리 선산 같은 데도 쓸 생각을 말고. 서울에다 묻어주오. 공동묘지에다가… 유상규 군이 누워 있는 그 곁 공동묘지에다가 묻어주오."[7] 망우리 유상규 무덤 바로 위에 도산이 묻혔다. 민중에 절망하고 민중을 불신했지만, 또 민중을 뜨겁게 사랑한 유상규였다. 죽어 스승과 함께하니 외롭지 않았다.

몇 년 뒤 페니실린이 나왔다. 유상규를 수술한 친구 백인제는 "왜 기다리지 못하고 죽었느냐"며 회한에 잠겼다. 그는 해방

앉아 있는 안창호.
뒷줄의 인물은 왼쪽부터
김복형(임정 내무부 서기),
전재순(임정 내무부 경호원),
유상규(임정 교통국 요원)이다.

후 백병원을 설립하고, 서울시의사회 회장직을 맡는 등 활발히
활동하다 한국전쟁 때 납북됐다. 생사가 전하지 않는다. 망명 중
중국공산당에 입당한 경성의전 출신 한위건은 좌경맹동주의 노
선과 투쟁하다 숙청되었고, 이후 류샤오치에 의해 복권되어 하
북성위원회 서기로 도약했지만, 이듬해인 1937년 장티푸스와
폐결핵으로 사망했다. 우리 나이 41세였다. 연길로 간 박서양은
여러 차례 폐교에도 맞서며 민족 교육에 힘썼지만 결국 꺾였다.
1936년 귀국하여 고향에서 병원을 개업했다. 1940년에 창씨하
고 그해 말 사망했다. 만 55세였다. 흑룡강성에서 독립운동에
매진하던 한국 최초의 면허 의사 김필순은 1919년, 콜레라로 사
망했다. 일제에 의한 독살설이 있다. 만 41세였다. 몽골로 간 의
사 이태준은 의열단에 가입해 열심으로 독립운동에 매진했다.
그러다 일본의 사주를 받은 러시아 백위군에 의해 1921년 처형

당했다. 만 37세였다.

유상규는 이들처럼 처절하게 독립운동에 가담하지는 않았다. 직업적 위신과 민중에 대한 봉사를 양립시키려던 실력양성론의 정점에 선 인물이었다. 젊은 날 꾸었던 독립혁명의 꿈을 묻어둔 채, 힘을 키워 민족에 봉사한다는 엘리트의 다짐이 가난한 식민지 민중과 종종 불화했다. 물론 유상규만큼 살기도 쉽지 않았다. 대부분의 의사는 범속하게 잘 살았다.

지배자인 제국의 과학기술을 배워 동족을 위해 쓰겠다던 식민지 엘리트가 막상 동족에게 비난받고 거부당하는 것은 드문 일이 아니었다. 아니, 차라리 보편적인 현상에 가까웠다. 프랑스 식민지 마르티니크 출신으로 알제리에서 독립투쟁에 헌신한 의사이자 혁명가 프란츠 파농(1925~1961)은 식민지의 원주민 출신 의사와 그의 동족 민중이 빠져드는 복잡한 관계를 한 문장으로 정의한 바 있다. "식민지인들은 자기 인종의 성공을 자랑스러워하면서도 동시에 이 기술자를 인정하지 않는다." 식민지인 의사는 자기 민족 중 누구라도 이런 사람이 될 만한 능력이 있다는 살아 있는 증거지만, 동시에 그는 "주인님의 습관을 획득"한 자로서 더 이상 피지배 사회의 일부로 간주되지 않는다. 이것은 '복잡한 양가감정'이다. 식민지인 의사는 이런 원주민들을 답답해한다. 그 사회의 전통 의학(주술적 치료를 포함하는)을 신뢰하는 원주민에 대해서 식민지인 의사는 식민주의자보다 종종 훨씬 공격적이었다. 양자는 곧잘 불화에 빠졌다.

이 불화가 극복될 가능성이 있을까? 파농의 이야기를 좀 더 들어보자. 1954년 5월, 프랑스가 베트남의 디엔비엔푸에서 결정적인 패배를 당했다. 미국이 전비 대부분을 대며 지원한 제1

차 인도차이나전쟁이 이렇게 서구 제국의 패배로 종결됐다. 용기를 얻은 알제리인들이 민족해방전선을 중심으로 뭉쳐 같은 해 11월 1일, 독립전쟁을 시작했다. 다치고 죽는 이들이 속출했다. 프랑스 식민 당국은 약품을 판매할 때 신원 확인 조치를 강제했다. 심지어 알코올을 팔 때조차도 신원 확인을 의무화했다. 테러나 고문은 물론, 약품마저 무기로 삼았다. 의료는 말 그대로 전쟁 그 자체가 되었다.

해방구가 늘어나자, 민족해방전선은 의사, 의대생, 간호사들에게 전투원들과 결합하라는 명령을 내렸다. 수많은 의료인들이 이 명령에 호응하여 전선에 합류했다. 지도자들과 의사들이 함께 회의를 열어 긴급한 보건의료 문제를 논의하고 결정했다. "이전에 점령자의 사절로 간주되었던 알제리인 의사, 즉 원주민 의사는 집단 속으로 재통합되었다. 알제리인 의사는 알제리 전체의 일부가 되었다." 지배자에 속하는 것처럼 보이던 의사들과 혁명적 연대가 가능해지자 알제리 민중들은 미신적 주술을 버리고 의사들에게 자신의 몸을 의탁하기 시작했다. "그들은 더 이상 '그' 의사가 아니라 '우리의' 의사, '우리의' 기술자가 되었다."[8]

의사는 여전히 이 땅의 최고 엘리트들이다. 민중과의 불화도 여전하다. 2024년에도 의대 정원 증원 문제를 두고 갈등이 폭발하고 있다. 따지고 보면 무척 복잡한 문제여서 의사들만 싸잡아서 비난할 일은 아니다. 아프면 간절히 찾게 되는 이가 의사다. 병을 고쳐주면 고마운 마음이 드는 것도 인지상정이다. 개인적으로든, 단체에 속해서든 봉사활동에 애쓰는 의사 역시 적지 않다. 그런데도 우리의 불화는 길고 깊다. 그래서 이런 의문이 드는 것이다. 가슴 벅차게 거리를 누비던 의학전문학교 생도들 이래 집단으로서 의사가 민중과 뜨겁게 하나 되어 싸운 적이 있던가? 답이 떠오르는 대신 다만 이런 생각이 드는 것이다. 직업의 위신과 실리도 챙기면서 명예까지 얻기가 참 어렵다고. 엘리트인 채로 민중의 지지를 얻기가 이렇게 어렵다고. 이어서 이런 소망을 품게 되는 것이다. 스스로 민중이 되어 함께한 이들을 오래도록 기억하고 싶다고.

11.
재난의 공동체,
무정과 동정을 넘어

　　정조 1년(1777년) 초여름, 가뭄이 심했다. 5월 15일에 왕은 홍정당에서 경연을 열고《춘추》를 강한 다음 말을 이었다. "어제는 비가 올 듯한 기미가 매우 다분했는데 끝내 비가 내리지 않았으니 너무도 안타깝다. … 시장 옮기기는 몇 차에 행하는가?" 예조판서 홍낙성이 대답했다. "11차에 행한다고 합니다." 왕이 한탄했다. "선조先朝께서 늘 중대하고 어려운 일로 생각하여 거행하지 않았었다."¹

　　농경 사회에서 천재지변은 심각한 위기였다. 농번기의 가뭄은 특히 그랬다. 통치의 기초가 흔들리는 재난이 될 수도 있었다. 뭐라도 해야 하는 건 당연한 일. 정조가 하문한 시장 옮기기도 가뭄 대책 중 하나였다. 천시遷市 또는 사시徙市라고 불리던 시장 옮기기는 가뭄이 극에 달했을 때 비를 기원하는 뜻에서 시장을 옮기던 풍습이다. 문헌상의 기원은 아주 오래 전이다.《예기》에 따르면 중국 춘추시대 진秦의 목공(B.C.660~B.C.621)이 가뭄이 들자 현자縣子의 조언에 따라 저자를 옮겼다고 전한다. 한반도 최초의 기록은 신라 진평왕 50년(628년)으로, "여름에 크게 가물었으므로 시장을 옮기고 용을 그려 비 내리기를 빌었다"는 기사가 《삼국사기》에 나온다. 안타깝지만 별 효과가 없었던 듯하다. "가을과 겨울에 백성들이 굶주려 자녀를 팔았다"는 기사가 이어진다. 비슷한 시기에 일본에서도 가뭄에 시장을 옮긴 기록이 있으니, 시장 옮기기는 동아시아 공통의 관습이었다.

1928년 7월 21일 자 《동아일보》 기사. 경북 상주 지역에서 당국이 한발(가뭄)에 고통받는 "백성에게 성의를 표하기 위하야 미신이나마" 시장을 옮긴다는 내용이다.

　왜 하필이면 시장의 위치를 옮겼을까? 여러 해석이 있다. 대개 시장을 남쪽으로 옮김으로써 양기가 들어오는 남문을 닫고 비와 결합하는 음기가 들어오는 북문을 연다는, 음양사상에 기초한 발상이었던 것으로 보인다. 많은 사람이 모인 모습을 구름 떼에 비유하는 언어 습관과 연결하면 일종의 유감주술類感呪術로 볼 수도 있다. 사회학적 해석도 가능하다. 시장은 사람이 많이 모이는 곳이므로 이를 옮기면 가뭄의 심각성을 알리는 극적인 효과를 거둘 수 있다는 것이다. 물론 어느 경우든 실제로 비를 부르는 효과는 없다.

정조와 예조판서의 대화에서 천시는 여러 가지 가뭄 대책 중에서 열한 번째로 실행되고 있다. 중종 대의 학자 성현이 펴낸 잡록집 《용재총화》에 따르면 가뭄 대책은 심각성에 따라 11단계로 나뉜다. 1. 개천과 밭두둑 길의 수선, 2. 종묘사직에 제사, 3. 사대문에 제사, 4. 오방의 용신에 제사, 5. 저자도의 용 등에 제사, 6. 호랑이 머리를 강에 던지기, 7. 창덕궁 후원, 경회루, 모화관 연못가 세 곳에 도마뱀을 띄우고 동자를 시켜 도마뱀에게 비를 퍼붓게 하라고 청하기, 8. 헌관과 감찰이 제사, 9. 성내 부락에서 향 피우고 방방곡곡에 누각 만들어 비를 부르기, 10. 시장을 남쪽 길로 옮기며 남문을 닫고 북문 열기, 11. 왕이 대궐을 피하고 반찬을 줄이며(피전감선避殿減膳), 억울하게 갇힌 죄인을 심사하여 중하지 않은 죄인을 사하기 등이다.

《용재총화》에서는 시장 옮기기가 열 번째 대책으로 언급되고, 위의 《일성록》 기사에서는 열한 번째로 언급되어 순서가 약간 다르지만 굳이 따질 일은 아니다. 《영조대왕 행장》에 따르면 1732년 6월에도 시장 옮기기가 피전감선 다음 최후의 수단으로 등장한다. 가뭄이 들자 영조 임금이 사직과 북교에서 기도했지만 비가 내리지 않았다. 이윽고 하교하기를 "해마다 잇달아 크게 가물어 백성이 장차 다 죽게 되었으니, 감선만으로 어찌 자신을 책망하는 도리를 다할 수 있겠는가? 예전 진나라가 크게 가물었을 때에 현자가 대답한 것이 재앙을 물리치는 요령을 얻게 되었거니와, 사흘 동안 천시하라" 하였다. 반찬 줄이기로는 왕의 자책이 충분하지 못했다는 반성이다.

여기서 잠깐. 서두의 대화에서 정조는 시장 옮기기를 11차에 행한다는 말을 듣고서 "선조先朝께서 늘 중대하고 어려운 일로 생각하여 거행하지 않았었다"고 말했다는 것을 떠올려보자. 시장의 위치를 바꾸는 건 백성의 삶에 큰 영향을 끼치는 일이라 실행하지 않았다는 말이다. 하지만 실제로는 선왕인 영조대에도 시장 옮기기 사례가 분명히 있다. 책벌레에다 효심으로도 유명한 정조가 할아버지의 전례를 몰랐을 것 같지 않다. 아마 내키지 않았을 것이다. 정조만이 아니다. 조선 임금들의 마음이 대체로 그랬다. 세종 13년(1431년)에 날이 가물자 왕은 승정원에 뜻을 전했다. "지금도 중국에서는 기우할 때에 용이 있다는 못에 호랑이 머리를 담그는 의식을 즐겨 하는데, 이것이 믿지 못할 일이기는 하지만 옛 글에도 있으니 담그게 해보는 것이 어떠한가?" 뭐라도 해야겠는데 호랑이 머리를 잘라 한강에 담근다고 비가 오리라고 믿지는 않는다는 취지다. 이에 승지 안숭선이 "마땅히 예조에 내려 논의하게 해야 합니다" 하고 대답하였다. 이후 실제로 호랑이를 잡아 행한 것으로 알려져 있다. 중종 17년(1522년)에 대사헌 김극성은 "피전감선 · 폐문천시라는 말단의 일로써 하늘의 꾸지람에 답하여 하늘의 재앙을 그치게 하려 한다면 그 또한 어렵지 않겠습니까?" 하고 상소하였다. 둘 다 《조선왕조실록》의 기록이다. 실록을 비롯한 관찬 사서에 이런 언급이 많다.

오늘날 성리학은 곧잘 비합리적인 사변 철학의 대표 격으로 비난받는다. 하지만 당대의 잣대로 보자면 꽤나 합리적이고 실용적인 사고방식이었다. 성리학은 초자연적인 힘의 작용으로 세계를 설명하려는 종교적 사고방식을 미신으로 여겼다. 도교와 민간신앙에서 유래한 기우제 등 여러 제사를 형식과 규범에

어긋난 제사, 즉 음사로 본 이유다. 천재지변이 왕이 부덕한 탓이라고 생각하지도 않았다. 속마음은 그랬지만 겉까지 그럴 수는 없었다. 왕들은 늘 자신의 부덕을 책망했다. 가뭄이 들면 미신인 줄 알면서도 호랑이 머리를 잘라 못에 담그고 도마뱀 동자蜥蜴童子를 앞세워 하늘에 기우제를 지내며 시장을 옮기고 반찬을 줄였다. 홍수 때에는 기청제祈晴祭를 지냈고, 역병이 돌면 제사 지낼 후손 없이 죽은 여귀를 달래는 여제厲祭를 지냈다. 피전감선에 음악도 그쳤다. 천재지변이 불가항력이던 시절이었다. 백성들 앞에서 어쩔 수 없다고 할 수는 없었다. 왕도 어쩔 수 없는 게 있었다.

1906~1907년경 조선을 방문한 독일 장교 헤르만 산더가 수집한 구한말 사진 자료.
당시 조선의 시장 모습이 담겨 있다.

일제시기, 동정으로 만들어지는 재난의 공동체

조선왕조가 멸망하고 왕이 사라진 일제하의 식민지 조선

에서도 천재지변은 여전했다. 다만 제사를 주관할 국왕이 없었다. 미신 척결을 내세우던 조선총독부가 나설 리도 없었다. 하지만 주민과 직접 접촉하는 지방 말단 권력의 입장은 달랐다. 절망하고 분노하는 민중 앞에서 미신 척결 같은 한가한 소리나 하고 있을 수는 없었다. 뭐라도 해야 했다. 군수와 면장 들은 망한 왕조 흉내를 내며 곳곳에 산재한 사직단에서 제사를 지내고 시장을 옮기곤 했다. 황당한 경우도 있었다. 1929년 여름 전북 순창에서의 일이다. 한발이 매우 심해 순창 시장을 네 번이나 옮겼지만 비가 오지 않았다. 결국 당국이 나섰다. 군청, 경찰서, 면사무소가 8월 6일부터 8일까지 3일간 총출동, 인부 20여 명까지 동원하여 주산인 금산에 올라 분묘 50여기를 파헤쳤다. 분묘 훼손은 실정법이 엄금하는 행위였지만 통치 당국이 아예 법을 어기고 '미신'을 실행한 것이다. 지역에서 가뭄이 얼마나 심각한 통치 위기로 인식되었는지 보여주는 사례다.[2]

전통사회에서 왕은 세상의 관념적 중심이었고 윤리적 어버이였다. 기대고 의지할 중심이 사라지자 사람들은 마음 둘 곳을 잃었다. 결국 외로운 사람끼리 서로 불쌍히 여기고 도와야 한다는 생각이 싹트기 시작했다. 동정, 연민이라는 시대적 감수성이 부상했다. 한국문학사상 최초의 장편소설로 알려진 이광수의 《무정》(1918)은 사회 구성원이 공유하는 동정이라는 새로운 감수성을 부각시킨 작품으로도 주목받는다.

《무정》의 서사 구조에서 하이라이트를 이루는 삼랑진 수재 장면을 보자. 주인공 형식과 선형이 미국 유학길에 오른다. 부산행 기차 안에서 형식의 옛 정혼녀 영채와, 자살하려던 영채를 구한 신여성 병욱을 우연히 만난다. 이들은 일본으로 유학 가던 참이다. 삼랑진에서 큰 비를 만나 기차가 멈춘다. 네 명은 기차에서 내리고 일행이 되어 잠시간 여관에 머문다. 여관을 나와 보니 물난리가 끔찍했다. 시뻘건 강물이 넘치더니 집들이 잠기고 곡식과 가축이, 사람들이 떠내려갔다.

주인공 일행은 쓰러진 만삭의 임산부와 가족을 발견하고 여관으로 옮긴 후 의사를 불렀다. 이어서 경찰서장의 허가를 얻어 역 대합실에서 즉석 음악회를 열었다. 이재민 구호를 위한 기금을 마련하기 위해서였다. 병욱이 바이올린을 들고 말한다. "저희는 음악을 알아서 하려 함이 아니올시다. 다만 여러분 어른께서 동정을 주십사 함이외다." 병욱이 바이올린을 켜고 영채와 선형이 노래를 불렀다. "그렇지 아니하여도 슬픔에 가슴이 눌렸던 일동은 그만 울고 싶도록 되고 말았다. … 일동의 눈에는 눈물이 돌았다. … 순박한 이 노래와 다정한 그 곡조는 마침내 일동의 눈물을 받고야 말았다." 동정으로 연결되는 재난의 공동체가 잠시간 출현했다. 왕 없는 세상을 대신하는 조선인 사회의 원형질 같은 모습이다. 미국의 저널리스트 리베카 솔닛은 역사 속 대재난들을 검토한 저작 《이 폐허를 응시하라》에서 파괴적 재난 속에서 역설적이게도 일종의 유토피아가 등장한다고 말한다. 마치 혁명처럼 기존의 위계질서가 무너진 가운데 강렬한 사랑과 기쁨, 연대 의식을 경험하게 된다는 것이다. 재난을 뜻하는 영어 단어 disaster에서도 통찰을 얻는다. 이 단어는 어원상 별astro이 없는dis- 상태를 뜻한다. 어디로 가야 할지 방향을 알려주는 표지가 사라진 상태가 재난이라는 것이다. 별 없는 캄캄한 밤, 의지할 절대자가 사라진 시간에 비로소 인간들이 서로 연대하게 된다는 말인 셈이다.

재난은 비극이지만 왕도 귀족도 없는 세상에서 평등해진 개인이 서로 연결되는 계기를 제공하기도 했다.《국부론》(1776)에서 아담 스미스는 이기적인 개인을 연결해주는 '보이지 않는 손'을 언급했다. 보이지 않는 손이 알아서 세상을 움직이니 세상을 연결하는 별도의 원리 따위는 필요 없다는 주장으로 해석되곤 하지만, 이 책에서 실제로 '보이지 않는 손'이라는 표현은 딱 한 번만 나온다. 아담 스미스는 매우 균형 잡힌 사람이었다. 이기적인 개인으로 가득 찬 세상이 문제없이 돌아가리라고 믿지 않았다. 노사 갈등은 자본가에게 일방적으로 유리한 게임이라고 보았고, 자본가와 국가의 공모를 비판했으며, 주4일제 노동을 옹호했다. 인간이 이기적인 존재이기만 했다면 세상은 이미 붕괴했을 것이다. 또 다른 주저《도덕감정론》(1759)에서는 고통을 느끼는 타인에 대한 동정compassion과 연민pity이라는 도덕감정에 주목한다. 타인의 고통에 공감하며, 혹은 공감한다고 상상하며 우리는 개인이라는 좁은 울타리를 넘어 사회의 구성원으로서 결속된다. 이해관계가 충돌하는 평등한 개인들이 다투면서도 분열하지 않고 사회를 형성하는 원리다. 아담 스미스의 묘비명은 "《도덕감정론》과《국부론》의 저자, 여기 잠들다"라고 되어 있다. 그 자신은《도덕감정론》의 저자로 적어달라고 유언했다고 알려져 있다.

조선왕조의 몰락이 명확해진 일제시대에 독립을 꿈꾼다는 것은 조선왕조의 부활을 바라는 것이 아니었다. 그것은 단지 일본을 쫓아내고 새로운 군주를 세우는 것이 아니라, 조선왕조와는 완전히 다른 세상을 만드는 문제였다. 그래서 도산 안창호는 다정한 사회가 "조선 민족의 사활에 관계되는 문제"라고 보았다. 군주와 사대부가 지배하던 세상에서 백성을 긍휼히 여기는 것은 지배자의 몫으로 간주됐다. 앞에서 본 군주들의 기사가 보여주는 것처럼. 이제 군주도 사대부도 없는 세상이 됐으니 백성이 서로를 긍휼히 여기는 수밖에 없었다. 도산은 "무정한 조선의 사회를 유정하게 만들어 무정으로 거꾸러진 조선을 유정으로 다시 일으키자"고 호소했다. "우리 사회를 개조하자면 먼저 다정한 사회를 만들어야 하겠습니다. 우리는 조선 적부터 무정한 피를 받았기 때문인지 아무래도 더운 정이 없습니다. 그러므로 정의情誼를 기르는 공부를 하여야 되겠습니다. 그리한 뒤에야 참 삶의 맛을 알겠습니다. 일언일동一言一動에 우리 사이의 정의를 손상하는 자는 우리의 원수외다."³

　　동정과 연민이 절실한 시대였다. 하지만 그게 늘 아름답지는 않았다. 타인에게 보이기 위한 위선이 되기 일쑤였고, 세상의 모순과 갈등을 덮는 포장지가 되기도 했다. 성정이 불처럼 뜨거웠던 경성의전 부속의원 의사 유상규가 동정심을 비난한 이유이기도 하다. 1934년 7월 24일, 삼남 지방에 대수재가 나서 사망 237명, 실종자·부상자 포함 676명의 인명 피해가 났다. 23만여 명이 집을 잃고 이재민이 됐다. 1925년 을축대홍수 이래 가장 큰 피해였다. 각지의 의사회들이 의료반을 조직해서 참사 현장을 찾았고, 이런저런 사회단체들이 구호반을 조직했다. 언론사들은 대대적인 의연금품 모집에 나섰다.《조선일보》는 언론사상 최초로 비행기까지 대여해서 참사 현장의 사진을 찍어 보도했다. 아름다운 재난의 유토피아가 펼쳐진 듯싶었다. 하지만 유상규의 생각은 달랐다. 신문사들이 두 달간 대대적으로 모은 의연금 누계가 부자들의 별장 중에 가장 작은 한 채 값에 못

미치고, 금광으로 떼돈을 번 이들이 첩으로 들이는 기생 한 명의 몸값도 못 된다는 것이었다. "동족애의 미명하에 신문 선전에 이용한 혐의"가 역력했다.[4]

동정은 아름다웠지만 지식계급, 부르주아계급이 스스로를 내세우는 과정에서 내건 위선이라는 혐의를 피하기 어려웠다. 재난의 대책을 만들지 못하는 동정과, 희생자, 피해자와의 실질적 연대로 나아가지 못하는 연민의 한계는 뚜렷했다. 문제는 식민지에서는 그 사소한 동정마저 곧잘 총독부와 경찰 등 당국에 의해 금지되곤 했다는 것이다. 그러니 우선 모금과 같은 것에서부터 시작할 수밖에 없었다. 지식인들은 이것이 위선임을 인식하면서도 그에 응하지 않을 수 없었다.

염상섭의 소설 〈만세전〉(1924)의 주인공 이인화는 도쿄 유학 중이다. 어린 나이에 애정 없이 혼인한 조선의 아내가 출산 후유증으로 위독하다는 전보를 받고서도 귀국을 미적대며 연인

1934년 7월 삼남 지방 대수재가 일어난 뒤 이재민 구호 모습.
1934년 7월 31일 자 《조선일보》에 실린 사진이다.

정자를 찾아 술을 마신다. 그 자신은 "선도 아니요 악도 아닌 그 어름에다가 발을 걸치고 있는 것"이며, "죽거나 살거나 눈 하나 깜짝거리지도 않으면서 하는 공부를 내던지고 보러 간다는 것이 위선"이라고 느낀다. 하지만 "위선 없이 살지 못하리라는 것이 오늘날 우리의 운명"이기도 하다. 아내에 대한 이 복잡한 감정은 조선인 전체에 대한 양가감정으로 확대된다. "불쌍한 처지에 있는 사람끼리 만나면 피차에 동정심이 날 때도 있지마는 자기 자신의 처지에 스스로 불만을 가지고 자기 자신에 대한 증오가 심하면 심할수록 자기와 같은 처지에 있는 사람이 더 밉고 보기 싫어서 그런가보다. 혹시는 제 분풀이를 여기다가 하는 것일 것이다."[5]

세월호 참사, 정치적 내전이 된 현대의 인재

2014년 4월 16일, 한국에서 운행 중이던 여객선 중 가장 큰 배였던 세월호가 전라남도 진도군 조도면 맹골도와 거차도 사이 맹골수도에서 침몰했다. 해경이 지켜보고 텔레비전 카메라가 중계하는 가운데 304명이 사망한 참사였다. 그리고 우리는 보았다. 엄혹하던 식민지 시절, 동정을 둘러싼 최소한의 고민조차 벗어던진 폭력의 맨 얼굴을.

사고 당일 밤 유족이 모인 진도체육관을 찾은 교육부장관이 '황제라면' 사건으로 비난받자 청와대 대변인은 "계란을 넣은 것도 아닌데…"라며 반발했다. 4월 17일, 해경의 간부는 초기 대응이 미진하지 않았느냐는 기자들의 질문에, "해경이 못한

진도 팽목항(진도항)의 등대와 하늘나라우체통.

게 뭐가 있나" 하고 반발했다. 4월 23일, 국가안보실장 김장수는
"(청와대 국가안보실은) 재난의 컨트롤 타워가 아니다"라고 선언
했고, 비서실장 김기춘은 7월 10일, 이 입장을 재확인했다. 7월
14일, 대통령 박근혜는 세월호 사건으로 경기가 침체되었다며,
"이런 상황이 계속될 경우 자칫 어렵게 살린 경제 회복의 불씨
가 다시 꺼질지도 모른다"고 전 사회적 애도 분위기에 경고를
보냈다. 그리고 국정원이 유가족을 사찰하게 했다.

　새누리당 정몽준 의원의 아들이 희생자 가족을 향해 "국민
정서 자체가 굉장히 미개"하다고 SNS에 쓴 날은 사고 이틀 후
인 4월 18일이었다. 4월 20일, 한기호 새누리당 최고위원은 페
이스북에 "북괴의 지령에 놀아나는 좌파단체와 좌파 사이버 테
러리스트들이 정부 전복 작전을 전개할 것"이라며, "국가 안보
조직은 (이를) 근원부터 발본 색출하고 … 민간 안보 그룹은 단
호히 대응해나가야 한다"고 썼다. 극우 논객 지만원은 4월 22일,
"시체 장사에 한두 번 당해봤는가? 세월호 참사는 이를 위한 거

대한 불쏘시개"라고 말했다. 박상후 MBC 전국부장은 "뭐하러 거길 조문을 가. 차라리 잘됐어, 그런 ×들 (조문)해줄 필요 없어"라며 막말을 했고, 한국기독교총연합회 부회장 조광작 목사는 "가난한 집 아이들이 수학여행을 경주 불국사로 가면 될 일이지, 왜 제주도로 배를 타고 가다가 이런 사단이 빚어졌는지 모르겠다"고 모욕했다. 유가족 김영오 씨(유민 아빠)가 단식투쟁을 벌이던 2014년 9월에는 '자유대학생연합'이라는 단체가 2회에 걸쳐 '폭식 투쟁'을 벌였다.

침몰 이후 희생자 가족들은 오랫동안 어떤 정치적 행동도 하지 않았다. 구조와 수습이 최우선인 시절이었다. 야당과 시민사회단체들은 세월호를 정치적으로 이용한다는 비판을 받을까 봐 극도로 몸을 사렸다. 사고 직후부터 희생자와 가족을 모욕하고 선제공격한 것은 정부와 우파의 돌격대들이었다. 참사를 정치화하고 거리낌 없이 내전으로 몰고 갔다. 참사에 대처하는 박근혜 정권과 보수 세력의 태도는 재난을 계기로 사회의 갈등을 봉합하고 공동체적 상상력을 복원하며 정치의 안정을 도모한다는 근대 권력의 통치 원칙 자체를 부정하는 것이었다. 물론 그 원칙에는 늘 위선적인 면이 있었다. 통합의 슬로건 이면에서 배제되는 약자들이 있었다. 권력은 그 위선을 감추려 애썼다. 때로 그 위선이 적나라하게 폭로될 때 대중은 분노하고 권력은 위기에 빠졌다. 그러나 세월호 참사에서 정권과 보수 세력은 아예 공공연하게 피해자를 공격하고 배제하기에 나섰다. 사회학자 지그문트 바우만은 현대의 지배 세력이 사회 통합 비용보다 폐기물 처리 비용을 값싼 것으로 계산하고 있다고 고발한다. '쓰레기가 되는 삶들'에게 사회 속의 돌아갈 자리를 제공하는 대신 그냥 쓰레기 처리장으로 보내는 편을 선택한다는 것이다. 세월호 참사는 바우만의 통찰을 예시하는 극단의 사례일 것이다.[6]

물론 세상의 모든 일들이 지배 세력의 뜻대로 굴러가는 건 아니다. 세월호 참사에 대한 대중의 분노는 이후 촛불시위로 이어지며, 정치적 격변을 낳는 씨앗이 됐다. 하지만 동정을 넘어 해결로, 연민을 넘어 연대로 나아가야 한다고 고민했던 식민지 시절 지식인의 고민은 우리에게도 여전히 숙제로 남아 있다. 수학여행을 떠난 아이들이 돌아온다고 약속했던 그 금요일이 10년 넘게 지났다. 국가 책임의 인정과 사과, 피해자 사찰 및 조사 방해 행위 추가 조사 등 사회적참사특별조사위원회의 12개 권고사항 대부분은 아직도 이행되지 않고 있다. 동정을 넘어 해결로, 연민을 넘어 연대로 가는 길이 아직 먼 이유다. 그래도 그 길을 포기할 수 없어서 다짐하는 말이 "잊지 않겠다"는 약속이다. 맹골수도에는 아직 물살이 거세고, 팽목항에는 바람이 여전하다. 세월호는 지금도 목포 신항에 서 있다.

12.
식민지에도 스타는 탄생하는가?

1939년 6월 23일, 경기도 인천부 경정 203번지에 사는 소학교 5학년생 유윤순(15세)이 돌연 집을 나선 후 종적을 감췄다. 끝내 딸을 찾지 못한 어머니 한 씨가 경찰에 수색원을 냈다. 늘 배우를 동경하던 딸이 기어코 배우가 되려고 가출했다며 하소연이다.[1] 윤순은 어쩌다 배우를 꿈꾸게 됐을까? 사건을 소개한《매일신보》기사에는 단서가 없다.

주소를 보다가 혹시나 싶어 검색을 해본다. 극장 '애관'이 인천부 경정 238번지에 있었으니, 윤순의 집과 지척이다. 애관이 어떤 곳인가? 1895년에 세워진 한국 최초의 극장 협률사가 1911년에 축항사로, 1921년에 다시 애관으로 이름을 바꿨으니 유서 깊기가 비길 데 없다. 1927년에 관객 800명 규모의 르네상스식 건물을 올렸고, 1937년에는 14만 5000명의 관객을 맞았다. 같은 해 18만 명이 찾은 극장 '표관'과 경쟁 관계였지만, 경영주가 일본인인 표관의 관객은 대부분 일본인이었다. 조선인은 어디까지나 애관이었다. 애관이 있는 경정 일대는 인천의 시네마 천국이었다. 애관 앞을 지날 때마다 가슴이 두근거렸을 열다섯 살 윤순을 떠올려본다. 그녀는 배우가 됐을까?

1972년에 촬영한 인천의 극장 애관.
전신은 1895년에 지어진 한국 최초의 극장
협률사다.

인천은 신문물이 제일 먼저 상륙하는 개항장이었다. 유행의 바람이 몹시도 더뎠을 산간벽지는 어땠을까? 압록강 상류, 평균 고도 1000미터가 넘는 첩첩산중 평안북도 후창군(지금의 양강도 김형직군)의 또 다른 열다섯 살 소녀도 가슴앓이를 했다. 1934년 8월께, 후창군 동흥면 고읍동에 삼화극단이 머물며 흥행을 했다. 남자 주연배우 나한원(19세)이 고읍동 사는 이수선(23세)과 친해지고서 그녀와 공모했다. "이수선으로 하여금 극단 여배우의 호화로운 생활과 시골처녀의 아이보기 생활을 비교하여 가며 감언으로 꾀이게 하여" 이춘희(15세)에게 결혼하자고 접근했다. 8월 23일, 나한원은 이춘희를 데리고 도망쳤지만 곧 경찰에 체포됐다.[2] 나한원은 죗값을 치렀을 것이다. 열다섯 산골소녀 이춘희의 상처받은 꿈은 어찌 됐을까?

1920~30년대 식민지 조선에도 바야흐로 대중문화의 시대가 열리고 있었다. 연극과 영화, 대중가요가 일상에 스며들기 시작했고, 유행도 생겨나고, 창작이 시작되기도 했다. 1919년 단성사에서 최초의 조선 영화 〈의리적 구토〉가 상영됐고, 1923년에는 최초의 극영화 〈월하의 맹서〉가 흥행했다. 1926년에는 그 유명한 〈아리랑〉이 공전의 히트를 기록했다. 〈임자 없는 나룻배〉(1932) 〈나그네〉(1937) 등도 크게 성공했다. 할리우드 영화의 인기는 더욱 높았다. 영화는 조선인의 마음을 사로잡았다. 웬만한 지방 소도시까지 극장이 들어섰고, 극장이 없는 벽지에서는 공회당과 학교 운동장에서 순회 상영회가 열렸다.

비슷한 시기에 대중가요도 폭발적으로 성장했다. 1926년에 윤심덕의 〈사의 찬미〉가 최초의 대중가요로서 히트했고, 1928년에는 최초의 창작 대중가요인 이애리수의 〈황성의 적荒城의 跡〉이 나왔다. 1927년 경성방송국 개국으로 라디오 시대가 열렸고, 1928년부터는 전기 녹음이 시작되면서 레코드의 음질이 크게 개선됐다. 대중가요는 날개를 달았다. 1930년대를 지나며 빅타, 콜럼비아, 시에론, 포리돌, 태평, 오케의 6대 레코드회사가 주도하는 음반 시장이 형성됐다. 장르도 다양화됐다. 민요, 속요, 신민요, 신속요, 유행가(현대의 트로트와 어느 정도 겹친다), 재즈와 블루스 등 여러 장르들이 경합과 명멸을 거듭했다.

떠오르는 대중문화의 중심에 스타가 있었다. 배우와 가수로 대변되는 스타라는 존재가 대중의 마음을 사로잡았다. 그 전이라고 해서 인기를 누리는 예술인이 왜 없었을까? 대중매체가 없던 시절 이들의 영향력은 미미했고, 대중의 욕망과 일상에 영향을 미칠 수는 없었다. 스타는 달랐다. 대중은 스타와 자신을 동일시하고 그들의 삶에 자신의 욕망을 투영했다. 대중은 그 욕망을 통해 삶의 의미를 찾았다. 우리는 이들을 팬이라고 부른다. 스타와 팬은 이렇게 동시에 탄생한 새로운 인간형이었다. 팬은 스타를 통해 비루한 삶 너머를 꿈꿨다. 그중 어떤 이들은 저 열다섯 살 소녀들처럼 집을 뛰쳐나와 스스로 꿈이 되고자 했다.

스타 시스템과 문화 산업-순종인가, 저항인가

식민지 조선에서는 스타도 팬도 바다를 건너온 박래품이었다. 하지만 서구에서도 스타와 팬은 1910년대를 지나며 갓 등장한 최신 현상이었다. 19세기 말 프랑스에서 발원한 영화 산업은 유럽이 전쟁에 휩쓸린 1910년대를 거치며 미국으로 중심지를 옮겼다. 1914년, 에드윈 포터가 연출한 영화 〈테스〉에 캐나다 태생의 배우 메리 픽포드(1892~1979)가 출연했다. 영화는 대성공했고, 그녀는 스타의 원조가 됐다. 1916년이 되자 예상 수익의 절반이 넘는 100만 달러를 받는 최초의 배우가 됐다. 젊고 발랄한 소녀상을 구축한 그녀는 팬을 몰고 다녔고, 수많은 뉴스와 서사가 그녀를 매개로 생산되고 소비됐다. 대중문화사는 바로 이즈음을 스타가 탄생한 시기로 기억한다. 영국 출신의 찰리 채플린(1889~1977), 스웨덴 출신의 그레타 가르보(1905~1990), 독일 출신의 마를레네 디트리히(1901~1992) 등이 이 무렵에 등장한 화려한 스타였다. 모두 유럽에서 미국으로 왔다. 영화의 중심지가 유럽에서 미국으로 바뀌고, 스타 시스템이 부상했음을 상징하는 인물들이다.

메리 픽포드(가운데)가 출연한 영화
〈코퀘트〉(1929)의 한 장면.

　　대중문화의 부상은 문화 산업의 약진과 병행했다. 스타 시
스템은 할리우드의 공장식 영화 제작 방식, 즉 스튜디오 시스
템과 결합했다. 거대 영화사들은 영화의 제작, 배급, 상영을 통
합하고, 감독의 자율성을 극도로 제한했다. 비용 최소화를 위한
전략이었다. 하지만 비용 절감만으로는 큰 이윤을 만들 수 없
었다. 스타 시스템이 필요했던 이유다. 스튜디오 시스템과 스타
시스템이 결합하면서 영화는 산업이 됐다.

　　대중은 스타에 열광하며 얇은 지갑을 열었다. 그만큼 현실
의 고통을 잊었다. 고통의 원인이 사라진 건 아니었다. 대중문화
비판이 대두할 수밖에 없었다. 독일 출신의 비판철학자 아도르
노와 호르크하이머는 공저《계몽의 변증법》(1947)에서 대중매
체를 통해 대량 생산·대량 소비되는 대중문화가 체제와 자신
을 동일시하게 만드는 지배의 도구가 되고 있다고 비판했다. 문
화 산업이 대중의 비판의식을 마비시키는 효과적인 지배 수단
이 되었다는 것이다. 문화 산업이라는 말 자체가 이 책에서 처
음 등장했다. 문화 산업 속에서 대중은 스스로 사유할 수 없다.
문화 산업의 "양식에 숨겨져 있는 비밀은 바로 사회적 위계질서

에 대한 순종이다". 대중문화는 불평등한 계급사회를 유지하는 '사회적 시멘트'인 것이다.[3]

이들과 우호적 관계를 맺고 있던 급진적 문화비평가이자 철학자 발터 벤야민은 생각이 달랐다. 〈기술복제시대의 예술작품〉(1936)에서 그는 사진술과 영화라는 '기술복제예술'의 탄생이 가져올 효과에 주목했다. 무한 복제가 가능해진 시대에 유일무이한 원본이나 진품의 가치를 따지는 건 무의미하다. 이제 진품만이 뿜어내는 가치 있는 분위기, 즉 아우라는 사라졌다. 동일성의 논리인 아우라가 사라지면 예술을 대하는 대중의 태도도 바뀐다. 진품에만 가치를 부여하던 보수적인 태도 대신 이를테면 채플린 영화에 대한 개방적이고 진보적인 태도 같은 것이 생겨난다. 게다가 영화 관람은 집단적 체험이었다. "그 어느 곳에서보다도 관객 개개인의 반응이 처음부터 집단에 의해 직접적으로 영향을 받고 있다는 사실"이 중요했다. 거기서 예술의 정치화가 가능해 보였다.

아도르노와 호르크하이머를 중심으로 한 프랑크푸르트학파의 문화 산업 비판은 이후 대중문화 비평에 큰 영향을 미쳤다. 동의하는 의견만큼이나 비판도 적지 않았다. 예술 작품의 자율적 생산과 비판적 감상을 강조하는 이들의 논리에는 고급문화와 저급문화를 나누는 이분법이 깔려 있었다. 이런 논리하에서는 전복적, 해방적 계기들은 고급문화의 특권적 생산물들에만 귀속된다. 그에 반해 대중문화는 지배 이데올로기를 재생산하고 전파하는 장이며, 대중은 그 이데올로기에 예속된 수동적 소비자로 간주될 뿐이었다. 이런 이분법으로는 '무지한' 대중이 때로 지배 이데올로기를 넘어서고 거부한다는 걸 이해할 수 없다. 대중은 종종 능동적인 수용자가 되어 대중문화 산물들의 코드를 창조적으로 해독한다. 자신의 독자적 의미를 생산하고 이용하기도 하는 카멜레온 같은 존재가 대중이다.

스타에 열광하는 팬

지구 반대편 철학자들의 논쟁이 그저 현학적인 말다툼은 아니었다. 식민지 조선 사람들도 스타가 등장하는 대중문화에 열광하며 현실의 고통을 잊기는 마찬가지였다. 그런 만큼 '저속한' 대중문화를 비판하는 목소리도 높아졌다. 특히 유행가는 비판하기 딱 좋은 과녁이었다.《동아일보》가 1면 사설로 목소리를 높였다.

> 한편 레코드는 그 교화적인 일면은 갈수록 한각하고(무심하게 내버려두고), 취미적인 타면만 더욱 고조하므로 비상한 유포력으로 여항의 간(사이)에 침염되어 장차 민중의 취미와 기호를 더욱 저속한 데로 하향시킬 위험까지 포장하고 있다. … 근래에 와서 조선 내에 있는 5, 6개 회사가 서로 다투어 저속음외한 유행가와 넌센스물을 취입하여 다량 생산과 과대광고로써 이득의 많기만 도모하고 영향의 큼은 고려치 않음을 볼 때 오인은 민중의 양심을 대표하여 이에 항의하지 않을 수 없다.[4]

《동아일보》의 사설은 식자층, 소위 인텔리들의 생각을 대변했다. 물론 유행가를 부르는 가수와 레코드업계 종사자 등 관련자들의 생각은 달랐다. 인텔리들의 비판에 대해서는 역시 배운 사람이 나서야 했을까? 일본 도쿄의 중앙음악학교에서 성악을 전공하고 귀국한 후 당대 최고의 인기를 누리고 있던 지식인 가수 채규엽(1906~1949)이 나섰다.

> 대개 과거의 유행가에 대한 소위 식자들의 관념은 이러하였다. '유행가라는 것은 퇴폐한 하류계급에서나 부를 것이며 사회를 멸망에 이끌며 또 민심을 속악으로 끄는 예술의 타락한 쓰레기니, 다만 해독만 주는 아무 소용이며, 가치없는 것이라'고 … 이 유행가곡이라는 것은 그 시대시대의 민중의 심리를 가장 여실히 묘사한 음악이다. … 대중도 그것을 욕구하고 있는 것이다. 여기에 유행가곡의 사회적 존재가치가 있는 것이다. … 유행가곡은 … 아무리 단순하고 평이하더래도 그것이 그 당시당시의 민중의 희노애락의 정서를 가장 교묘하게 표현한 것이라고 볼 수 있다. 그러므로 좋은 유행가(민심에 꼭 맞는 유행가)는 불후의 예술이오, 훌륭한 음악이라고도 할 수 있는 것이다.[5]

민심에 꼭 맞는 유행가를 부르고 연기하는 스타는 대중의 사랑을 받았다. 스타에 열광하고, 스타와 열애를 꿈꾸며, 스타의 성공과 실패를 자기 삶의 성패와 동일시하는 사람들이 빠르게 늘어났다. 스타를 사랑함으로써 자기 삶의 의미를 찾는 대중, 팬이라는 새로운 종류의 인간형이 출현하기 시작한 것이다. 팬들은 가두의 스피커에 귀를 기울이고 라디오를 듣고 유성기 음반을 샀다. 방송국에 엽서를 보내서 좋아하는 스타를 응원했다. 영화관에 가고 스타의 브로마이드 사진이 부록으로 나오는 잡지를 샀다. 인기스타가 나오는 공연에는 관객들이 인산인해를 이뤘다. 우리의 증조할아버지, 할머니뻘 어른들이 '덕질'의 원조가 됐다.

스타에 대한 동경이 일방적인 사랑으로 표출되기도 했다. 팬들의 러브레터가 쏟아졌다. 1930년대의 최고 인기가수 남인수에게는 "아침마다 창문을 열면 추녀 밑에 수없는 큐피트의 화살이 날라와 꼽힌다는 소식"이 있었고,[6] 결코 미남은 아니던 나운규도 "러부레타"나 "어데서 만나자는 간곡한 편지"를 많이 받았다.[7] 남성 팬도 열광적이기는 매한가지였다. 미쓰 리갈이라는 예명으로 데뷔해서 인기를 얻은 가수 장옥조는 "팬레터는 구애 편지가 대부분"이라고 말했다.[8] 〈꽃을 잡고〉로 공전의 힛트를 기록한 선우일선의 남자 팬 중에는 자기 사진을 보내면서 선우일선의 사진을 보내달라는 이들도 있었고, 심지어 매일 밤 담을 넘어와 선우일선의 노래를 휘파람으로 부는 이도 있었다.[9]

대중이 스타에 몰두하는 낯선 현상을 사람들은 어떻게 받아들였을까? 기성세대에게는 이상한 일이었다. "팬의 심리란 이상한 것이어서 … 비팬들은 저런 진문을 보고 '먹구서 할 일도 없나베'" 하였다.[10] 다른 시각도 있었다. 이 무렵 막 작가로 데뷔한 하소 조풍연은 스타에 대한 동경을 대중의 자존감 상승이라는 측면에서 파악했다. 스타를 올림으로써 결국 자신을 올린다는 것이다.

> 그들 배우들이란 결국 관중의 돈으로 생활하는 일종 피

보증자인 까닭에 관중의 코가 높아갈 수밖에 없다. 지난날에 메리 픽포드가 '세계의 애인'이었던 것도 무리가 아니다. 즉 세계의 관중들은 누구나 메리의 애인 될 자격이 있는 셈이다. '메리'뿐이 아니라 '가르보'도 '웨스트'도 '디트리히'도 다 애인이 될 수 있다.[11]

스타와 팬, 함께 울고 함께 웃고

서구처럼 스타도 생기고 팬도 생겼지만 이곳은 식민지였다. 스타에 대한 동경으로 달래기에는 현실이 많이 고달팠다. 무엇보다 화려한 스타마저 슬펐다. 대중연예인의 사회적 지위는 아직 매우 낮았다. 화려한 성공과 아득한 추락이 지척이었다. 어이없고 기막힌 일들이 많았다. 그래서 스타와 팬은 함께 울었다. 슬픔이 연민을 넘어 때로 사회의식을 싹틔웠다.

최초의 창작 대중가요로 꼽히는 〈황성의 적〉을 취입한 가수 겸 배우 이애리수의 사례를 보자. 이애리수(본명 이음전)(1910~2009)는 유년시절부터 신파극을 했다. 18세 되던 1928년, 극단 취성좌에 입단하며 인생이 달라졌다. 한반도와 만주 일대를 누비며 공연하던 극단이 이애리수의 고향 개성을 찾았을 때 단원 왕평과 전수린이 고려의 궁궐터를 찾았다. 폐허가 된 만월대에서 옛 영화의 흔적을 찾다가 왕평이 시를 쓰고 전수린이 곡을 붙였으니 〈황성의 적〉이다. 공연에서 부르다가 1932년, 빅타레코드에서 이애리수의 목소리로 음반이 발매되면서 크게 성공했다. 1941년에 이를 남인수가 재취입하며 〈황성옛터〉로 제목을

최초의 창작 대중가요 '황성의 적'을 부른 이애리수.

고쳤다.

〈황성의 적〉으로 이름을 알릴 무렵 이애리수는 연희전문 학생 배동필과 사랑에 빠졌다. 혼인을 약속했지만 배동필의 집안은 연예인 며느리를 들일 생각이 없었다. 1933년 1월, 마침내 일이 터졌다. "산골짜기에서 흘러오는 꾀꼬리 소리와 같이 유행노래 잘하는 이애리수 양이 그의 사랑하는 사람 연전학생 배동필과 지난 1월 9일 밤 세시 반에 칼모틴을 나누어 먹고 정신을 잃은 후 다시 일분일초라도 목숨이 붙어 있는 것을 원망하면서 날카로운 칼로 동맥을 끊고 악착스럽게 목숨을 끊었다. 이애리수가 정사情死를 했다. 사랑하는 사람과 얼싸안고 이 세상을 떠나갔다."[12] 다행히 둘은 살았지만 세상이 시끄러웠다. 배동필의 아버지는 철이 없어도 분수가 있지, 하며 이들을 비난했다. 연희전문 학감 유억겸은 크리스찬 학교인 점을 감안하면 일반사회에 미안한 일이지만, "남자가 미혼자인즉 … 결혼하여 살 수도 있을 것 아닙니까? … 여배우인들 무슨 상관이 있겠습니까?" 하며 옹호했다. 한데 배동필에게는 본처가 있었다. 그런 시절이었다.

이애리수는 정사 시도 직전 《매일신보》가 주최하는 직업여

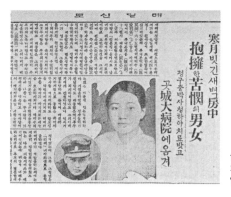
1933년 1월 10일 자 〈매일신보〉
기사. 이애리수의 비극적인 사랑을
알리고 있다.

성좌담회에 참석했다. 이전의 극단 동료 남성이 보성전문에 다
니게 되자 학생이 여배우나 유행가수 같은 여자와는 인사할 수
없다며 인사를 받아주지 않는다고 한탄했다. 이애리수와 가장
친한 극단 동무 이경설도 여배우의 애환을 하소연했다. "우리
의 생활을 세상에서는 너무나 방종한 생활로만 알기 때문에 진
정한 사랑을 하지 못할 줄 알지만, 사실은 세상에 쓰라린 경험이
많아서 진실한 인간미를 알기 때문에 그이가 좋은 이라고만 믿
게 되면 어떠한 모험의 일이라도 주저치 않고 실행하고 맙니다."

　나운규의 영화 〈아리랑〉에서 주인공 영진의 여동생 영희 역
을 맡아 일약 스타덤에 오른 여배우 신일선(본명 신삼순)(1910~
1990)은 자신이 맡은 그 어떤 배역보다 더 굴곡진 삶을 살았다.
오빠의 강압으로 어린 나이에 배우 생활을 시작한 그녀는 우연
히 나운규의 눈에 띄어 만 열여섯 살에 영화에 출연했다가 스
타가 됐다. 이듬해까지 일곱 편의 영화에 출연하며 전성기를 누
리다가 열일곱 살에 호남 부호의 아들 양승환에게 시집을 갔다.
오빠가 팔아버린 셈이다. 광대 며느리를 격렬히 반대하던 시어

〈청춘의 십자로〉(1934)를 통해
〈아리랑〉의 여동생 이미지를 벗어난
배우 신일선.

른들의 학대가 이어졌다. 남편은 유부남이었던 데다 미두에 빠져 재산을 날렸다. 학대를 견디다 못해 도망치면 남편에게 붙잡혀 돌아가야 했다.

결국 7년 만에 갈라지고 영화계로 돌아왔다. 안종화 감독의 〈청춘의 십자로〉(1934)를 비롯해 몇 편의 영화에 더 출연했지만 재기하지 못했다. 〈청춘의 십자로〉는 2007년에 네거티브 필름이 발견되어 복원됐고, 2024년에 영화 전문가 240명이 뽑은 한국 영화 100선에 선정되기도 했다. 신일선은 또 한 번 결혼에 실패하고 권번의 기생이 됐다. 기생이라지만 노래하고 춤추는 연예인이다. 다만 손님의 시중을 들어야 하니 고달픈 일임은 물론이다. 잡지 《삼천리》 기자가 기방을 찾아 물었다. "어째서 이렇게 기생에까지 나오셨어요?" "다 생활 때문이지요. 부모도 모시고 오빠도 있는 우리 집 살림이 날이 갈수록 기울어지니 연약한 이 몸이라도 생활비 만들 길로 들어서야 하지 않겠습니까?"[13]

"불행에 또 불행한 시대"를 살고 있는 그녀였지만, 다시 배우도 되고 가정부인도 되고 싶은 꿈을 버리지 않았다. "인생에 행복의 문이 단 하나만 있다고 생각지 않아요. 둘도 셋도 … 그러기에 앞으로 저도 또다시 한번 행복의 문을 웃음으로 지나는 날이 있을 줄 알고 기다려요." 세 번째 남편을 만났지만, 그 후 삶의 사연도 간단치 않다. 1960년대 말 작은 대폿집을 운영하던 그녀를 찾은 미당 서정주의 회고담이 남아 있는데 동정 어린 묘사가 불편하다. 늘그막에 불교에 귀의했다고도 하고 기독교에 귀의했다고도 한다. 사적인 상처를 다루는 결례는 이쯤으로 그치자.

무례를 무릅쓰고 이들의 사적인 불행을 거론한 이유는 그 아픔이 시대와 무관하지 않았기 때문이다. 참으로 무례한 시대였다. 그래서 또 한편에는 화려한 스타도 슬프고 위태롭다는 걸 공감하는 팬들이 있었다. 1930년대 후반 연극계의 스타였던 배우 지경순은 가장 기억에 남는 작품으로 〈비련초〉라는 작품을 꼽으면서 이렇게 말한다.

> 어느 때나 몰리고 학대받고 못나게 천대받다가 죽는 것은 여성인데 그 연극만은 못난이 남자, 심술쟁이 남자, 욕심꾸러기 남자, 체면 모르는 남자를 작은 처녀의 한 몸으로, 이런 덜된 남자들을 완전히 정복하고 사랑하는 애인과 행복하게 지낸다는 것이었습니다. … 여자분네의 갈채를 많이 받은 것만은 사실입니다. 연극을 하는 중에 관중 속에 소리를 지르는 이가 있었으니까요. 그 소리가 여자의 소리일 적엔 제 마음도 오그라지는 듯이 소름이 쪽 끼치도록 즐거웠습니다.[14]

우울한 시대에 집 없이 떠도는 것이 스타의 삶이었다. 〈타향살이〉의 가사를 지은 금능인은 "표박생활 11년째 되는 가을", 낙엽이 떨어지는 황혼의 여관방 창가에서 "까닭 없이 눈물이 흘러 옷깃을 적시"다가 노래를 지었다. 멜로디를 붙인 손목인은 "집이 있어도 있는 것 같지 않은 우리네 신세! … 몇 날 동안 우는 마음으로 작곡한 것"이라고 고백한다.[15] 〈목포의 눈물〉(1935) 〈짝사랑〉(1936) 등 수많은 히트곡으로 "악극계의 지배자"가 되고 일본으로 건너가 히트곡 〈카스바의 여인〉(1955)을 만들어낼 손목인이었지만, 타향살이의 설움은 어쩔 수 없었다. 그들은 "어제도 기차를 타고 오늘도 기차를 타고 또 내일도 기차를 타"야 했다. 청춘좌의 배우 복원규는 "기차객실에서 늙었"다.[16] 나라 잃은 사람들이 집 잃은 스타의 삶과 이야기에 깊이 공감했다. 자기 연민에 허우적대면서 서로를 위로했다. 고달픈 시대여서 그랬을 것이다.

자기 연민에서 출발해 함께 울고 서로 기대던 스타와 팬들이 때로 뜻하지 않게 불온해졌다. 식민지 시절 최대의 히트영화 〈아리랑〉은 검열된 텍스트상으로는 항일 영화가 아니었다. 주인공 영진은 단순한 광인이었지만, 관객은 그가 3·1 만세운동에 참여했다 고문을 받아 미쳤다고 해석했다. 상영을 거듭하며 관객들의 '과잉 해석'이 계속 더해지면서 〈아리랑〉에 대한 평가는 "농촌을 배경으로 한 멜로드라마"에서 "조선의 현실을 사실적으로 그린 수작"으로 변모했다.[17]

문일석 작사, 손목인 작곡에 이난영이 부른 〈목포의 눈물〉도 마찬가지다. 원래 이 노래는 1935년 《조선일보》주최 제1회 향토찬가 공모에서 당선된 '건전가요'였다. 검열 과정에서 2절의 "삼백년 원한 품은 노적봉"이라는 가사가 민족적 저항정신을 환기한다 하여 "삼백연 원앙 품은 노적봉"으로 고쳤지만 결국 금지곡이 됐다고 많은 이들이 증언한다. 그러나 막상 일제의 금지곡 목록*에 〈목포의 눈물〉은 없다. 진실은 무엇일까? 공연마다 감시하던 임석경관이 이 노래가 나오면 중지시키곤 했다는 증언들에 주목해보자. 저항이 철저히 금지되면 역설적으로 아주 사소한 것조차 저항의 불씨로 해석될 수 있다. "사공의 뱃노래 가물거리며 삼학도 파도 깊이 숨어드는데" 하고 시작하는 저 '건전한' 노랫말조차 식민지의 관객을 곧잘 울음바다로 몰고 갔다. 이 주체할 수 없는 정서적 고양을 일제 경찰들은 불온하게 여겨 중지시키지 않았을까? 그 중지의 기억들이 모여 〈목포의 눈물〉을 금지곡으로 기억하게 만든 건 아닐까?

식민지 조선의 대중이 대중문화를 즐기는 방식에는 전통적인 통속문화 속 민중들과 같은 집합적 향유의 체험이 있었다. 극장에서 관객들은 영화를 보며 소리 지르고 함께 울고 웃었다. 자기들만의 과잉 해석으로 식민지 너머를 꿈꾸기도 했다. 극장에서는 가수와 함께 노래 불렀고, 거리에서, 술집에서 함께 노래를 듣고 불렀다. 시련과 좌절을 극복한 스타의 서사에 공감했고, 스캔들에 화내면서도 비난하는 세상을 저주했다. 식민지의 주변인들은 대중문화 속에서나마 잠시 주인공 체험을 할 수 있었고, 동시에 결코 주인공일 수 없는 서러운 현실을 깨닫곤 했다.

---

* 일제는 1933년 '축음기레코드취체규칙'을 제정하여 노래를 사전 검열하는 한편, 치안·풍속상 문제가 있다고 간주한 노래들은 음반 발매와 공연을 금지했다.

환상과 현실이 뜨겁게 뒤얽히다가 서늘하게 갈라섰다. 그렇게 식민지의 스타와 팬이 태어났다.

13.
사할린 한인,
나의 나라는 어디인가?

러시아 작가 안톤 체호프의 문학세계는 1890년의 사할린 섬 기행을 전후로 나뉘곤 한다. 기행 이전에도 명성이 높았지만, 《갈매기》(1896)《바냐 아저씨》(1899)《세 자매》(1900)《벚꽃동산》(1903) 등 그의 희곡 대표작들이 모두 이 기행 뒤에 탄생했다. 사할린은 거대한 러시아제국의 동쪽 끝, 시베리아조차 넘어 죄수들이 추방되는 변방의 유형流刑 식민지였다. 길이 끔찍하던 시절, 모스크바에서 1만 킬로미터나 떨어진 변방을 찾는 것은 큰 모험이었다.

체호프는 1890년 4월 21일 모스크바를 출발해, 시베리아를 횡단하여 7월 11일 사할린섬에 도착했다. 12개 항목으로 구성된 조사 카드를 현지에서 인쇄한 후 교도소와 유형지 마을 들을 방문하고 면접 조사를 수행했다. 주관적 평가는 가급적 배제한 채 유형 식민지의 실상을 기록했다. 형기를 마치고도 귀환할 수 없는 등 죄수들이 처한 삶은 매우 절망적인 것이어서 기록은 강렬한 폭로가 됐다. 석 달간의 체류 후 10월 13일 사할린섬을 출발, 12월 8일 모스크바로 귀환했다. 잡지에 연재한 글들을 묶어서 1895년에《사할린섬》을 출간했다.

안톤 체호프에게 사할린섬 기행은
사상과 문학 세계를 심화시키는 거대한
체험이었다.

면적 약 7만 2500제곱킬로미터의 사할린섬은 러시아 최대의 섬이다. 남한 면적의 3/4에 달한다. 북위 45도에서 54도에 걸쳐져 있는, 남북 길이 950킬로미터의 긴 섬으로, 섬의 북서쪽 해안은 러시아 하바롭스크 동남쪽 해안과 마주하고 있고 남쪽 해안은 일본 최북단 홋카이도와 마주하고 있다. 영문 위키피디아에 따르면 2019년 현재 48만 9638명이 살고 있다. 2010년 기준으로 인구의 83퍼센트가 러시아인이다. 이어서 5.5퍼센트, 3만 명에 달하는 '한인'이 있다. 아이누인, 타타르인, 사하인, 에벤크인 등 여러 소수민족도 수백, 수천 명씩 거주하고 있다. 어쩌다가 이 추운 북쪽의 섬에 한인이 많이 살게 됐을까?

정확히 언제부터인지 알 수는 없지만 이 섬에는 아이누, 윌타, 니브흐 같은 여러 종족들이 나름의 역사를 꾸려가며 살고 있었다. 국가적 실체는 없었지만 때로는 청나라와 형식적인 조공 관계를 맺기도 했다. 1854년, 미국에 의해 개항한 일본은 이듬해에 러시아와 화친조약(시모다조약)을 맺게 되는데, 이때 사할린은 양국의 공동관할구역이 됐다. 하지만 홋카이도의 식민지화조차 힘에 부치던 일본에 사할린 영유는 벅찬 일이었다. 결국 상트페테르부르크조약(1875)으로 사할린은 러시아로, 사할린과 홋카이도 사이 쿠릴열도는 일본으로 귀속됐다.

체호프의 《사할린섬》에는 섬의 서남부 마우카 지역에서 다시마 채취 사업을 하는 러시아 상인 세묘노프와 그의 밑에서 일하는 중국인, 러시아인, 한국인이 등장한다. 1897년 최초로 시행된 주민조사에 따르면 이 섬의 주민 2만 8000명 중에서 67명이 한인이었다. 19세기 후반 함경도에서 러시아 연해주로 이주한 '조선인' 중 일부가 사할린으로 건너갔을 것으로 추측된다.[1]

사할린과 한반도의 인연이 깊어진 계기는 역시 러일전쟁(1904~5)이다. 승전국 일본은 한반도를 식민지화함과 동시에 북위 50도 이남의 남사할린을 영유하게 됐다. 러일전쟁의 의미와 효과는 매우 중층적이었다. 한국의 입장에서는 독립을 뺏긴 전쟁이지만, 세계사적으로는 이른바 '그레이트 게임', 즉 영국제국과 러시아제국 사이 패권 경쟁의 종지부를 찍은 전쟁이었다. 일본은 영국의 대리전을 치른 셈이지만, 청일전쟁(1894~5) 이후 러시아가 주도한 삼국간섭의 굴욕을 씻은 복수전이기도 했다. 청일전쟁에서 승리하자 일본인들은 "미친 듯이 날뛰고 오만방자로 흘러, 국민이 있는 곳마다 함성개가의 무대에서 고주망태가 된 것처럼 장래의 욕망이 하루하루 증장"되고 있었다. 당시 외상이던 무쓰 무네미쓰가 쓴 표현이다. 신명 나게 할양받은 랴오둥반도를 러시아, 독일, 프랑스의 삼국간섭으로 청에 반환하게 되자 이를 갈던 일본인들이었다. 와신상담이라는 구호가

일본 국민을 휘감았다.[2]

일본은 승전으로 얻은 남사할린을 원주민인 아이누*식 지명인 가라후토樺太라고 명명했다. 가라후토청을 설치하고 식민 정책을 폈다. 1943년에는 아예 본토로 편입했다. '식민지 조선인'의 이주도 점차 늘어났다. 1930년에 934명이던 남사할린의 조선인이 1945년 종전 시점에는 2만 3000명 이상으로 늘어났다. 남사할린은 벌목, 광업, 어업 등을 통해 본토에 자원을 공급하는 식민지였다. 처음에는 일자리를 찾던 조선인들이 노동력이 부족한 이곳으로 이주하는 방식이었지만 1939년 이후에는 대규모로 징용됐다. 대부분 남부 지방 출신이었다. 그렇게 남사할린에 조선인들이 모였다.

여기서 잠깐, 질문을 던져보자. 1945년에 2만 3000여 명 수준이던 사할린 한인이 어떻게 21세기에 3만 명 수준으로 늘

가라후토 청사.

* 아이누족은 러시아 캄차카반도와 사할린, 쿠릴열도, 일본 홋카이도와 혼슈 북부의 도호쿠지방에 걸쳐 살았던 종족이다. 러시아와 일본에 탄압받고 대부분 동화되어 오늘날에는 극소수만 살아남았다.

어났을까? 일본의 패전 후 이들이 조국으로 귀환했다면 이렇게 많은 한인이 남아 있기는 어렵다. 이들은 조국에 돌아오지 못한 것일까? 바로 그렇다. 돌아오기를 열망했지만 돌아오지 못했다. 일본 정부는 일본인의 귀환에만 신경을 썼다. 소련도 미국도 이들의 귀환에 적극적이지 않았다. '조국' 한국 정부는 이들을 방치했다. 그런 채로 수십 년이 흘렀다.

사할린 한인의 역사

사할린 한인이 '모국'과 다시 연결되기 시작한 것은 해방으로부터 45년이 흐른 1990년, 한국과 소련이 수교한 뒤였다. 사할린 '동포'의 모국 방문이 시작됐고, 1992년부터 1세대 고령자에 한해 단신을 전제로 한 영주 귀국 사업이 추진됐다. 이후 1994년 한일 정상회담을 계기로 사할린 한인 문제 해결을 위한 영주 귀국 시범 사업이 시작됐다. 귀국자들이 살 곳을 위해 토지는 대한적십자사가, 건립 비용은 일본 적십자사가 부담하기로 했다. 이렇게 만들어진 곳이 안산의 고향마을이다. 2000년을 기점으로 수십 명씩 대규모 영주 귀국이 이루어졌다. 한일 양국 정부 간 갈등으로 영주 귀국 사업은 한때 정체에 빠지기도 했지만, 2007년부터 사업이 재개되었고 2008년에 귀국 조건을 완화하면서 영주 귀국자가 대폭 증가했다. 사업이 종료된 2015년 말 현재 모두 4368명이 귀국했고, 사망과 역귀국자를 제외하면 2020년경의 국내 체류 인구는 3000명 정도로 추산된다. 2015년 사업 종료 이후에는 연간 20명 내외로 소규모 귀국이 이루어지고 있다. 영주 귀국자 대부분은 서울, 안산, 인천, 안성, 파주, 그리고 부산, 김해, 경주, 광주, 아산, 청주, 경주 등 전국 각지에 집단으로 거주하고 있다.

여기까지만 보면 사할린 한인의 역사는 비록 오랜 시간의 우여곡절을 겪기는 했지만, 어쨌든 '이산과 귀환'이라는 민족 수난사의 일부로 서술되는 것 같다. 하지만 실제로는 그렇게 간단하게 말할 수 없다. 한인, 조선인, 북조선인, 고려인, 일본인, 러시아인, 심지어 어느 나라나 민족으로도 정체성이 귀속되지 않는 여러 범주 사람들의 놀라운 이야기가 사할린에서 펼쳐진다.

우선 민족의 수난사에서부터 살펴보자. 일제의 징용에 따른 고통은 끔찍한 것이었지만 여기서는 다루지 말고 넘어가자. 최대의 비극으로는 가미시스카 학살과 미즈호 학살이 꼽힌다. 모두 1945년 8월 15일 항복 선언 직후에 일제가 저지른 만행이다. 8월 17일 가미시스카(현재의 레오니도보)에서 일제 경찰이 식민지 출신 조선인 18명을 학살하고, 이를 은폐하기 위해 경찰서는 물론 가미시스카 마을 전체를 방화했다. 8월 20일에서 25일 사이에는 미즈호(현재의 포자르스코예)에서 일본인 재향군인회 회원과 청년단 남성들이 어린이 여섯 명과 여자 세 명을 포함하여 27명의 조선인을 학살했다. 두 사건 모두 조선인들이 소련 스파이 노릇을 하고 있다는 의심이 학살을 불러일으켰다. 미즈호 사건은 소련 군 당국의 조사로 관련자들이 체포됐고, 일곱 명이 사형을, 11명이 10년 형을 선고받았다. 가미시스카 사건의 경우 경찰들은 모두 일본으로 탈출하고, 경찰의 밀정 노릇을 하다 방화에 동참한 한인 한 명이 이후 소련 군 당국에서 10년 형을 선고받았다. 일본 정부는 두 사건에 대해 실체가 불

분명하다는 식으로 아직 책임을 인정하지 않고 있다.[3]

소련군이 국경을 넘어 남사할린으로 들이닥친 것은 1945년 8월 11일부터였다. 그 이틀 전인 8월 9일에는 북만주와 조선 북부로 진격을 시작했다. 삼국간섭과 러일전쟁, 할힌골 전투(1939) 등 계속된 충돌로 원한이 깊은 사이라 소련에 대한 일본인의 공포심은 컸다. 일본이 무조건항복이라는 포츠담선언의 요구 조건을 수용하게 된 데는 원폭 투하에 더해 소련군 참전의 충격이 컸다. 그러나 그렇다고 해서 저 학살들이 정당화될 수는 없다. 한편 공포에 사로잡혀 일본 본토로 탈출하려던 사할린의 일본인은 대부분 탈출에 실패했다. 8월 25일, 소련군이 가라후토청이 있던 중심도시 도요하라(현재의 유즈노사할린스크)를 점령하면서 전투가 끝났다. 남쪽의 항구에 모여든 일본인 피난민들은 소련군으로부터 살던 곳으로 돌아가라는 명령을 받았다.

1946년 12월 미국과 소련은 소련 점령 지구에 계류된 민간인들을 송환하는 협약인 미소협정을 맺었다. 조선인들은 '해방 민족'으로서 전범 국민인 일본인보다 당연히 먼저 송환되리라고 기대했다. 하지만 기대는 배신당했다. 협정은 '일본인'만을 송환 대상자로 정의했다. 1949년 7월까지 실행된 이 전기 집단 귀환으로 사할린과 쿠릴열도에 있던 31만 명의 일본인이 귀환했다. 해방 당시까지 조선인에게 일본인으로서의 의무를 강요하던 일본은 조선에 호적이 있다는 이유로 이들을 방기했다. 소련과 일본의 협상으로 1957년에서 1959년 사이에 후기 집단 귀환이 이뤄졌다. 조선인 남편과 결혼한 탓에 먼저 귀환하지 못했던 일본인 여성 766명과, 그 남편과 아이들 1541명이 이때 일본으로 귀환했다. 옛 조선인, 그러니까 한인의 귀환은 이때도 논외였다. 한국 정부 역시 이들을 오래도록 방치했다.

이제 한인들은 어떻게든 사할린에 정착하고 삶을 이어 나가야 했다. 1946~9년 사이에 대륙으로부터 사할린으로 45만 명이 이주해왔다. 그중에는 '조선민주주의인민공화국' 주민 2만 6065명이 포함되어 있었다. 이들 중 일부는 돌아가지 않고 사할린에 정착해 사할린 한인 사회의 구성원이 됐다. 대부분 남한 출신이던 사할린 한인 사회가 복잡해졌다.

대륙에서 온 이들 중에는 1930년대 말, 일본에 협력할 우려가 있다는 이유로 지도급 인사 2500여 명이 처형되고 18만 명이 중앙아시아로 강제로 이주당했던 연해주 출신의 '고려인'도 있었다. 정착의 역사가 더 길었던 만큼 사할린 한인을 교육하고 지도하는 역할을 맡았다. 함경도 사투리를 쓰는 고려인과 남부 지방 사투리를 쓰는 사할린 한인 사이에 의사소통이 쉽지 않았다. 고려인 교사들은 사할린 한인이 일제 치하에 살았다며 '내지치'라고 낮춰 불렀다. 사할린 한인은 고려인을 큰땅배기, 혹은 얼마우제라고 불렀다. '마우제'란 당시 중국인들이 서양인을 낮춰 부르던 말인 마오즈毛子(털 많은 사람)에서 기원한 단어로, 러시아인을 얕잡아 부르던 동북 방언이다. 여기에 '얼렁뚱땅'할 때의 '얼'을 붙였으니 '얼치기 러시아 놈'쯤 된다. 역사의 피해자들이 멀고 먼 이역에서 서로 불화했다. 고려인 대부분은 1970년대에 중앙아시아로 돌아갔다. 중앙아시아 카자흐스탄 출신의 고려인 작가 이정희의 기록소설 《떠도는 삶》 중 〈꿈을 찾아〉에 중앙아시아 출신 교장이 사할린 한인 학교에 부임한 첫 날의 일화가 생생하게 묘사된다.

"잉게 앞에 학상들은 아이 떠드는데 정게 디 학상들은 어째 떠드오?(여기 앞에 있는 학생들은 떠들지 않는데 저기 뒤에 앉은 학생들은 왜 떠드는 거요.)"

강당 안이 순간 웃음바다가 됐다. 웃기 좋아하는 나이 또래들은 배를 끌어안고 웃어댔다. 교장 선생은 웃음의 영문을 몰라 버럭 화를 냈다.

"선새미(선생이) 말하는데 어째 웃소?"

인정사정 볼 줄 모르는 학생들은 교장 선생 얼굴이 붉으락푸르락 변하는 모습에도 웃음을 끊지 못했다. 교장 선생님은 함께 참석한 교사들의 이야기를 듣고서야 자신의 모국말이 학생들보다 못함을 느꼈는지 다음부터는 아예 조선말을 쓰지 않다가 결국 학생들이 숨기지 않고 '얼마우제'라고 부르는데 더는 견디지 못하고 3개월 만에 학교를 그만둔 일이 있었다.[4]

사할린 한인의 국적 문제는 어떻게 됐을까? 소련 땅에서 제대로 살아가려면 소련 국적 획득이 불가피했다. 1948년부터 1969년 사이에 6414명이 소련 국적을 얻었다. 소련의 우방인 '조선민주주의인민공화국' 국적을 얻는 이도 일부 있었다. 소련 국적을 얻고 나면 귀환이 어려울 수도 있다는 생각에 다수는 무국적으로 남았다. 1960년대가 되자 소련공산당은 사할린 한인 사회에 러시아화를 강요했다. 한인 학교와 민족 문화 센터 등이 폐쇄됐다. 그 바람에 2~4세대 사할린 한인 대부분은 모국어 구사 능력이 없다. 1세대 한인들이 사망하고 후세대가 성장하면서 점차 소련 국적자가 늘고 무국적자는 줄어들었다. 소련인, 이후에는 러시아인으로 자란 이들이다.

이름 붙일 수 없는 이들

1945년 8월 16일, 당시 남사할린의 토로(현재의 샤흐툐르스크) 소재 소학교 4학년이던 스다 유리코는 부모와 함께 피난길에 올랐다. 소련군이 상륙했다니 어서 남쪽으로 가서 홋카이도로 가는 밀항선을 타야 했다. 소련 비행기의 기총 소사에 피난민들이 목숨을 잃기도 했다. 며칠을 걸어 도착한 나이로역에서 일본군이 남자들을 분리하는 바람에 아버지와 헤어졌다. 유리코 모녀는 탈출에 실패했다. 일본으로 탈출하는 데 성공했던 아버지는 아무리 기다려도 아내와 딸이 오지 않자 결국 사할린으로 돌아와 가족과 다시 결합했다. 가족을 찾아 이렇게 '역밀항' 하는 이들이 적잖았다. 일본인 유리코의 부모는 조선인이었다. 가난하고 자식 많은 일본인 친부모가 유리코를 아이 없는 이웃 조선인 집에 양녀로 보냈다. 조선인 양부모는 엄격했지만, '외동딸'을 소중하게 길렀다. 당시는 집에서 일본말을 썼고 일본 이름을 썼다. 양부모와 민족이 다르다는 생각은 못 했다. 소학교 3학년이던 어느 날, 동네 언니가 찾아와 실은 자기가 친언니라고 알려주었다. "사실 네가 아주머니라고 부르는 사람이 친엄마고, 네가 엄마라고 부르는 사람은 아주머니란다." 언니의 당부대로 친엄마의 이름을 기억해두었다.

일본인이 떠나간 사할린에서 유리코는 한인 김순애로 살아갔다. 양아버지의 성 '김'에 언니의 이름 준코順子의 '순順'을 가져와 만든 이름이었다. 한인 학교를 다녔고 집에서는 일본어와 한국어를 반반씩 사용했다. 일기는 한글로 썼다. 전후 사할린에는 총각과 독신이 된 한인 남성이 많았다. 전시에도 조선인 남성은 탄광에서 일하니 돈을 제법 번다며 곧잘 일본인 여성의 결혼 상대가 되곤 했다. 전후 혼란기에는 조선인 남성과 일본인 여성의 결혼이 유행처럼 번졌다. 유리코, 아니 순애의 남편이 한인인 것은 당연했다. 남편은 그녀가 일본인이라는 것을 나중에 알았다. 시댁 어른들은 용납할 수 없다고 말했고, 남편은 폭력을 휘두르기 시작했다. 1남 2녀를 낳아 기르는 엄마에게 폭력을 휘둘렀다.

1957년부터 시작된 후기 집단 귀환 때 일본 대사관에 탄원서를 보내 가족 전원의 귀국 허가를 받았다. 귀국 직전에 장남이 중병에 걸려 데려갈 수 없게 되자 귀국을 포기했다. 1960년에는 남편이 세상을 떠났다. 아홉 살이 된 장남도 죽었다. 친부모나 다름없던 양부모마저 병석에 누웠다. 그때 유리코는, 아니 순애는 정말 죽고 싶었다. 아홉 달 된 막내를 다섯 살 딸에게 맡기고 봉제 공장에서 일을 시작했다. 그때부터 30년간 쉬지 않고 일했다. 소련 정부가 주는 '근속공로기장'을 받은 그녀다.

사할린 한인 김순애, 아니 일본인 스다 유리코는 기적적으로 고국의 언니와 연락이 닿아 1989년에 일시 귀국할 수 있었다. 평생 딸을 기다린 엄마는 그녀가 도착하기 두 달 전 세상을 떠났다. 소련 국적을 취득한 탓에 영구 귀국이 무척 힘들었다. 우여곡절 끝에 1996년 차남과 삼남 가족을 데리고 영구 귀국했다. 차녀와 그 가족은 일본 적응에 실패하고 사할린에 남았다. 이후 사할린 일본인 여성의 영주 귀국 사업에서 중심적인 역할

을 해왔다.[5]

　1957~9년 후기 집단 귀환 때에도 귀환하지 못한 일본인들이 적지 않았다. 대부분 한인과 결혼한 일본인 여성들로서 여러 가지 피치 못할 사정으로 귀환을 포기한 채 사할린에 남은 이들이다. 대부분은 한인 커뮤니티 안에서 살았다. 러시아인과 재혼하면서 일본식, 한국식, 러시아식 이름 세 개를 갖게 된 경우도 적잖다. 이들의 자녀, 손주 세대는 러시아인, 일본인, 한인의 세 가지 정체성 사이에서 살아가곤 한다. 홋카이도에서 열리는 일본인 사할린 영주 귀국자들의 가족 모임에서는 곧잘 〈아리랑〉이 불린다. 이들은 어느 나라 사람인가?

1993년 러시아 사할린에서 한국으로 떠나는 한인 동포 가족들이 이별을 슬퍼하고 있다.

영주 귀국자의 삶

우여곡절 끝에 돌아온 사할린 한인 영주 귀국자들은 어떻게 살고 있을까? 이들을 대상으로 이뤄진 가장 포괄적인 조사 연구를 통해 살펴보자.[6] 이 연구는 9개 지역에 거주하는 귀국자 187명에 대한 설문조사와 5명에 대한 심층 면접에 기반했다. 귀국자들은 노령자라 기초생활수급 대상자로 지정되어 생계비 지급을 받고 있지만 생활이 어렵고, 한국에 있는 가족보다 사할린에 남아 있는 가족이 더 많으니 새로운 이산가족이 된 어려움이 있다. 지역 주민과의 관계가 소원하고 의료 환경에서 소통의 어려움도 겪고 있다. 제2의 이산가족 문제 해결을 위한 귀환동포법 제정 등이 절실하다고 호소한다.

다른 체제 속에서 오래 살다 왔으니, 친지들과 오해가 생기기도 한다. 심층 면접자 중 한 명은 이렇게 말한다. "한국 사람들은 사할린 가족을 볼 때 (상속 권리를 주장할까 봐) 재산 걱정을 해요. 우린 관심이 없어요. 우린 사회주의 국가에서 살아서 관심 안 가진다고 해도 여기 한국 가족이 안 믿어요." 이 영주 귀국자는 친지와 왕래를 끊었다. 또 다른 귀국자는 이런 종류의 갈등을 겪은 끝에 자신의 귀환은 "죽으러 온 것"이라고 의미를 정했다. 적지 않은 귀국자들이 이런저런 상처를 받았다. "몸은 여기 있지만 마음은 사할린에 있다."

대학에 재직하던 시절, 사할린 영주 귀국자에 대한 발표문을 준비하기 위해 사할린사범대 한국어교육과의 창립자이자 영주 귀국자이기도 한 박승의 선생을 찾아뵈었다. 그에게 소련-러시아는 어떤 나라인가? 우선 차별받으며 산 나라였다. 무국적이

거나 소련 국적이 없는 외국인은 사할린에서 3개월 혹은 6개월
짜리 거주증을 받아 연장하며 살아야 했다. 직장을 잡기도 힘들
었고, 직장에서 지도적인 위치에 오르는 일은 더더욱 불가능했
다. 소련 국적을 획득해도 차별받았다. 군에 입대하면 '건축부
대'로만 보내졌고, 대학 지원도 제한된 도시 안에서 제한된 학
부에만 가능했다. 그 역시 두 차례나 입당 시도를 했지만, 러시
아인이 아니라고 거부됐다. 사할린에서는 두 번 정도 한국 붐이
일어났다. 88 올림픽과 고르바초프의 개방 물결을 타고 잘사는
나라 한국에 가려고 너도나도 한국어를 배웠다. 한국이 조국이
라는 사실을 자랑스러워했다. 하지만 소련과의 국교 수교 후 한
국 정부가 보여준 관심은 일본 정부가 사할린 동포에 대해 기울
인 관심에 비해 턱없이 부족했다. 민간단체들의 관심만이 따뜻
했을 뿐이다.[7]

소련시대의 모든 것을 부정하지는 않는다. 무엇보다 그들
은 그 나라의 발전을 위해 노력했다는 데 자부심을 느끼고, 또
그 발전의 혜택을 받은 데는 고마움도 느낀다. 만약 젊었을 때
한국에 왔다면 조국의 발전에 참여했을 텐데, 너무 늦게 와서 받
기만 하고 준 것은 없다는 생각에 미안한 마음이 든다고도 했다.

그에게 고향을 어디로 생각하시느냐고 물었다. 자신처럼
해방 이전에 사할린에서 태어나 자란 이들은 한국을 조상의 땅
이 아니라 '조국'으로 생각하고 살았다고 대답했다. 부모의 고향
이 아니라 '내 고향'에 돌아왔다고 여긴다는 것이다. 반면 3, 4세
대는 사할린이 고향이고 러시아가 조국이라고 생각한다고 한
다. 그리고 이렇게 덧붙였다. 사할린에 살 때도 러시아인들에게
종종 조국이 어디라고 생각하느냐는 질문을 받았다고. 한국이

라고 말하면 왜 한국에 안 가고 여기 있느냐고 묻는 탓에, 결국 러시아가 조국이라고 말하며 살았다고. 그런데 한국에 오니 여기서도 사람들이 자꾸 묻는다고.

　사할린 한인의 삶을 그저 소수의 예외 사례라고 치부할 수도 있다. 안타깝지만 작은 일이라고, 국민국가에서 태어나 단일민족으로 자라는 삶이 당연하다고 믿을 수도 있다. 그런 단호한 믿음이 만들어지기 위해 저 수많은 유형과 무형의 폭력이 있었다. 기억해야 할 일들이다. 무심히 던지는 상처들도 여전하다. 경계해야 할 우리 모습이다. 작은 것 속에 세계가 들어 있다.

14.
혁명과 사랑의 이중주

영화는 쓸쓸한 북해의 바닷가에서 시작한다. 덴마크 유틀란트반도의 외딴 마을, 나이 지긋한 자매 마르티나와 필리파가 프랑스에서 온 여인 바베트와 함께 살아가는 이야기, 〈바베트의 만찬〉(1987)이다. 자매는 소천한 목사 아버지가 세운 작은 경건주의 교회를 이으며 이웃을 돕는 삶을 살아간다. 이 가난하고 소박한 일상에 어느 날 화려한 프랑스식 만찬이 펼쳐진다. 어떻게 된 일일까?

영화는 49년 전, 자매가 젊고 빛나던 시절로 되돌아간다. 자매에게 구애하는 젊은이들 중 스웨덴에서 온 장교 로렌스와 파리에서 온 오페라 가수 파핀이 특히 진지했다. 자매도 마음이 부풀었다. 그러나 딸들이 사역을 돕기 바란 아버지가 결혼을 허락하지 않았다. 그렇게 자매는 아버지에게 순종하며 나이를 먹었고 아버지를 여의었다.

35년이 흐른 1871년 9월의 어느 밤, 프랑스 여성 바베트가 자매를 찾아온다. 내전에서 남편과 아들을 잃은 여인인데, 요리를 잘하니 함께 살게 해달라는 파핀의 소개 편지를 들고서. 가정부를 둘 형편이 못 되는 자매에게 그녀는 보수는 필요 없으니 지내게만 해달라고 부탁한다. 세 여인의 동거가 시작되고, 바베트는 묵묵히 일한다.

14년 후 어느 날, 프랑스에서 우편물이 온다. 프랑스의 지인이 그녀를 위해 1년에 한 번씩 사주던 복권이 무려 1만 프랑의 복권에 당첨된 것이다. 자매는 이별을 예감하고, 바베트는 북해의 해변을 홀로 걷는다. 그리고 결심한다. 돌아가신 아버지 목사의 100세 생일을 기념하는 모임에서 진짜 프랑스 요리를 대접하겠노라고. 처음으로 하는 부탁이라는 바베트 앞에서 자매는 차마 거절하지 못한다.

프랑스에서 엄청난 재료들이 도착하고 요리가 준비된다. 평생 쾌락을 죄악시하고 금욕하며 살아온 경건주의 신교도인 자매와 교회 사람들은 기절할 만큼 화려한 요리와 술이 끝없이 펼쳐지는 '사탄의 식탁' 앞에서 경악한다. 저항감과 죄책감에 휩싸인 채, 식사를 하는 동안 음식에 대해서는 절대 언급하지 않기로 약속한다. 수십 년 만에 숙모를 찾아왔다가 우연히 만찬에 참가한, 이제는 늙은 장군이 된 로렌스가 침묵을 깬다. 파리 주재 시절, 고급 레스토랑 카페 앙글레에서 맛보았던 최고의 프랑스 요리와 똑같다며 감격한다. 그의 진심 어린 기쁨이 회중의 마음을 움직인다. 함께 늙어가며 다투고 미움을 쌓아왔던 이웃들이 맛있는 술과 음식을 나누며 화해하고 마음을 연다. 자매도 젊은 시절의 사랑을 떠올리며 추억에 젖는다. 바베트에게 진심으로 감사하며 이별을 준비한다. 이윽고 바베트가 말한다. "저는 여기 계속 살 거예요. 1만 프랑을 이 만찬에 다 썼죠. 저는 카페 앙글레의 수석 요리사였어요. 거기 12명분 만찬이 딱 1만 프랑이죠." 서로 끌어안으며 영화가 끝난다.

프란치스코 교황이 2016년의 사도적 권고* '사랑의 기쁨'에서 〈바베트의 만찬〉을 언급했다. "다른 사람에게 기쁨을 주고, 그들이 즐거워하는 모습을 보는 것은 기쁨이자 큰 위로"라며 바베트의 조건 없는 이타적 사랑을 칭송했다. 교황의 공식 문헌에 영화가 인용된 것은 처음이라고 한다. 진보 지향의 교황답다는 생각이 들지만, 세속의 관점으로 봐도 다르지 않다. 바베트는 가진 것 전부를 '탕진'함으로써 참된 자유를 얻었고, 또 다른 가족을 얻었다. 바베트의 만찬은 금욕주의자들의 일상을 뒤흔든 감각의 혁명이었다. 삶의 기쁨을 맛본 이후의 일상이 같지 않을 것이다.

하지만 그녀의 사랑이 일방통행은 아니었다. 만찬 이전에 이방인 바베트를 받아들인 자매의 환대가 있었다. 환대와 만찬 사이에 그들이 함께 건너온 14년의 고단한 일상도 있었다. 가난하되 더 가난한 이들을 돕는 일상이 있었기에 환대도 만찬도 빛나지 않았을까? 이렇게 영화는 소박한 절제와 만찬의 희열 사이를 오가며 삶의 양면성에 대해, 사랑의 무조건성에 대해 생각하게 한다. 칸영화제에서 특별상을, 미국 아카데미영화제에서 외국어영화상을 수상하며 관객과 평단 양쪽 모두의 평가에서 성공을 거둔 이유일 것이다.

★   열두 사도의 후계자로 간주되는 가톨릭 주교들의 회의 시노드에서 논의된 현안에 대해 교황이 정리해서 발표하는 입장.

파리코뮌의 전사 엘리자베트 드미트리예프

이제 바베트의 과거로 가보자. 파리 최고의 요리사였던 그녀는 어쩌다 북해의 한갓진 외딴 마을로 숨어들게 되었을까? 내전에서 남편과 아들을 잃고 쫓긴 탓이다. 그 내전을 역사는 '파리코뮌'이라고 부른다. 세계 최초의 사회주의 정부를 세우면서 70일간 타오른 이 불꽃 같은 혁명의 배경은 이러하다. 프로이센의 총리 비스마르크의 계략에 놀아난 나폴레옹 3세가 스당 전투에서 프로이센에게 허무하게 패배하고 포로가 되면서 제2제정이 몰락했다. 황급히 성립된 제3공화국 정부가 프로이센과의 강화, 즉 항복을 모색하면서 의용병들을 해산하려 하자 무장봉기가 일어났다. 1871년 3월 18일이었다.

봉기한 파리는 인민의 자치 공동체, 코뮌이 됐다. 인민주권 원칙에 따라 평의원들이 선출됐고, 노동자 경영 참여에 의한 자

1871년 파리코뮌 당시 나폴레옹 동상을 쓰러뜨린 민중들.

주 관리, 하루 10시간 노동, 최저임금제, 임대료 통제, 의무교육, 정교분리, 외국인과 여성의 권리 인정 등 꿈같은 정책들이 펼쳐졌다. 왕당파와 부르주아 공화파들은 분노에 치를 떨었다. 적국 프로이센과 협상을 통해 포로가 된 40만 명의 군대를 빼내 총구를 파리로 돌렸다. 5월 21일부터 28일까지 '피의 1주일' 동안 수만 명을 학살했다. 카를 마르크스의 《프랑스내전》에 붙인 서문에서 엥겔스가 회고하듯, "후장총으로는 더 이상 충분히 빠른 속도로 사살할 수 없어서 수백 명씩 미트레이유즈 기관총으로 집단 총살했다." 바베트의 남편과 아들도 그렇게 죽었을 것이다. 최종 대학살이 진행된 페르라셰즈 공동묘지의 '연맹병의 벽'은 지금도 그 자리에서 그날을 증언하고 있다. 수많은 사람들이 수감되고, 유배되고, 망명을 떠났다. 바베트처럼.

바베트는 코뮌에서 무엇을 했을까? 알 수 없지만 상상할 수 있다. 많은 여성들이 코뮌에 열광적으로 참여했다. 파리코뮌의 구성 조직 중 가장 큰 축에 속한 '파리의 방어와 부상자 간호를 위한 여성 동맹'을 결성하고 지도한 루이즈 미셸Louise Michel(1830~

파리코뮌의 지도자 루이즈 미셸은 반식민주의 투쟁에도 앞장섰다.

1905)이 대표적이다. 일찍이 페미니스트로서 여성의 권리를 위해 싸우던 그녀는 코뮌이 수립되자 바리케이드에서 무장투쟁에 앞장섰다. 체포와 유형 생활을 거치며 아나키스트가 됐고, 프랑스 식민주의에 맞서 반식민주의 투쟁에 앞장서다 수감되기도 했다. 동물권을 옹호하며 생태주의의 길도 열었다. 위대한 인간이 남긴 아름다운 발자취다.

여성의 사회활동이 극도로 제약받던 시절, 루이즈 미셸이 장벽과 싸운 방식은 독신을 고수하는 것이었다. 반면 사랑과 혁명 모두를 이루려 한 여성도 있었다. 러시아 출신의 코뮌 전사 엘리자베트 드미트리예프Elisabeth Dmitrieff(1850~1918) 같은 이였다. 러시아 귀족과 독일인 보모 사이에서 태어난 그녀의 본명은 엘리자베타 루키니치나 쿠셸레바였다. 유산은 주었으나 귀족 신분은 물려주지 않은 아버지 탓에 반쪽 러시아인 서녀가 됐다. 주변인으로 자라는 동안 세계를 보는 눈이 깊고 날카로워졌다. 카를 마르크스를 읽었고, 열여섯 살에는 성평등한 관계를 통해 세상을 변혁해나가는 체르니셰프스키의 소설 《무엇을 할 것인가?》에 푹 빠졌다. 비상한 방법이 아니면 여성이 자유를 찾을 수 없던 시대였다. 자유롭게 사랑하기 위해 무엇이든 하는 소설 속 여주인공 베라 파블로브나처럼 살고 싶었다. 한 퇴역 대령과의 육체관계 없는 편의 결혼을 통해 독립을 얻었다. 기혼자 신분으로 스위스 제네바에서 대학 공부를 하면서, 러시아 망명자 그룹에 참여했다. 노동자 협동조합을 조직하고, 여성 노동자들을 모았다. 막 결성된 국제노동자협회, 그러니까 제1인터내셔널에도 참여했다.

제1인터내셔널은 남성 위주의 조직이었다. 영향력이 컸던 프랑스의 프루동주의 사회주의자들은 여성의 유급 노동과 가정 밖 활동에 반대하는 등 반여성주의적이었다. 반면 카를 마르크스는 동지인 엥겔스의 아내 리디아 번스에게 인터내셔널 가입을 권할 정도로 여성의 활동에 적극적이었다. 드미트리예프는 인터내셔널에서 활동한 주요 여성 지도자 중 한 명이 되었다. 그녀는 여성도 원하는 것이라면 무엇이든 할 수 있다고 믿었다. 서유럽의 나이 든 페미니스트들과 상의하지 않은 채 확신을 가지고 여성을 조직했다.[1]

엘리자베트 드미트리예프는 파리코뮌의
바리케이드에서 싸웠다.

삶에 큰 전환점이 된 제1인터내셔널과 파리코뮌에 그녀는 어떻게 참가할 수 있었을까? 1870년 12월, 제네바 러시아 망명자 그룹이 런던의 인터내셔널 총회에 그녀를 특사로 파견했다. 석 달간의 런던 체류 중 그녀는 인터내셔널의 지도자 마르크스와 깊게 교류했다. 마르크스의 가족과도 자주 어울렸다. 1871년 3월, 파리코뮌이 발발하자 마르크스는 그녀를 인터내셔널의 밀사로 파리에 파견했다. 깊은 신뢰가 있었기에 가능한 일이었다. 3월 말 파리에 도착한 그녀가 사용한 가명이 바로 엘리자베트 드미트리예프였다. 여성형인 드미트리예바가 아니라 남성형으로 성을 썼고, 그 이름으로 역사에 남았다. 여성 동맹을 주도적으로 창설하고 집행위원이 되어 군사와 여성 노동권 문제의 해결을 이끌었다. '피의 1주일'이 시작되자 소집령을 발동하고, 여성 전사들과 함께 블랑셰 거리의 바리케이드에서 싸웠다. 부상을 입고 스위스로 탈출했다.

그녀는 코뮌의 지도적 인물이었지만 이후의 삶은 달랐다. 비극적 결말 중에 입은 마음의 상처가 깊었던 것 같다. 편지를 써서 간청했지만, 마르크스를 포함한 런던의 지도자들은 끝내 파리로 와서 비극에 동참하지 않았다. 슬퍼할 이유가 충분했다. 드미트리예프라는 이름을 버리고 본명으로 돌아갔다. 추적을 피하기 위해서였지만 그것만은 아니었다. 새로운 사랑을 만나 새로운 삶을 살았다. 러시아로 돌아가 젊고 멋진 혁명가와 사랑에 빠졌는데, 그리 믿음직한 남자는 아니었던 것 같다. 대중적이고 혁명적인 방법 대신 부자에 대한 갈취 같은 음모론적인 방법에 심취하다가 1876년에 사기와 횡령 혐의로 체포됐다. 살인교사 혐의도 추가됐다. 마르크스가 정치범을 무료 변론하는 변호사를 찾아 연결해주었지만 상황을 바꿀 수는 없었다.

기한 없는 시베리아 유형이 결정됐다. 합법적 배우자만 유형에 동행할 수 있었다. 함께 유배되기 위해 그녀는 정식으로 결혼했다. 일반범으로 분류된 이 가족은 시베리아의 정치범 공동체로부터 배척받았다. 남편은 끝내 사면받지 못했다. 그녀는 이후 시베리아에서의 수십 년을 받아들였다. 결국 홀로 상트페테르부르크로 떠난다. 1902년 무렵에는 두 딸을 동반하고 모스크바로 옮겼다. 1918년쯤 세상을 떠난 것으로 추정된다. 모스크바 이후의 삶은 알려져 있지 않다. 혁명처럼 사랑도 힘겨웠다.

세계의 가족들을 구원하는 일만큼이나 제 가족의 세계를 지키기도 힘들었다. 어느 쪽이 더 귀한 일이라고 선뜻 말하기 어렵다. 둘 다 절실했을 것이다.

불꽃 같이 살다 간 김알렉산드라

드미트리예프가 혁명의 세계에서 잊혀가던 무렵 러시아의 동쪽 반대편에서 혁명에 뛰어든 여성이 있었다. 한인 최초의 사회주의자 알렉산드라 페트로브나 김-스탄케비치Alexandra Petrovna Kim-Stankevich(1885~1918)다. 김알렉산드라는 1885년 러시아 연해주 우수리스크 인근의 한인 농촌 마을 시넬리니코프에서 태어났다. 아버지 김두서는 함경북도 경흥 출신으로 1869년 대흉년 때 두만강을 건넜다. 중국어, 러시아어에 능해 통역으로 일했다. 그녀는 아버지가 통역으로 일하던 동청철도 공사 현장에서 5년간 중국인과 조선인 이주노동자들이 착취당하는 모습을 보면서 자랐다.

1902년, 아버지가 세상을 떠났다. 두 딸에게 가진 것 없는

한인 최초의 사회주의자 김알렉산드라는 회유와
고문에도 전향을 거부했다.

노동자에게 시집가서 제 손으로 노동하며 살라는 유언을 남겼다. 블라디보스토크의 여자사범학교에 다닐 때 비밀 독서회에서 체르니셰프스키의 여주인공 베라에게 빠졌다. 베라의 삶은 시였고 혁명이었다. 그녀처럼 제 삶의 온전한 주인이 되고 싶었다.

졸업 후 고향에 돌아와 교사가 됐다. 이주 노동자들을 위해 통역도 하고, 야학교사 노릇도 했다. 아버지의 친구이던 폴란드계 역장의 아들이자 함께 자란 동무인 마르크 스탄케비치와 결혼도 했다. 유리구슬보다 더 파란 눈을 가진 소년이던 마르크는 술과 도박에 빠졌다. 폭력도 휘둘렀다. 몰락한 귀족 혈통으로서 염세주의를 어쩌지 못했다. 이혼도 거부했다. 결국 집을 떠나야 했다. 본격적으로 노동운동에 뛰어들었고, 블라디보스토크 노동운동의 중심인물이 되어갔다. 위험할 때면 신한촌*의 러시아 정교회를 찾아가 귀화한인 오와실리 신부에게 몸을 의탁했다. 차르의 헌병도 성당은 건드리지 않았다. 위험을 피해 몸을 숨기는데 "와실리를 떠올릴 때마다 꺼칠한 수염의 촉감이 동시에 느껴지는 걸 어쩔 수 없"었다. 두 사람은 사랑에 빠졌다. 이미 아내와 자식이 있는 사제의 아이를 가졌다. 와실리를 통해 다시 태어난 느낌이었다. 아들이 태어났다. 와실리는 사제복을 벗고 환속했다.

1914년 제1차 세계대전이 발발하자 우랄 지역의 무기 공장과 벌목장으로 많은 한인, 중국인 이주 노동자들이 동원됐다. 착취에 노출된 노동자들을 모른 체 할 수 없었다. 와실리와 아이들을 둔 채 노동자들을 따라 이주했다. 블라디보스토크 한민회의

★   일제시기, 러시아 연해주 블라디보스토크에 있던 한인 집단 거주지.

대표 격이었다. 살바람 부는 우랄은 하층민이 그려내는 지옥도였다. 손가락 없는 이도 흔했다. 우랄은 러시아가 '아시아적 후진성'의 콤플렉스를 극복하려는 본보기였다. 작업 조건이 갈수록 혹독해졌고, 이동의 자유조차 없었다. 그녀는 우랄노동자동맹 결성을 주도하면서 러시아 사회민주당과 연결되고 입당했다.

1917년 10월 혁명을 지나며 김알렉산드라는 저명한 볼셰비키 지도자가 됐다. 혁명의 와중에 무라비요프-아무르스크 대표로 극동소비에트에 참석했고, 볼셰비키가 하바롭스크를 장악하자 소비에트 외무위원이 되었다. 1918년 3월에는 극동인민위원회에 대표로 참석해 '극동러시아에서의 한인과 중국인의 처지에 대하여'를 주제로 보고했다.

한인들의 독립운동에도 힘썼다. 케렌스키 임시정부에 의해 독일 밀정 혐의로 억류되어 있던 이동휘 석방에 힘을 쏟았다. 1917년 11월, 석방된 이동휘가 찾아와 김알렉산드라를 만났다. 1918년 3월에는 하바롭스크에서 한인망명자대회를 조직했다. 이동휘, 홍범도, 이동녕, 안공근, 안정근, 양기탁, 유동렬, 이인섭 등 60여 명이 참여했다. 이어서 4월 18일, 이동휘 등이 중심이 되어 하바롭스크 한민회 사무실에서 한인 최초의 사회주의 정당, 한인사회당이 탄생했다. 김알렉산드라가 산파 노릇을 했다. 이동휘가 김알렉산드라를 위원장으로 천거했지만 그녀는 사양했다. 두 당의 당적을 가질 수 없다는 이유였지만, 김알렉산드라가 이동휘를 앞세웠다는 시각도 존재한다.

적백내전이 격화되는 와중에 고립된 하바롭스크를 배로 탈출하다가 9월 5일 백위군에 체포됐다. 전설적인 볼셰비키 투사를 잡은 백위군이 환호성을 질렀다. 전향서를 쓰면 풀어주겠다는 회유와 살인적인 고문이 이어졌다. 끝내 전향을 거부하고 사형선고를 받아들였다. 1918년 9월 16일, 아무르 강변에서 사형됐다. 마지막 순간에 눈을 가리는 두건 쓰기를 거부했다. 죽음을 두 눈으로 똑똑히 보고 싶다는 결의였다.

환속한 와실리도 볼셰비키 투사가 되었다. 적백내전이 격화되던 무렵 두 아들 왜체와 보리스를 보육원에 맡길 수밖에 없었다. 두 아이들이 참을 수 없이 보고 싶어지면 그녀는 짬을 내어 보육원에 찾아가 아이들을 껴안곤 했다. 아버지가 달라도 의좋은 형제였다. 처형당하던 순간의 심정을 전기 작가가 와실리에게 보내는 편지로 형상화했다. "… 아, 가엾고도, 사랑스러운 왜체와 보리스! 부디 두 아들에게 노동과 근면을 가르쳐주고 억압당하는 사람을 사랑하도록 길러주세요. 왜체와 보리스에게 나의 키스와 포옹을 전해주세요. 나의 소중한 와실리, 당신의 사랑을 잠시도 잊어본 적이 없습니다. 언제까지나 나를 기억해주세요. 안녕. 당신에게 영원한 키스와 포옹을."[2]

이덕요, 사랑과 혁명이 어찌 둘일까

김알렉산드라의 죽음은 헛되지 않았다. 그녀의 죽음 후 얼마 지나지 않아 한반도에 만세의 함성이 울려 퍼졌다. 대한제국 군인 출신으로 무장투쟁에 힘쓰다 김알렉산드라 등 한인 볼셰비키들의 도움을 받았던 이동휘(1873~1935)는 백위군을 피해 북만주의 오지에 피신해 있던 중 3·1운동을 맞았다. 우후죽순 난립한 '임시정부들'이 신망 높은 그를 정부수반이나 군사책임자로 발표했지만, 어느 것도 받아들이지 않았다. 오랜 숙의 끝에 상하이 임시정부의 국무총리를 맡아 1921년 초까지 활동했다. 미국에서 사실상 독자적으로 활동한 이승만과 계속 갈등을 빚었다.

이동휘의 상하이 동지 중에는 젊은 혁명가 한위건(1896~1937)이 있었다. 경성의전의 만세운동을 이끈 인물이다. 3월 1일 오후 2시, 탑골공원에서 독립선언서를 낭독한 인물이 경신학교의 정재용이라고 그동안 알려져왔지만, 지금은 한위건이 낭독했다는 주장이 학계에서 힘을 얻고 있다. 이후 상해로 망명해 임시정부의 내무위원이 됐다. 일본 와세다대학에서 유학 중이던 1921년에는 이동휘가 주도한 상해파 고려공산당의 '내지위원'이 됐다. 귀국 후 《시대일보》와 《동아일보》 기자를 지내다가 1926년, 제3차 조선공산당(소위 ML당)에 참여, 중앙위원과 선전부장으로 활동했다. 신간회 창립총회에서는 간사로 선임됐다. 1928년에 체포를 피해 다시 상하이로 망명한다. 이후 조선공산당 재건 활동에 힘쓰다 1931년에 중국공산당에 가입, 상하이와 베이징을 오가며 반제국주의 투쟁을 전개한다. 중국공산당 입당 과정에서 조선인 당원 장지락의 반대에 부딪혔다. 이후 '김산'이라는 이름으로 널리 알려지는 인물이다. 장지락은 중요 사건 때마다 검거되지 않았다며 한위건을 밀정으로 의심했다. 둘 사이 끈질긴 악연의 시작이었다. 한위건은 이철부라는 가명을 쓰면서 당내의 좌경맹동주의 경향을 비판하는 철부 노선을 제시하며 싸우다 숙청됐다. 1936년 류사오치에 의해 복권되어, 하북성위원회 서기 겸 톈진시위원회 서기가 되었다.

한위건은 1925년에 도쿄여자의전 출신의 의사 이덕요와 결

도쿄여자의전 출신 의사로 페미니스트
사회주의자였던 이덕요.

혼했다. 한위건 못지않은 사회주의 신념을 갖춘 페미니스트였
다. 경성의전병원에서 근무하다가 1928년 인천에서 성실병원
을, 1930년 서울 낙원동에서 동양부인병원을 열었다. 여성계 최
대의 독립운동 단체 근우회에도 참가했다. 여러 매체에 기고하
면서 의학 지식 보급과 여성 해방에 앞장섰다. 쓴소리도 아끼지
않았다. "조선 사람의 비운의 원인을 외래 정치적 관계에서만
찾으려" 하지만, 바뀌지 않는 자신이 더 문제라고 비판했다. "남
녀평등을 주장하던 남녀가 결혼만 하면 남자는 그대로 남존여
비의 횡포한 행동을 한다"며 일갈했다. "우리 여성은 이 불합리
한 인습을 타파하기 위해 굳게 모이라!"고 촉구했다.[3]

　　1931년 5월에 베이징으로 망명했다. 세간에서는 남편 한위
건을 따라갔다고 수군거렸다. 언론도 떠들었다.《독립운동열전》
을 쓴 역사학자 임경석은 이덕요의 중국행을 동지들이 "한위건
과 나란히 반일 혁명운동에 직접 참가하려는 의도에서 망명했
다고 이해하고 있었다"고 지적한다. 맞을 것이다. 하지만 그게
아니면 또 어떤가? 이덕요는 젊고 뜨거운 사람이었다. 외모 평

가에 금도가 없던 시절, 빼어난 미모로도 세인의 입에 오르내렸다. 여성이라면 유명 인사라도 신문이나 잡지가 사생활을 함부로 보도하고 품평하던 시절이었다. 홀몸이 된 그녀가 겪었을 고충이 어느 정도였을지 아득하다.

이덕요가 망명한 베이징에는 제3차 조선공산당 책임비서를 역임한 안광천과 여성사회주의 활동가 이현경 부부도 와서 의열단 활동을 하고 있었다. 이덕요와 이현경은 경성여고보 동창이었다. 이덕요가 졸업 후 일본 유학을 가자 밀양에서 교사를 하던 이현경도 따라갔다. 이덕요는 둘 사이를 솔직하게 회고했다. 동성애 상대가 여럿 있었지만, 그중 "이○경과의 이야기만 해도 참 장편의 소설 한 권은 넉넉히 될 만"하다고 했다. 고등여학교 시절 둘은 "어디를 가도 물론 같이 가고 잠을 자도 한 이불 속에서 같이 자며 그 외 모든 것을 다 한 몸 한뜻과 같이"했다. 이현경은 "한평생 이성과 결혼도 아니 하고 나와 같이 살겠다고 자기 부모에게까지 언명한 일이 있었"다. 도쿄까지 따라온 이유이기도 했다. 여자 유학생 중 H와 K도 이덕요를 사랑했다. 이덕요의 기숙사 방은 "참으로 삼각 사각의 사랑싸움하는 비극장이 되었"다. 배신감에 분노한 이현경이 자기 방에 이덕요의 사진을 걸어놓고 저주하며 가슴에 칼을 품고 다니기도 했단다. "지금 생각하면 그것이 다 꿈과 같아서 우습기도 하고 그립기도 합니다."[4]

이덕요처럼 대담하게 동성애 경험을 털어놓은 사람을 찾기 어렵다. 그녀의 망명은 사랑을 위한 것이었을까, 혁명을 위한 것이었을까? 그 사랑은 한위건이었을까, 이현경이었을까? 알 길이 없다. 아니 알 필요도 없다. 어느 하나였을 수도 있고, 모두였을 수도 있다. 어느 쪽이든 어떠랴. 이덕요는 베이징에서 한위건과 재결합한 이듬해에 병으로 사망했다. 복권된 그녀의 남편 한위건도 이듬해인 1937년에 장티푸스와 결핵으로 사망했다. 이현경과 안광천의 후일은 역사에 남지 않았다. 일제의 밀정이 됐다는 설이 돌기도 했다. 하기는 한위건도 밀정 의심을 받으며 고통받았다.

사랑은 혁명의 씨앗이 되고, 혁명은 최고의 사랑이어야 했다. 실제로는 혁명도 사랑도 어려웠다. 그래도 혁명가들은 사랑했다. 여성 혁명가에게 사랑은 더 간단치 않았고, 삶은 종종 훨씬 가혹했다. 그래도 사랑한 이들이 있어 사랑의 위대한 무조건성에 대해 생각하게 된다. 그 경이 앞에 경의를.

15.
레니 리펜슈탈,
무지한 아름다움은 무죄일까?

1936년 8월 9일 밤, 서울 광화문통, 종로 대창양화점 앞, 그리고 중학동 일대에 인파가 모여들었다. 세 곳 모두 신문사의 본사나 속보소가 있는 곳이었다. 각 신문사의 옥외 스피커에서는 NHK 아나운서 야마모토의 흥분된 목소리가 울리고 있었다. 밤 11시 2분, 드디어 "탕" 하는 출발 신호가 들렸다. 라디오 속 10만 관중의 함성과 라디오 밖 조선인 군중의 함성이 뒤섞였다. "손기정!" "남승룡!" 뜨거운 응원 소리가 한여름의 밤하늘을 더욱 덥혔다.

8월 1일에 개막한 베를린 올림픽은 식민지 조선인에게도 가슴 뛰는 이벤트였다. 일본 대표단의 일원이기는 해도 사상 처음으로 조선인 일곱 명이 올림픽에 참가한 것이다. 그중에서도 올림픽의 꽃 마라톤에 나선 손기정(1912~2002)과 남승룡(1912~2001)은 관심의 초점이었다. 특히 손기정은 1935년 도쿄에서 열린 메이지신궁 마라톤 대회에서 2시간 26분 42초, 세계최고기록을 세운 우승 후보였다. 세계최고기록이 2시간 30분을 훌쩍 넘던 시절, 동양의 무명 선수가 세운 기록이 세계를 놀라게 했다. 서구 이외 지역에서 세워진 기록은 공인받지 못하던 시절이었다. 올림픽은 세계에 손기정을 증명할 기회이기도 했다.

선두 그룹이 17킬로미터 지점을 지나던 자정, 갑자기 중계가 끊겼다. 방송 사고는 아니고 예고된 중단이었다. 그해 올림픽에서 NHK는 밤 11시, 아침 6시 반 하루 두 번만 실황을 중계했다. NHK의 전파를 받아 송출하는 경성방송국도 마찬가지였다. 다음 날 아침 여섯 시 반까지 기다리는 수밖에 없었다. 사람들은 집으로, 대폿집으로 여기저기 흩어져 새벽을 기다렸다.

방송은 끊겨도 신문은 쉬지 않았다. 베를린과 계속 통화를 했다. 수화기 너머로 손기정이 1위로 달리고 있다는 소식이 날아 왔다. 삽시간에 소문이 퍼졌다. 새벽 1시께 다시 광화문에 사람이 모였다. 점점 더 많은 인파가 운집했다. 마침내 새벽 2시께, 동아일보 사옥 2층 창으로 여자 아나운서가 나타났다. "손기정 선수가 일착으로 골인해 우승했습니다." 사람들은 잠시 멍했다. 이윽고 펄펄 뛰며 소리를 질렀다. "만세, 만세, 손기정 군 만세!" 잠시 후 제2보가 전해졌다. "다시 베를린에서 온 소식입니다. 손기정 군이 2시간 29분 12초 올림픽 신기록으로 우승을 차지하였고 남승룡 군도 3위로 들어왔습니다." 사람들이 서로 부둥켜안고 울었다. "손기정 만세" "남승룡 만세" 소리를 질렀다. 함성은 어느새 "조선 만세"로 바뀌고 있었다. 온 조선이 함께 환호하고 울었다.[1]

손기정의 우승은 문자 그대로 모든 조선인의 감격이었다. 조선인도 일본인이나 서양인 못지않게 강할 수 있음을 보여주는 명백한 증거였다. 문화연구자 천정환의 말처럼 윤치호, 여운형, 한용운, 이광수, 서춘, 유일한, 심훈, 김교신, 함석헌, 이상과 같이 전혀 다른 사상을 가졌던 동시대 인물들도 이번만큼은 같은 생각이었다. 잭 런던 같은 서구인들이 약육강식을 들먹이며 그토록 무시하던 조선인이었다. 강자의 지배 논리인 사회진화론을 신봉하던 윤치호는 이때 조선체육회 회장이었다. "손기정 군이 우승하였다는 것은 곧 조선 청년의 앞날이 우승하였다는 예언으로서 또한 산 교훈이라고 굳게 믿는다. 우리 조선의 청년이 스포츠를 통하여 특히 세계 20억을 상대로 하여 가지고 당당 우승의 영관을 획득하였다는 것은 곧 우리 조선의 청년이 전 세계 20억 인류를 이겼다는 것이라 우리의 기쁨과 감격은 이 위에 없다"[2]고 기뻐했다.

하지만 손기정은 일본 대표였다. 영광 이면의 치욕과 울분을 어쩔 수 없었다. 사진 속의 손기정은 시상대 위에서 고개를 숙인 채 한없이 침울하다. 들고 있던 참나무 묘목으로 가슴의 일장기를 가렸다. 자서전《나의 조국 나의 마라톤》[3]에서 그는 이렇게 회고한다. "나는 한 번도 일본을 위해 뛰어본 적이 없다. 나와 내 나라 조선을 위해 뛰었을 뿐이다."

울분을 품고 뛰었을 손기정의 그날 레이스를 복기해보자. 오후 3시, 마침내 운명의 시각이 다가왔다. 얼마나 이 순간을 기다려왔던가. 여기 서기 위해 얼마나 많은 굴욕과 고통을 참아야 했던가. 다시 한 번 입술을 깨문다. 마침내 출발 신호가 울리고 트랙 한 바퀴를 돈 다음 스타디움을 빠져나갈 즈음 손기정은 당황한다. '이건 마라톤이 아닌가. 무언가 잘못됐어.' 선수들의 페이스가 빨라도 너무 빨랐다. 4년 전 로스앤젤레스 올림픽 우승자인 아르헨티나의 자발라가 미친 듯한 속도로 앞서 나갔다. 손기정은 페이스를 지키려 했지만 못 따라잡을까 봐 조바심도 났다. 10킬로미터 지점에서 영국의 어니스트 하퍼와 만나 동반 레이스를 펼쳤다. 손기정이 앞지르려 하자 하퍼가 외쳤다. "슬로! 슬로!" 처음 본 사이인데 하퍼는 손기정의 오버 페이스를 염려했다. 손기정은 알았다며 손을 들어 보인 다음, 그래도 빨리 가야지 하며 하퍼에게 선두 그룹을 손가락으로 가리켰다. 섭씨 30도가 넘는 날씨였다. 결국 30킬로미터 지점을 넘기며 자발라가 쓰러졌다. 끝까지 페이스를 지킨 손기정은 막판에 100미터 달리기 수준으로 질주하며 세계최고기록을 세웠다. 마라톤 첫 완주였던 하퍼가 2위를 차지했다. 남승룡은 막판 질주로 30여 명을 제치며 하퍼에 불과 19초 뒤진 3위를 차지했다.

하퍼와 손기정이 서로 독려하는 저 아름다운 장면이 베를린 올림픽 기록영화 〈올림피아〉 제1부 〈민족의 제전〉 중 러닝타임 1시간 43분에 나온다. 12분 30초 정도인 마라톤 장면은 전체 영화의 하이라이트다. 손기정을 담은 장면들은 물론 남승룡을

1936년 베를린 올림픽 마라톤에서 손기정 선수와 영국의 하퍼가 나란히 달리고 있다.

클로즈업한 슬로우 모션 장면도 매우 인상적이다.

20세기 문화사의 쟁점 레니 리펜슈탈

이 유명한 마라톤 장면이 담긴 영화 〈올림피아〉는 독일의 전설적인 영화감독이자 배우, 무용수, 사진작가인 레니 리펜슈탈Leni Riefenstahl(1902~2003)의 대표작 중 하나다. 리펜슈탈에게도 손기정은 매우 인상적이었던 듯하다. 폐막 후에 손기정과 삼단뛰기 우승자인 다지마 나오토를 집으로 초대했다. 손기정의 기억에 따르면 "덕수궁에 비할 만큼 엄청난 호화주택이었다." 그날 거기서 영화 장면을 재촬영하기도 했지만, 초대에는 그 이상의 인간적 호의가 있었던 것 같다. 손기정과 리펜슈탈은 1956년 독일에서 열린 국제 군인 마라톤 대회와 1972년 뮌헨 올림픽 때 재회한다. 편지를 교환하며 평생 친구로 지냈다.

라이카 바르낙 카메라를 들고 있는
레니 리펜슈탈.

레니 리펜슈탈은 20세기 영화사를 넘어 문화사의 논란 한가운데 선 인물이다. 그녀는 베를린 올림픽 기록영화 〈올림피아〉와 나치의 1934년 뉘른베르크 전당대회를 담은 〈의지의 승리〉로 다큐멘터리 영화사에 기념비적 업적을 남겼다. 동시에 파시즘의 적극 협력자, 심지어 '나치의 핀업걸'이라는 오명도 얻었다.

'끝없는 도전과 성취'보다 리펜슈탈의 삶을 더 잘 설명할 수 있는 말도 없을 것이다. 10대 시절, 아버지의 반대를 무릅쓰고 무용을 공부한 끝에 결국 지지를 얻어내고 데뷔하여 성공을 거두지만 곧바로 치명적인 부상을 입는다. 좌절할 법도 한데 한치의 미련도 없이 바로 배우로 전향한다. 산악영화 장르를 개척한 아르놀트 팡크 감독 아래서 배우로 큰 성공을 거둔다. 여러 편의 영화를 찍으며 팡크 감독의 페르소나가 된다.

하지만 누군가의 페르소나로 머물기에 그녀는 재능도 야심도 너무 컸다. 1932년, 갓 서른 살에 산악 영화 〈푸른빛〉의 주연 겸 감독으로 데뷔한다. 이 영화를 보고 깊은 인상을 받은 히틀러가 1933년 집권 후 나치당의 선전영화 제작을 그녀에게 맡긴다. 〈신념의 승리〉(1933) 〈의지의 승리〉(1934) 〈자유의 날: 우리 국방군〉(1935) 등 이른바 '파시스트 3연작'이 모두 그녀의 작품이다. 특히 나치당의 1934년 뉘른베르크 전당대회를 담은 〈의지의 승리〉는 다큐멘터리 영화의 문법을 새로 썼다고 할 정도로 혁신적이었다. 총통 히틀러가 비행기를 타고 구름 위를 날아와 공항에 내리면서 환영을 받는 첫 장면은 여러 영화에서 모방하기도 했다.

그녀의 명성은 제1부 〈민족의 제전〉, 제2부 〈미의 제전〉으로 이뤄진 베를린 올림픽 기록영화 〈올림피아〉(1938)에서 정점에 올랐다. 여기서 그녀는 수많은 영화적 혁신을 시도했다. 장면과 장면을 대비되는 이미지로 충돌시켜 극적인 효과를 노리는 스매시 컷, 극단적인 클로즈업, 선수 눈의 시점에서 달리는 다리를 촬영하기, 레일 위에 카메라를 설치해서 달리는 선수를 따라가며 촬영하기 등 지금은 일반화된 많은 촬영 방식들이 이 영화에서 처음 등장했다. 멋진 화면을 위해서라면 경기 후 재촬영도 서슴지 않았다. 손기정을 집으로 초청한 데는 재촬영 목적도 있었다. 영화는 1938년 베니스영화제에서 최고상인 무솔리니상을 받았다. 성화 채화와 봉송, 점화를 올림픽의 핵심 이벤트로 만든 것도 그녀였다. 아테네 올림피아의 헤라 신전에서 성화를 채화한 다음 유럽 곳곳을 이동하며 봉송하고 개막식 때 점화하게 했다. 아름답고 강건한 육체를 가진 이들로 주자를 선정하고, 황홀한 모습으로 촬영한 다음 기록영화에 담았다. 올림픽 소식 모음 정도로 여겨지던 기록영화가 그녀의 지휘 아래 예술이 됐다. 하지만 베를린 올림픽은 나치의 노골적인 선전장이기도 했다. 예술과 선전이 영화 속에서 뒤섞였다.

리펜슈탈은 패전 후 체포를 피할 수 없었다. 네 차례의 재판을 거쳐 결국 나치의 '동조자'이지만 전쟁범죄에 대한 책임은 없다는 '무죄' 판결을 받는다. 다시 영화를 만들기 위해 애쓰지만, 나치와 깊이 연루된 전력 탓에 계속 실패한다. 좌절하고 있던 1955년의 어느 날, 잠이 들지 못하던 그녀는 우연히 어니스트 헤밍웨이의 《아프리카의 푸른 언덕》을 집어 들고 읽기 시작했다. 읽을수록 점점 더 강렬한 본능이 차오르며 심장이 뜨거워졌다. 아침이 되자 그녀는 어떻게 해서든 아프리카로 가고 싶다는 열망에 들떠 올랐다. 1956년에 처음 수단으로 향했다. 하지만 아프리카에서의 영화 촬영 시도 역시 숱한 우여곡절 끝에 무산된다.

1962년, 그녀는 인류학 탐험대의 초청으로 수단에서 고립 생활을 하던 누바족과 접촉하게 된다. 문명의 때가 묻지 않은 이들의 순진함과 사랑에 빠졌다. 끈질긴 시도로 신뢰를 얻고 사진 촬영을 시작했다. 문명의 확산 속에 사라져가는 '고귀한 야만인'을 담은 그녀의 사진들이 다시 세상에 충격을 줬다. 사진집《최후의 누바족》(1974)《카우 사람들》(1976)《레니 리펜슈탈의 아프리카》(1982) 등으로 또 한 번 명성을 떨쳤다. 이 무렵 수중촬영에 심취해서 71세에 스쿠버 다이빙 자격증을 획득하고 90대 후반까지 다이빙을 했다. 100세가 되던 2002년, 수중촬영 장면을 모아 다큐멘터리 영화 〈물 아래의 인상〉을 발표하고, 누바족 촬영 때부터 40년간 함께한 40세 연하의 조수 호르스트 케트너와 결혼했다. 이듬해 101세로 사망했다.

아름다움이란 무엇인가?

레니 리펜슈탈의 삶과 작품을 어떻게 보아야 할까? 혹시 여성이라서 과도하게 비판받은 건 아닐까? 확실히 수많은 나치 전력자들이 1950년대를 거치며 공직과 사회생활에 복귀했음을 감안하면 나치당에 가입한 적도 없는 그녀를 향한 비난은 과도한 것 같기도 하다. 여성 차별이 여전히 심하던 세상이었다. 독일 여성들은 비스마르크가 찬미한 3K*에 만족해야 했다. 독일 최

★   아이Kinder, 부엌Küche, 교회Kirche를 의미한다.

초의 여성 화학박사였던 클라라 임머바르가 동료 연구자인 프리츠 하버와 결혼하고서도 "앞치마를 벗을 틈이 없었다"는 걸 떠올려보자. 물론 독일만 그랬던 건 아니다. 빅토리아 여왕 시기 영국에서는 "여성의 자리는 집"이라는 말이 유행했고, 미국에서는 집에서 아이 낳아 기르는 것이 정상적인 여성성이라는 의미로 "맨발에 임신한barefoot and pregnant"이라는 말이 퍼져 있었다. 일본에서는 이상적 여성상을 이르는 현모양처라는 말이 생겼고 동아시아로 퍼졌다. 너무 뛰어났던 그녀가 부당하게 마녀로 몰린 건 아닐까?

그렇게 보기에는 레니 리펜슈탈이 나치로부터 받은 지원이 너무 컸다. 그녀는 영화를 찍을 때마다 엄청난 자원을 동원했다. 〈올림피아〉 촬영 때 쓴 필름의 길이가 402킬로미터에 달했는데, 그중 70퍼센트는 영화에 쓰지도 않았다. 엄청난 돈을 쓰고서도 더 큰 돈을 요구하곤 했다. 나치의 선전상 괴벨스는 일기에 이렇게 썼다.

프롤라인 리펜슈탈은 나에게 신경질을 부리고 있다. 이런 거친 여인과 함께 일하기란 불가능하다. 이제 그녀는 영화에 50만 마르크가 더 필요하다고 하며 총 두 편의 영화를 만들 것이라고 한다. 하지만 그녀의 작업에서는 수상한 냄새가 난다. 나는 심장까지 차갑게 굳었다. 그녀는 울었다. 눈물은 여자들의 마지막 무기다. 하지만 나에게는 더 이상 통하지 않는다. 일이 제대로 진행되도록 모든 것을 차분히 정리하자.[4]

괴벨스가 그녀를 막을 수 있었을까? 평전《레니 리펜슈탈: 금지된 열정》을 쓴 오드리 설킬드는 이렇게 말한다. "리펜슈탈은 남자들의 세계에 살면서 남자들의 일이라고 여겨지는 일을 했지만, 동시에 여자로서의 이점을 최대한 활용할 줄 알았다." 리펜슈탈은 괴벨스를 뛰어넘을 수 있었다. 그녀는 필요할 때면 언제든 히틀러를 만나 무한 지원을 이끌어낼 수 있는 유일한 여성이었다. 후일 에바 브라운과의 관계가 밝혀지기 전까지 그녀가 히틀러의 연인이라는 소문이 끊이지 않았던 이유다. 히틀러의 전폭적인 관심과 지원을 받은 대신 그녀는 다른 나치 간부나 영화감독 들이 시기하고 질투하는 대상이 됐다. 평전 작가는 전후 그녀가 영화감독으로 끝내 재기하지 못한 것은 제3제국의 몰락 후 그녀가 "이도 저도 아닌 영원한 아웃사이더"로 남게 된 탓이라고 평한다.

리펜슈탈에 대한 근본적인 비판은 미국의 작가이자 평론가인 수전 손택(1933~2004)에게서 나왔다. 사진집《최후의 누바족》에 대한 서평〈매혹적인 파시즘〉(1974)에서 손택은 이 사진집을 그녀 생애 전반에 걸친 '파시즘 미학'의 연속된 결과물로 파악한다. 위대한 인간들이 의지와 생명력을 증명하기 위해 스스로 산을 오르는 산악 영화로 출발하여, 충성과 복종, 규율의 완벽한 교차를 보여주는〈의지의 승리〉와〈올림피아〉를 거쳐, 벌거벗은 원주민들의 영웅적 공동체를 그리는《최후의 누바족》에 이르렀다는 것이다. 그 중심에는 늘 강한 육체에 대한 미학적 집착이, 공동체의 황홀경을 통한 소외의 해소라는 갈망이 있다. 손택은 파시즘이 단지 잔인한 공포정치만이 아니라 이런 미학적 이상으로 사람들을 매혹시켰고, 그 이상에 대한 갈망이 파

시즘의 종말 이후에도 살아있다고 경고한다.[5]

　서평을 접한 리펜슈탈의 반응은 이랬다. "그처럼 지적인 여자가 그토록 말도 안 되는 소리를 할 수 있다는 것이 내게는 신기할 뿐이다." 독일의 영화 이론가 토머스 엘세서는 리펜슈탈 편에 섰다. 그녀가 인간의 아름다운 육체에 몰두하게 된 것은 파시즘 때문이 아니라 어디까지나 삶을 보는 무용가적 시선 때문이었으며, 육체를 종합적인 표현 수단으로 보는 것은 그녀가 일생 동안 견지한 일관된 자세였다고 옹호했다. 손택과 엘세서의 해석 중 어느 쪽이 진실에 가까울까? 여기서는 질문으로 남겨두자.

　미학적 질문들에 대한 답변과는 별개로 리펜슈탈의 영화들이 나치의 선전영화로 복무했다는 사실은 변하지 않는다. 그녀 자신도 히틀러에게 심취했고, 파시즘에 우호적이었음을 부인하지 않았다. 하지만 그녀는 항변한다. 나치 선전영화를 만들던 1930년대 중반에 나치가 세계대전을 일으키고 대학살을 저지르리라고 예견할 수 있었겠냐고. 평전 작가는 저명한 히틀러 연구자 요아힘 페스트의 말을 인용한다. "히틀러가 만약 1938년 말쯤에 사고나 암살로 사망했다면 그를 독일 역사의 위대한 인물, 독일의 가장 뛰어난 정치인으로 꼽는 데 주저할 사람은 별로 없을 것이다."

　미래를 알 수 없다는 점에서 보면 이런 변호 논리에도 일리가 없지는 않다. 하지만 그녀의 영화들이 나치에 대한 지지를 더욱 높이는 데 기여했다는 점을 감안하면 책임이 없다고 말하기도 어렵다. 배우 시절 리펜슈탈의 최대 라이벌이던 마를레네 디트리히와 비교하면 이 점은 더욱 선명해진다. 둘은 한 살 차이

동년배였고, 모두 유대인 연출가 막스 라인하르트의 연극학교를 통해 쇼 비즈니스 세계에 발을 들였다. 심지어 같은 아파트 블록에 살았다. 리펜슈탈이 놓친 배역 중 가장 큰 역할은 요세프 폰 슈테른베르크 감독의 작품 〈푸른 천사〉(1930)의 여주인공 카바레 가수 롤라-롤라 역이었다. 모든 여배우가 탐낸 이 배역이 무명에 가깝던 마를레네 디트리히에게 돌아가자 그녀는 "턱이 마룻바닥까지 떨어졌"다. 여러 차례 촬영장을 찾아가 천박하다며 디트리히를 공격하기도 했다. 결국 디트리히가 폭발했다. 리펜슈탈이 스튜디오에 한 번만 더 얼굴을 내밀면 나가버리겠다고 위협했다.

아돌프 히틀러와 함께 있는 레니 리펜슈탈. 그녀는 언제든 히틀러를 만날 수 있었다.

마를레네 디트리히Marlene Dietrich(1901~1992)는 베를린의 상류계급 가정에서 태어났다. 어릴 때부터 프랑스어와 영어를 배웠고 피아노와 바이올린을 켰다. 본명은 마리 막달레네 디트리히였지만, 열세 살 무렵부터 프랑스 느낌이 나는 마를레네라는 이름을 썼다. 바이올리니스트가 되려 했으나 손목 부상으로 포기했다. 1920년대 베를린의 자유분방한 분위기 속에서 관능적이되 천박하지 않은 이미지를 만들어갔다. 연극과 영화에서 많은 단역을 거치며 준비된 스타가 됐다.

요세프 폰 슈테른베르크 감독과의 만남을 통해 그녀는 스타로 도약했다. 〈푸른 천사〉는 대성공을 거뒀다. 1930년대 초 슈테른베르크를 통해 할리우드 영화 제작사 파라마운트가 미국 진출을 제의했을 때 디트리히는 응했고 리펜슈탈은 거절했다. 그렇게 슈테른베르크, 아니 조셉 폰 스턴버그 감독과 함께 할리우드로 진출해서 네 번째로 만든 작품이 바로 '상하이 릴'의 원조가 된 〈상하이 익스프레스〉였다. 이 배역으로 디트리히는 관능적 매력의 팜므파탈 이미지를 확고히 구축했다. 그리고 할리우드 스타 시스템의 정점에 올랐다. 그레타 가르보와 라이벌 구도를 형성하며, 지구 반대편 식민지 조선의 대중에게도 '애인'이 되어주었다. 그녀 자신은 남편과 이혼하지 않은 채 자유로운 사랑을 즐겼다. 프랑스가 독일에 점령되자 미국으로 탈출해온 〈망향Pepe le Moko〉(1937)의 감독 줄리앙 뒤비비에, 주연배우 장 가뱅 등을 지원하며 친밀하게 지냈다. 장 가뱅과는 사랑에 빠졌다. 알제리의 카스바에서 파리를 그리워하던 페페 르 모코 역의 그 배우 말이다.

미국에서 활동하던 마를레네 디트리히가 영화 촬영을 위해 런던에 머물던 1936년 무렵, 그녀에게 나치가 접근해왔다. 최고 대우를 약속하며 독일 귀환을 요청했던 것. 사실 디트리히는 히틀러가 가장 좋아한 배우였다. 그녀는 제안을 거절하고 1937년 미국 시민권을 신청했다. 같은 해 〈갑옷 없는 기사〉 출연료 45만 달러를 독일 유대인의 탈출을 위한 기금으로 기부했다. 전쟁이 터지자 전쟁 자금 마련을 위한 국채 판매에 앞장섰고, 전장을 누비며 순회공연과 병원 위문을 다녔다. 리펜슈탈이 나치를 위해 영화를 만들 때 디트리히는 나치에 맞섰다. 종전 후 독일에서 배신자로 비난받았다. 생전에 독일과 화해하지 못했다. 독일도, 미국도 아니고 파리에 묻어달라는 유언을 남겼다. 디트리히가 죽은 지 10년 후인 2002년, 독일 정부는 그녀를 독일 명예시민으로 추서하고, 고향에 그녀의 이름을 딴 광장을 만들었다. 파리에 있던 묘지도 옮겨왔다.[6]

레니 리펜슈탈의 라이벌이었던
배우 마를레네 디트리히는 할리우드로 가서
나치에 맞섰다.

마를레네 디트리히도 레니 리펜슈탈도 모두 매력이 넘치는, 야심 가득한 인물들이었다. 디트리히와 달리 리펜슈탈은 "따분한 어른들의 사정"인 정치에 관심이 없었다. 나치를 찬미했지만 막상 나치 이데올로기에는 무관심했다. 전후에 그녀는 강제수용소에 대해 얼마나 알고 있는지 누차 심문받았다. 그녀는 수용소의 존재와 유대인 억류에 대해 알고 있었지만 그렇게 잔혹한 곳인지는 몰랐다고 대답했다. 대부분의 독일인이 그렇게 답했다. 총통과 극도로 가까웠던 그녀의 대답도 같았다.

진위를 따지지 말고 그녀의 무지를 인정해보자. 아우슈비츠 수용소 최후의 생존자 프리모 레비는 홀로코스트 문학의 정점이 된 수기《이것이 인간인가》(1945)의 1976년 판에서, 초판 출간 이후 제기된 여러 의문에 답하기 위해 부록을 달았다. 수백만 명을 학살하는 동안 그 사실을 어떻게 모를 수 있었는지 묻는 말에 이렇게 답한다. "대부분의 독일인이 수용소에서 벌어진 잔인한 일들을 세세히 알지 못했던 것 또한 사실이다. 수백만 명을 조직적으로 기계적으로 학살한 것, 가스실, 화장터, 비열한 시신 약탈, 이 모든 것이 밖으로 알려져서는 안 되었다. 그리고 사실 전쟁이 끝날 때까지 그런 사실까지 아는 사람은 소수에 불과했다. … (하지만) 대부분의 독일인은 알고 싶지 않았기 때문에 알지 못했다. 아니, 더 정확히 말해 모른 척하고 싶었기 때문에 알지 못했다. … 히틀러 치하의 독일에는 특별한 불문율이 널리 퍼져 있었다. 아는 사람은 말하지 않고, 모르는 사람은 질문하지 않으며, 질문한 사람에게 대답하지 않는다는 것이었다. 이런 식으로 독일인들은 자신들의 무지를 획득하고 방어했다. 그런 무지가 나치즘에 동조하는 자신에 대한 충분한 변명이 되어주는 것 같았다. … 나는 바로 이런 고의적인 태만함 때문에 그들이 유죄라고 생각한다."[7]

고의로 획득한 무지 위에 서 있는 아름다움이란 도대체 어떤 것인가? 이토록 황홀하고 끔찍한 인간 앞에서 묻고 또 묻는다. 아름다움이란 무엇인가?

16.
작은 사람은 어떻게 성숙해질까?

제2차 세계대전이 발발한 날을 서구의 전쟁사가들은 대개 1939년 9월 1일로 꼽는다. 나치독일이 폴란드 침공을 시작한 날이다. 이날 새벽 4시 47분, 어느 나라에도 속하지 않은 발트 해 연안의 자유도시 단치히에서 독일 전함 슐레스비히-홀슈타인호가 폴란드군이 지키던 베스테르플라테 요새를 향해 포격을 가하기 시작했다. 시내의 폴란드 우체국도 공격했다. 그리고 모든 전선에서 폴란드로 진격해 들어갔다. 인류 역사상 최악의 전쟁이 이렇게 시작됐다.

독일은 왜 폴란드가 아니라 자유도시 단치히에서부터 공격을 시작했을까? 당대의 정세적인 이유도, 오랜 기간 축적된 역사적인 이유도 있었다. 나치는 1938년 3월에 오스트리아를 합병하고, 9월에는 뮌헨협정으로 체코슬로바키아의 주데텐란트를 합병했다. 전쟁이 지긋지긋한 데다 대공황의 여파가 여전했던 영국과 프랑스는 나치의 팽창을 마지못해 인정했다. 강압적인 합병이긴 했지만 어쨌든 오스트리아는 같은 독일계였고, 주데

텐란트는 독일계 주민이 다수인 지역이었다. 1939년 3월이 되자 독일은 기어이 체코슬로바키아 전체를 합병해버렸다. 이 합병은 허울뿐인 명분조차 없는, 그냥 침략이었다. 이로써 독일은 영국과 프랑스가 인내할 수 있는 선을 성큼 넘어섰다. 하지만 여전히 전쟁할 준비가 되어 있지 않은 두 나라는 말로만 독일을 비난했다. 이제 나치가 다음 행동에 나서리라는 건 누구라도 예견할 수 있었다. 다음 목표도 명약관화했다. 단치히와 폴란드회랑을 획득하는 것이었다. 제1차 세계대전의 패전으로 분리된 독일 영토를 다시 연결하려면 꼭 필요한 지역이었기 때문이다.

제1차 세계대전 후 독일의 분리는 제2차 세계대전 후의 동서독 분리와는 성격이 달랐다. 전자의 근본 원인은 폴란드의 부활이었다. 베르사유조약은 민족자결주의 원칙에 따라 강대국의 지배 아래 있던 여러 민족을 독립시켰다. 123년간 독일과 러시아에 분할 지배되었던 폴란드도 마침내 부활했다. 승전국들은 내륙국 폴란드가 바다로 접근할 수 있도록 독일 서프로이센 지역 중 발트해에 맞닿은 일부를 폴란드로 귀속시켰다. 이른바 폴란드회랑이다. 폴란드계 인구가 다수인 지역이라 나름 명분도 있었다. 그 과정에서 폴란드회랑과 독일 영토로 남은 동프로이센(제2차 세계대전 후 러시아의 칼리닌그라드주로 편입되었다) 사이의 요충지 단치히는 자유도시로 독립시켰다. 이로써 독일 영토는 서쪽의 본토와 동프로이센으로 분리됐다. 영국과 프랑스가 민족자결주의의 이름 아래 폴란드에 선사한 배려였지만, 독일에게 내린 '처벌'이기도 했다.

정권을 잡은 나치는 동프로이센과의 연결을 위해 폴란드와 협상을 벌였다. 처음에는 폴란드회랑의 자유 통행권을 요구하다가 나중에는 아예 폴란드회랑과 단치히 전체를 넘기라고 협박했다. 폴란드가 응할 리 없었다. 독일계 주민이 인구의 90퍼센트를 넘던 단치히 도시정부는 이미 나치당이 집권한 상태였다. 다만 자유도시로서의 국제적 지위는 유지했고, 폴란드는 단치히 안에 요새와 우체국 등 중요한 인프라를 여전히 보유하고 있었다.

폴란드의 입장에서도 이 도시는 매우 중요했다. 폴란드어로 그단스크라고 불리는 이 도시는 원래 서기 980년경 폴란드계 도시로 출발했다. 그 후 발트해의 진주로 성장한 이 교역항을 둘러싸고 폴란드와 독일 등 중부 유럽 여러 민족의 역사가 복잡하게 얽혔다. 13세기에 도시는 독일계 튜튼 기사단의 지배 아래 놓였다. 그리고 이 기사단이 다시 폴란드왕국의 봉신이 되면서 이중의 정체성을 갖게 되었다. 중세 후기에는 독일계 주민이 신성로마제국의 경계를 넘어 동쪽으로 이동하는 동방 식민 운동이 일어났다. 독일계 이주민의 입장에서는 인구 희박 지역이었지만, 사실 이곳은 이미 슬라브 민족과 발트해 연안의 민족들이 살고 있던 땅이었다. 어떤 때는 평화롭게 어울려 살다가 어떤 때는 분쟁이 일어났다. 단치히, 쾨니히스베르크 같은 곳이 동방 식민 운동으로 탄생한 대표적인 독일계 도시다.

단치히-그단스크에서 태어난 아이 오스카

1924년, 제2차 세계대전이 시작될 이 역사적인 도시 단치히-그단스크에서 한 남자아이가 태어난다. 오스카 마체라트라는 이름의 이 남다른 아이는 "태어났을 때 이미 정신적 성장이 완결"되어 있었다. 어머니의 불륜을 목격한 세 살 때 더 이상 성장하지 않기로 결심하고 계단으로 떨어져 평생 난쟁이로 살아간다. 양철 북이 오스카의 유일한 벗이다. 북을 치고 고성을 지르며 세상과 불화한다. 불륜을 저지르던 어머니는 사실상 자살로 죽는다. 오스카는 어머니의 사촌이자 불륜 상대인 얀이 자기 친부라고 믿는다. 폴란드 국적을 선택한 얀은 폴란드 우체국에서 일하다가 2차 세계대전이 시작된 날 오스카 때문에 우체국 전투에 우연히 참가하게 되고 결국 나치에게 총살된다. 나치당의 말단이던 아버지는 소련군 진주 때 나치 배지를 미처 떼지 못했다가 총에 맞아 죽는다. 오스카는 그들의 죽음이 모두 자신 때문이라고 믿는다.

종전 후 고향을 떠나 서독의 뒤셀도르프에서 살게 된 오스카는 1949년에 플루트 주자 클레프와 기타 주자 숄레, 드럼 주자 오스카로 이뤄진 재즈 밴드 '더 라인 리버 스리'를 결성한다. 그리고 어느 날, 강변에서 연습만 하던 이들이 클럽 '양파주점'에 채용된다. 저녁 9시부터 새벽 2시까지 연주하는 게 이들의 일이다.

양파주점의 손님은 대개 사업가, 의사, 변호사, 예술가, 무대 배우, 저널리스트, 영화인, 유명한 운동선수, 그리고 주정부나 시청의 고관들이다. 그들은 부인, 여자 친구, 남자 정부와 함께 온다. 마음속에 쌓인 것을 풀고 싶어서, 피가 흐르는 진실을 보이고 싶어서 클럽을 찾지만 쉽지 않다. 유대인인 주인 쉬무가 나타나 손님들의 테이블에 판자 조각과 식칼, 양파를 나눠준다. 이윽고 쉬무가 '드십시오, 여러분!' 하고 소리치면 사람들은 양파

껍질을 차례차례 벗기고 썬다. 도처에 슬픔이 수두룩하게 깔렸는데도 '눈물 없는 세기'로 명명될 이 시대에 사람들은 12마르크를 내고 양파즙의 힘을 빌려 세상의 슬픔이 해내지 못하는 것을 달성한다. 즉 인간의 둥그런 눈물을 자아내는 것이다. 손님들은 울고 또 운다. 염치도 없이 운다. 눈물은 흘러내려 모든 것을 떠내려가게 한다. 손님들이 마음껏 울고 실컷 수다를 떨었다고 생각되면 오스카의 밴드가 일을 시작한다. 일상적인 이야기가 어울리는 음악을 연주함으로써 손님들이 이곳을 쉽게 떠나도록 한다. 그래야 새로운 손님들이 자리를 잡을 수 있으니까. 귄터 그라스의 소설 《양철북》의 내용이다.

양철 북을 치는 아이 오스카의 이야기는 신비롭고 음울하다. 오스카는 왜 자라지 않는 것일까? 바이마르공화국의 혼란기를 거쳐 나치에 심취해간 독일인들에 대한 비유라고 보는 게 맞을 것이다. 과연 '작은 사람'은 이 시기 보통 사람을 상징하는 알레고리였다. 1952년에 독일을 방문하여 1년간 머물면서 '평범한 나치' 10명에 대한 심층 인터뷰를 진행한 독일계 미국인 밀턴 마이어는 이들이 거듭거듭 '우리 작은 자들wir kleine Leute'이라는 표현을 썼다고 적는다. 나치당은 자기들처럼 '작은 자'들의 당이었다고.[1]

이 작은 사람 '자의식'에는 독일 작가 한스 팔라다의 소설 《작은 사람, 이제 어쩌지?Kleine Mann, was nun?》(1932)의 성공도 꽤 영향을 미쳤을 것이다. 소설은 하층 화이트칼라 요하네스 핀네베르크와 프롤레타리아인 그의 부인 엠마의 고단한 일상을 핍진하게 그렸다. 소설은 크게 성공해서 여러 나라 언어로 번역됐고, 독일과 할리우드에서 영화화되기도 했다. 나치도 이 소설에 주목했다. 나치당의 무력 조직인 돌격대Sturmabteilung, SA가 깡패로 묘사된 부분과 같이 나치에게 불편한 부분들을 개작하게 했다. 이후 수없이 팔렸다.

전쟁이 끝난 후 이 작은 사람들은 어떻게 됐을까? 양파주점에 모인 인텔리들처럼 양파즙의 힘을 빌려 눈물을 흘렸다. 도처에 슬픔이 깔렸으되, 이들은 눈물 없는 세대였다. 그래도 상관없다. 눈물은 돈을 주고 사면 되니까. 소설《양철북》(1959)은 자신들이 만든 비극을 직시하지도, 성찰하지도 않은 채 부흥을 향해 매진하던 1950년대 서독 사회에 대한 통렬한 자기 고발로 받아들여졌다. 1999년, 스웨덴 한림원은 작가 귄터 그라스에게 20세기의 마지막 노벨문학상을 수여하면서,《양철북》이 20세기의 가장 위대한 문학작품 중 하나가 될 것이라고 찬사를 바쳤다.《양철북》과 귄터 그라스는 전후 독일의 양심을 보여주는 징표가 됐다.

나치 친위대였던 '전후 독일의 양심'

그리고 이제 귄터 그라스Günter Grass(1927~2015)의 양파 껍질을 벗길 차례가 왔다. 2006년 8월 12일, 유소년 시절을 담은 회고록《양파껍질을 벗기며》의 출간을 앞두고《슈피겔》과 인터뷰를 하던 중 그라스는 놀라운 이야기를 꺼냈다. 자신이 정규군인 방공부대에서 복무했다고 수십 년간 거짓말을 해왔으며, 실은 친위대로 복무한 자발적 나치였다는 것이다.

그라스의 고백을 들어보자. 그는 열다섯 살 때 자발적으로

독일의 양심으로 불리던 귄터 그라스는 2006년에 나치 친위대 전력을 고백했다.

잠수함부대에 입대하려 했지만 어리다며 거절당했고, 이듬해에
는 제국노동대에 징집됐다. 노동대가 너무 싫어서 열일곱 살이
되던 해인 1944년에 다시 입대를 자원했지만 그곳이 친위대인
줄은 배치받은 다음에야 알았다고 한다. 무장친위대 제10기갑
사단에 입대하여 종전까지 무장친위대원으로 복무했다.

　약칭 SS로 불리는 친위대Schutzstaffel는 정규군과는 달리 징
병이 아니라 자원으로 들어가는 특권 집단이었다. 히틀러 광신
자들의 집합체였고, 인종 청소 등 반인륜 범죄의 대명사였다.
물론 나치가 붕괴하던 전쟁 말기에는 그런 구별도 희미해져서
친위대 입대가 그리 대단한 일은 아니기도 했다. 친위대인 줄
모르고 자원했다는 그라스의 해명이 거짓으로 보이지 않는 이
유다. 게다가 당시 그는 기껏 열일곱 살이었고, 이른바 '히틀러
청소년단 세대'*이기도 했다. 문제는 고백이 너무 늦었다는 것

＊　1922년에서 1930년 사이에 태어나 청소년기에 히틀러청소년단
Hitlerjugend에 가입하고 나치즘에 열광했으나 전쟁에 참가하기에는 어

이었다. 오랫동안 다른 이의 고백과 반성을 촉구해온 그가 아니었던가? 위선을 비난하는 여론이 형성되고, 노벨상을 반납하라는 요구가 빗발쳤다.

그는 복무하는 동안 총알 한 발 쏜 적이 없다고 말했다. 그래서 "나치친위대 복무 당시에는 전혀 거리낌도 죄책감도 없었다". 문제는 오히려 전쟁이 끝난 다음이었다. "어떤 범죄행위에도 가담하지 않았지만, 전쟁이 끝난 후 시간이 지날수록 죄책감과 수치심에 괴로워했다." 그라스의 뒤늦은 고백은 독일 과거사 극복의 전형적인 패턴을 뚜렷하게 보여준다. 진실에 대한 뒤늦은 자각과 죄책감의 뒤늦은 증폭. 그리고 이어지는 비난과 논란.

한국에서는 과거사에 대해 매우 무책임한 일본과 대비하여 독일의 과거사 처리가 곧잘 칭송의 대상이 되곤 한다. 일본과 비교할 때 독일이 낫다고 해도, 독일의 사정이 그리 명쾌했던 것은 아니다. 독일인들이 패배하자마자 곧장 과거와 단절하고 반성했을까? 천만에, 사람들은 어제까지의 그 독일인이었고, 사회 곳곳에는 예전의 나치가 가득했다.

미국 등 연합군이 주도한 서독의 탈나치화 작업은 소련과의 냉전이 시작되면서 서둘러 종결됐다. 군정이 끝나고 1949년에 출범한 아데나워 총리의 보수 기민당 정권 아래서 중견 나치들이 사회로, 요직으로 속속 복귀했다. 이를테면 유대인과의 결혼을 금지하고 정치적 권리를 박탈한 악명 높은 뉘른베르크법(1935)을 기초하고 공식 주석을 달았던 한스 글롭케가 총리실

려서 큰 희생은 치르지 않은 세대를 가리키는 말이다. 전후 이들은 성인으로서 다수 인구 집단으로 성장했다.

국무장관으로 화려하게 돌아왔다. 군부와 외무성, 사법부에는 대표적인 인물 일부를 제외하면 나치 시절 관료들이 그대로 남아 있었다. 열렬한 나치당원, 친위대 경력이 있어도 상관없었다. 여기서는 나치 청산이 이루어진 적이 사실상 없었다.

반유대인 정책의 핵심 입안자였던 한스 글롭케는 전후 아데나워 정권의 핵심이 됐다.

소련과의 냉전에 유용하다는 이유로 나치 핵심 간부들이 정보기관의 요직을 차지하기도 했다. 히틀러의 고위 정보장교 라인하르트 겔렌은 CIA의 보호를 받으며 전범을 탈출시키고, 1956년에 창설된 서독 연방정보부의 책임자가 됐다. 유대인 학살과 전쟁범죄는 히틀러라는 광기 어린 개인과 일부 추종자가 저지른 잠시간의 재앙적 범죄로 여겨졌다. 대다수 독일인은 선량했고, 심지어 가해자가 아니라 희생자라는 분위기도 자라났다. 1950년대 말이 되자 반유대주의가 다시 부상하고 나치의 추억이 되살아나기 시작했다.

《양철북》은 바로 이런 흐름에 대해 질문을 던진 책이었다. 책이 출판된 다음 해인 1960년, 대량 학살의 실무 책임자 아돌프 아이히만이 아르헨티나에서 체포됐고, 예루살렘에서 세기의 재판이 시작됐다. 1963년부터는 아우슈비츠 재판이 시작됐다. 역사의 흐름이 바뀌던 무렵이다. 그제야 대학살의 전모가 제대로 알려지기 시작했다. 세계가 충격에 빠졌지만 독일의 반성은 쉽게 이뤄지지 않았다. 나치당원 출신으로 전쟁 중 외무부 라디오국 부국장으로 선전 활동을 수행한 기민당의 쿠르트 게오르크 키징거가 1966년 연방총리에 올랐다. 청년 세대의 분노가 타올랐고, 68혁명에서 정점을 이뤘다. 젊은이들은 부모 세대가 연루된 나치 과거와의 단호한 단절을 요구했다. 오랫동안 침묵한 기성세대 전체가 비판의 대상이 됐다. 나치 과거사에 대한 인식과 성찰이야말로 독일인의 정체성을 규정하는 핵심 요인이 되어야 한다는 목소리가 높아졌다. 기성세대, 보수파의 반발이 있었지만 대세를 되돌릴 수는 없었다.

우리가 알고 있는 독일의 모습, 과거사에 대해 반성하고 책임지며, 그 역사를 학교에서 철저히 가르치고 숨은 나치를 끝까지 법의 심판대에 올리는 독일의 모습은 1970년대와 1980년대를 거치며 우여곡절 끝에 성립한 것이다. 하지만 그조차도 아직 끝이 아니었다.

"나는 몰랐다"라고 할 수 없는 이유

전쟁이 끝난 지 50년이 지난 1995년, 함부르크 사회조사연구소는 〈절멸전쟁: 정규군의 범죄〉라는 제목의 순회 전시회를 개최했다. 곳곳에서 개최를 반대하는 저항이 일어나면서 전시회는 사회적 스캔들이 됐다. 왜? 그랬을까? 과거사에 대한 오랜 이분법적 태도가 도전받았기 때문이었다. 유대인 학살 등 전쟁 범죄는 어디까지나 나치당과 친위대 등의 범죄 집단이 저지른 과오였던 반면, 국민의 의무로 징집되었던 정규군은 결코 범죄 집단이 아니라는 이분법 말이다. 전시회는 바로 그 이분법적 믿음을 부쉈다. 친위대만이 아니라 정규군도 수많은 전쟁범죄를 저질렀다. 아니, 정규군의 협력 없이 소수의 친위대 병력만으로 그토록 엄청난 대학살을 저지른다는 건 애초에 불가능했다. 전쟁 중 독일인 1700만 명이 정규군에 징집됐다. 독일인 대다수가 정규군이거나, 그 가족 혹은 친지였다. 범죄 조직 나치를 단죄하며 양심의 평화를 얻을 수 있는 독일인은 없었다. "나는 몰랐다"고 말할 수 있는 독일인은 없었다. 그들이 정말 몰랐다면, 그것은 아우슈비츠 생존자 프리모 레비의 말처럼 '고의로 획득한 무지'였을 것이다.

1940년 4월 30일, 독일 공군 조종사 마이어 소위(가명)와 정찰장교 폴 소위(가명)가 대화를 나눈다. 폴은 도시의 집들 한가운데 폭탄을 떨어뜨리고 군인들에게 기관총을 쐈던 일을 이야기한다. 마이어가 군인들에게만 기관총을 쐈는지 묻자 폴은 사람(민간인)들에게도 쐈다고, 말 몇 마리도 날아갔다고 대답한다. 마이어는 말이 날아갔다는 말에 놀라며 탄식한다. 폴은 말 때문에 마음이 아팠지만, 사람을 쏠 때는 마음이 아프지 않았다고 말한다.

전쟁이 끝나고 영국과 미국의 문서고에서 전쟁 중에 독일군을 도청한 자료가 10만 건 이상 발견됐다. 앞서 살펴본 대화는 그중 하나다. 폴란드 침공 이틀째의 일이니, 전쟁 극초기의 일이다. 그때 사람들은 이미 이토록 폭력의 화신이 되어 있었다. 어떤 대화에서는 아이들을 가득 실은 수송선을 격침시켜서 신이 났다고 말하고, 또 다른 대화에서는 유대인들을 이런 식으로 죽여선 안 된다는 이야기가 나온다. 학살을 반대하는 목소리일까? 아니다. 학살로 전쟁 수행에 차질이 생기니 전쟁에서 이긴 다음 죽여도 늦지 않다는 이야기였다. 총살, 강간, 약탈 이야기가 화기애애하게 진행된다. 논쟁이나 반박은 없다.

평범한 독일인들이 어떻게 이렇게 악마가 됐을까? 독일 출신의 역사학자 죙케 나이첼과 사회심리학자 하랄트 벨처는 프레임과 경험이라는 틀로 사람들의 변화를 분석한다.[2] 모두가 주어진 업무를 맡아서 처리해야 한다는 산업사회 프레임이 전쟁에 적용된 것이 주효했다. 군인들은 자신들이 마치 기관총처럼 전쟁을 수행하는 무기일 뿐이라고 여겼다. '전쟁 노동자'들이 '업무로서의 전쟁'에 참여했던 것이다. 전쟁은 위계 구조 속에서 각자가 맡은 일을 지시에 따라 무관심하게 처리하는 업무였다. 최종 생산품에 대한 책임 의식은 거기에 없었다.

유대인에 대한 배제와 억압이 착착 진행되는 동안에도 평범한 독일인들의 일상은 이어졌다. 1990년대에 3000명을 대상으로 시행한 회고적 설문 조사에 따르면 1928년 이전 출생한 사람의 거의 4분의 3이 자기 주변에서 정치적 이유로 공권력과 갈등을 빚거나 체포되거나 취조를 받은 사람이 없다고 대답했다. 그 자신이 그런 위협을 한 번도 느끼지 않았다는 응답은 더 많았다. 이 시기는 '좋은 시절'로 기억됐다. 유대인들이 공동체에서 이미 배제되었으므로 타자들에 대한 박해와 약탈은 제대로 인식되지 않았다. 오히려 유대인에게 침을 뱉고 구타를 하면서, 그들의 가게에 돌을 던지고 교회당에 불을 지르면서 점점 증오를 키워갔다. 이 경험이 괴물 같은 정규군을 낳았던 것이다.

1939년 12월 18일 폴란드 보치니아에서 독일 경찰 두 명이 공격당한 것을 보복하기 위해 독일군이 폴란드 시민 56명을 살해했다.

　　6월항쟁 직전이던 1987년 6월 초의 어느 날, 다니던 대학 뒷산에서 동무들과 삼겹살을 구워 먹던 중이었다. 하산하던 초로의 신사 두 명이 우리에게 다가왔다. 그중 한 명인 독일인 바이어가 우리와 이야기를 나누고 싶어 했다. 캠퍼스가 아름답고 젊은이들이 부럽다며 칭찬으로 말을 꺼내더니 곧 비난이 시작됐다. 왜 대학생들이 정부의 말을 듣지 않고 데모를 하느냐는 것이었다. "젊었을 때 기회를 잡고 돈을 벌라"며 꼰대처럼 굴었다. 우리는 전두환과 광주 학살을 이야기하며 맞섰지만 짧은 영어라 답답하기만 했다. 그때 누군가 한 마디 했다. "히틀러에 대해서는 어떻게 생각해요?" 그 한 마디로 상황이 완전히 바뀌었다. 갑자기 그의 얼굴이 붉어지고 말을 더듬었다. "히틀러와 나치는 정말 나쁜 범죄자들이었다"고, "자기들은 모두 완전히 속았다"고 말했다. 굳이 하지 않아도 좋을 것 같은 고백까지 했다. 열일곱 살에 징집되어 동부전선, 그러니까 독소전쟁에 참전했다가 포로가 되기도 했다는 것이다. 연신 미안하다며 머리를 조아리더니 서둘러 자리를 떴다.

오래도록 기억에 남는 일이다. 히틀러와 나치가 독일인에게 얼마나 깊은 트라우마인지 알 수 있는 장면이었다. 그의 사죄는 진심이었겠지만 어디까지나 나치에게 속은 것이라고 강변했다. 나치에 열광하고 유대인과 타민족을 증오했던 자신에 대한 반성은 보이지 않았다. 이것이 바로 전후 오랫동안 독일의 과거사 청산이 지닌 특징이었다. 그에 대한 본격적인 성찰은 1990년대 이후에야 시작됐고 오늘날에도 여전히 진행 중이다.

그렇게 책임을 성찰하는 독일인들을 우리는 알고 있다. '제1나치'라고 자칭했던 나치의 공군사령관이자 제국원수 헤르만 괴링의 종손녀와 종손자는 30세 때 또 다른 괴링을 낳지 않기 위해 스스로 불임 수술을 받았다. 종손자 마티아스는 40세가 되었을 때 유대교로 개종하고 이스라엘로 가서 희생자 공동체에 들어갔다. 이들이 감당해야 했을 고통이 얼마나 컸을지 짐작조차 어렵다.[3]

훨씬 평범한 이들에게도 책임감의 무게는 다르지 않다. 1977년, 독일에서 태어나 미국에서 작가와 일러스트레이터로 일하던 노라 크루크는 이국땅에서 종종 독일인으로서의 정체성을 강하게 의식한다. 평범한 자기 집안의 과거를 추적하게 된 계기다. 그리고 그 과정에서 부모조차 잘 몰랐던 과거를 알게 된다. 외할아버지는 사업상 필요로 나치당원이 되었다가 전후에 한동안 직업 활동에 제약을 받은 인물이었다. 18세에 이탈리아에서 전사한 아버지의 형 프란츠-카를의 묘지도 찾아낸다. 카를의 일기장도 발견한다. 1939년의 일기에서 그는 이렇게 썼다. "숲에 가서 예쁜 버섯들을 보면 맛있겠다는 생각이 들 것이다. 하지만 그 버섯들에는 독이 있기 때문에 먹었다가는 온 가족이 죽을 수 있다. 유대인은 딱 이런 버섯과 같은 존재다. … 유대인은 좋은 사람인 척하면서 부끄러운 줄도 모르고 아첨을 한다. 온 가족을 죽게 만들 수 있는 독버섯처럼, 유대인은 온 국민을 싹 죽일 수 있다." 1922년생, 이 히틀러청소년단 세대의 평범한 아이에게서 절멸의 증오가 자라고 있었다.[4]

'작은 사람'이라고 해서 역사의 책임에서 면제되지는 않는다. 아니 작은 사람이야말로 역사를 더 깊이 인식해야 한다. 그때 비로소 성숙이 시작될 것이다.

17.
〈사운드 오브 뮤직〉너머
들리지 않는 이야기

1947년 여름, 마리아 아우구스타 폰 트라프Baroness Maria Augusta von Trapp(1905~1987)는 미국과 유럽의 여러 친구에게 편지를 보냈다. 남편 게오르크의 소식을 담은 편지였다.

사랑하는 친구들에게서 매일 많은 편지가 도착해서 걱정스럽게 묻습니다. "그분이 병석에 눕게 되다니 어떻게 된 일입니까?" 그동안의 사정을 알려드립니다. 만약 이것이 옛 이야기라면 '영웅의 생애와 죽음'이라는 제목을 붙일 수 있을 겁니다. 우리의 연주 여행 중 시애틀에서 게오르크의 건강 상태가 많이 나빠졌습니다. 나는 예전에 치료를 잘해준 뉴욕의 의사에게 가보라고 권했습니다. 거기서 게오르크는 폐암 선고를 받았습니다. 집으로 돌아온 게오르크는 행복해했지만, 점차 악화됐지요. 이윽고 마지막 순간이 다가왔습니다. 아이들을 부르고 신부님도, 의사도 불렀습니다. 우리는 침대 주위에 무릎을 꿇고 앉아 로사리오 기도를 바쳤습니다. 한밤중에 의사가 말했습니다. "마지막인지도 모르겠습니다." 그 순간 나는 그의 귀에 대고 말했습니다. "게오르크, 이제 임종이에요. 사랑하는 나의 게오르크, 당신은 하느님의 손으로부터 죽음을 기꺼이 받으시겠지요?" 우리는 이 순간이 오면 죽음을 알려주고 이렇게 묻기로 서로 약속했습니다. 마지막 숨을 몰아쉬면서 그가 고개를 끄덕였습니다. 이윽고 최후가 왔습니다. 한 사람의 영웅적인 죽음이! 고통스럽던 게오르크의 얼굴은 평온을 되찾았고, 경이의 표정으로 다른 세계를 응시했습니다. 그는 머리를 조금 끄덕였고, 두 눈은 영원히 감겼습니다.[1]

1947년 5월 30일 오전 4시 30분, 오스트리아-헝가리제국의 남작이자 해군소령이었고, 트라프 가족 합창단의 아버지였던 게오르크 루트비히 리터 폰 트라프Georg Ludwig Ritter von Trapp(1880~1947)가 미국 버몬트주 스토의 자택에서 숨을 거뒀다. 향년 67세였다.

두 번째 부인 마리아는 2년 후 가족의 이야기를 각색해,《트

1941년 미국 보스턴
아레나에서 연습 중인
트라프 가족 합창단.

라프 가족 합창단 이야기》라는 책을 펴냈다. 책은 1956년 독일에서 〈트라프 가족〉이라는 제목으로 영화화되어 좋은 반응을 얻었다. 뉴욕의 브로드웨이에서도 흥미를 보였다. 뮤지컬계의 전설적 콤비인 극작가 오스카 해머스타인과 작곡가 리처드 해리스에 의해 뮤지컬 〈사운드 오브 뮤직〉(1959)으로 무대에 올랐다. 〈에델바이스〉나 〈도레미 송〉 같은 노래가 모두 여기서 나왔다. 1965년에는 영화로 재탄생했다. 〈웨스트사이드 스토리〉(1961)로 큰 성공을 거둔 로버트 와이즈가 감독을 맡았다. 마리아 역은 〈메리 포핀스〉(1964)로 톱스타가 된 줄리 앤드루스가, 폰 트라프 역은 크리스토퍼 플러머가 맡았다. 영화사에 길이 남는 대히트작이 됐다.

영화의 줄거리는 널리 알려져 있다. 오스트리아 잘츠부르크 인근의 작은 마을 아이겐에 예비역 소령 폰 트라프의 가족이 살고 있다. 병으로 엄마를 잃은 일곱 아이에게 젊은 수녀 마리아가 가정교사로 온다. 아직 종신서원을 하지 않은 마리아는 수녀원에서 곧잘 고참 수녀들을 놀라게 하는 천방지축 말괄량이다. 과연 가정교사 일을 제대로 해낼 수 있을까? 걱정은 기우였다. 엄마 없는 아이들의 어두운 세계에 쾌활한 마리아가 음악으로 빛을 비춘다. 엄격한 예비역 군인 아빠 폰 트라프도 마음을 연다. 마리아와 폰 트라프는 마침내 결혼하고, 가족은 합창단이 된다. 때마침 오스트리아를 집어삼킨 나치가 폰 트라프에게 해군 복귀를 요구하며 마수를 뻗쳐온다. 가족은 합창 대회 참가를 기회로 삼아 스위스로 탈출한다. 가족이 알프스를 넘어가는 장면은 영화 역사상 가장 유명한 장면 중 하나로 기억된다. 음악의 힘으로 사랑을 이루고 압제를 이겨낸다는 감동적인 서사다.

영화는 사실에 기초했지만 사실과 다른 점도 있다. 예컨대 트라프 가족은 그렇게 극적으로 알프스를 넘어 탈출하지 않았다. 그냥 기차를 타고 이탈리아로 갔다. 좀 더 미묘한 차이들도 있다. 영화 속 폰 트라프는 아이들을 호루라기로 호출하고, 제복 입은 아이들은 황급히 집합한다. 군대식 규율을 강요하는 엄격한 캐릭터다. 첫째 부인 아가테와의 사이에서 태어나 이름을 물려받은 장녀 아가테의 기억은 다르다. 회고록《사운드 오브 뮤직 전후의 기억들》에서 아빠가 호루라기를 분 건 그저 집이 너무 넓어서였다고 말한다. 그는 엄하기는커녕 다정한 아빠였다. 무엇보다 아가테는 음악을 가르친 것이 새엄마가 아니라 아빠였다고 말한다. 아빠가 아이들에게 바이올린, 기타, 아코디언을 가르쳤다. 그들은 이미 음악 가족이었다. 도레미를 배울 단계가 아니었다. "사운드 오브 뮤직에 나오는 이야기와는 정반대다. 연극과 영화에서는 둘째어머니 혼자서 우리에게 음악의 즐거움을 가르친 것처럼 보인다. 사실 우리는 둘째어머니를 만나기도 전에 잘츠부르크의 집에서 아빠와 함께 악기를 연주하고 노래를 불렀을 뿐만 아니라, 제1차 세계대전 중 에를호프에서 엄마, 외할머니, 이모들과 함께 노래하고 피아노를 치면서 아주 일찍부터 노래를 불렀다."

아가테는 뮤지컬을 보고 울었다. 다른 가족들도 속상해했다. 무대에 오른 냉정한 남자는 아빠가 아니었다. 뮤지컬과 영화는 아름다웠지만 진실은 아니었다. "사운드 오브 뮤직은 우리의 테스트를 통과하지 못했다." 마리아는 가족 이야기의 판권을 9000달러라는 헐값에 독일 영화사에 팔았고, 영화사는 다시 브로드웨이의 뮤지컬 제작사에 판권을 팔았다. 그리고 영화로 이어졌다. 가족은 자기들의 이야기를 통제할 수 없게 됐고, 기억을 빼앗긴 느낌이었다고 90세가 다 된 아가테는 한탄한다.

　마리아가 가정교사로 집에 왔을 때 아가테는 이미 10대 중반이었다. 마리아와 나이 차이가 얼마 나지 않았다. 회고록 서문에서 아빠의 '둘째' 부인인 마리아는 잘 알기 어려운 가족의 이야기를 '장녀'의 책임감으로 쓴다고 밝힌다. 마리아에 대한 복잡한 심경을 여러 차례 드러낸다. 매우 '강한 여성'이던 마리아가 자신을 앞세우고 아빠를 뒤로 물러나게 했다고 한탄하기도 한다. 반면 병으로 세상을 떠난 친엄마에 대한 기억은 절절하다. "엄마는 빛나는 성격, 음악적 재능, 자연에 대한 사랑, 신앙심, 친절함, 무엇보다 가족에 대한 헌신으로 우리에게 멋진 어린 시절을 선물해주었고, 노후를 위한 토대를 마련해주었다."[2]

　첫째 부인 소생의 딸과 둘째 부인 사이의 미묘한 갈등일까? 알 수 없다. 우리의 관심사는 가족 사이의 진실을 밝히는 게 아니다. 이 가족사를 좇아가다 보면 가족 드라마를 훌쩍 뛰어넘는 이야기가 펼쳐진다는 게 중요하다. 아가테는 마리아의 책에 "우리의 초기 삶, 아버지와 할아버지의 인상적인 역사, 첫째 어머니의 중요한 역할이 반영되지 않았다"고 말한다. 그러니까 음악을 사랑하는 명랑한 수녀 마리아가 세상을 밝힌다는 〈사운드 오브 뮤직〉의 서사에 가려진 이야기들이 있다는 말이다. 바로 젊은 시절 게오르크 폰 트라프를 둘러싼 이야기들이다. 마리아의 남편으로만 기억되기에 그의 삶은 복잡했고, 그 삶을 둘러싼 세상은 더욱 복잡했다.

제국 해군의 에이스 폰 트라프 소령

폰 트라프는 오스트리아-헝가리제국의 해군 에이스였다. 해군사관학교 졸업 후 어뢰정에서 근무했다. 1914년, 제1차 세계대전이 발발하고 이듬해 4월, 잠수함 U-5의 함장이 된다. 4월 27일, U-5는 집요한 추격 끝에 프랑스 제2순양함전대의 기함인 장갑순양함 레옹 강베타를 어뢰로 격침한다. 제국해군의 첫 전과였다. 프랑스 해군의 활동 반경이 크게 위축됐다. 8월 5일에는 이탈리아 잠수함 네레이데를 격침했다. 전쟁 중 그는 적국 군함 두 척과 상선 11척을 침몰시켰다. 제국 해군 최고의 전과였다. 레오폴트 기사 십자 훈장과 마리아 테레지아 무공훈장을 받았다. 그의 사진이 주요 신문을 장식했고, 전국 곳곳에서 편지가 쏟아졌다. 그는 전쟁 영웅이었다. 패전만 아니었다면 해군대장이 됐을 것이라고 동료들은 회고한다. 나치가 그의 해군 복귀를 압박했던 데는 이유가 있었다.

오스트리아-헝가리제국 해군장교 시절의 폰 트라프.

폰 트라프는 신이 났을까? 아닌 것 같다. 레옹 강베타의 승조

원 821명 중 684명이 죽었다. 격침 성공 후 해수면으로 부상한
U-5 앞에 지옥이 펼쳐져 있었다. 그는 생존자들을 외면했다.
250톤급 소형 잠수정에는 그들을 구조할 자리가 없었다. 폰 트
라프가 펴낸 회고록《마지막 경례를 위하여: 오스트리아 유보트
지휘관의 기억》(1935)이 손녀 엘리자베스 캠벨에 의해 영역되
어 있다. 책 속에 이 침몰 장면이 나온다. 구명보트에 매달린 이
들을 외면하며 그는 엔진을 켜라고 명령한다. 대원 중 한 명이
그를 위로하듯 말한다. "그들은 젠타호의 우리 대원들도 익사하
게 내버려뒀어요."

  그가 맞다. 하지만 나는 아직 그 말을 참고 들을 수 없
다. 나는 황급히 몸을 돌린다. 목이 막히는 느낌이다. 혼자
있고 싶다. 무언가가 목을 조르는 것만 같다. 지친 채로 전
망탑에 기대어 점점 줄어드는 점들을, 내가 도울 수 없는 구
명정들을 피곤한 눈으로 바라본다. 전쟁은 이런 것이다! 내
뒤에 익사한 수백 명의 수병이 있다. 내게 해를 끼친 적도
없고, 나처럼 자기 의무를 수행한 사람들, 나와는 아무런 사
적 감정이 없는 이들이다. 오히려 같은 직업을 가졌다는 점
에서 나는 이들에게 유대감을 느꼈다. 700여 명이 배와 함
께 침몰했을 것이다![3]

  전쟁은 끔찍하기 마련이다. 폰 트라프에게도 그랬다. 하지
만 처음부터 그랬던 건 아니다. 그와 잠수함의 인연은 특별했다.
그가 함장을 맡은 U-5는 잠수함 건조 기술을 국산화하려던 제
국 해군의 계획이 실행에 옮겨진 출발점이었다. 미국에서 설계

되어 부분 조립된 잠수함은 그가 졸업한 해군사관학교가 있던 군항 피우메(오늘날 크로아티아의 리예카)의 로버트 화이트헤드 공장에서 완성됐다. 공장 설립자인 영국 출신의 엔지니어 로버트 화이트헤드(1823~1905)는 이탈리아를 거쳐 이곳에 정착했고, 여기서 어뢰라는 신무기를 발명했다. 자기 이름을 딴 공장까지 운영했다.

로버트 화이트헤드가 죽은 지 4년 후인 1909년, U-5 진수식이 열렸다. 폰 트라프도 참가했다. 로버트의 딸로서 해군장교 호요스 백작과 결혼한 앨리스 호요스 백작 부인이 진수식 후의 사교 행사에 폰 트라프를 초대했다. 파티에서는 그녀의 어머니인 화이트헤드 부인이 피아노를 치고, 앨리스의 여동생 아가테가 바이올린을 켰다. 음악가 집안에서 자라며 오페라를 즐겼고, 피아노, 바이올린, 기타와 만돌린을 연주하던 폰 트라프가 열아홉 살 아가테에게 시선을 뺏겼다. 함께 춤추며 운명을 느꼈다. 두 사람은 약혼식을 올리고 2년 후 결혼했다. 결혼식 때는 화이트헤드가의 친척들이 영국에서 찾아와 축하해줬고, 어뢰 공장의 노동자들도 신랑 신부를 축복했다. 어뢰와 잠수함은 폰 트라프와 아가테의 삶 한가운데 있었다. 폰 트라프는 아내가 명명하고 둘 사이를 맺어준 바로 그 잠수함의 함장이 되었다. 그리고 영국인 처조부가 발명한 어뢰로 배를 침몰시키고 사람들을 죽였다. 그가 격침한 상선 11척 중 여섯 척이 영국 상선이었다.

아무리 그럴듯한 명분을 내세워도 전쟁은 부조리하기 마련이다. 그 전쟁은 더 부조리했다. 독일 태생의 미국 역사가 프리츠 슈테른은 제1차 세계대전이 "20세기의 첫 대참사이자, 다른 모든 대참사를 야기한 대참사"라고 말한 바 있다. 국제정치학

오스트리아-헝가리제국의 해군(1914).

과 역사학에서 제1차 세계대전은 대표적인 외교 실패의 사례로, 집단 안보를 강화하려다 오히려 세력 균형을 무너뜨리고 전쟁을 촉진하게 된 '안보 딜레마'의 대표 사례로 꼽혀왔다. 독일 역사학자 프리츠 피셔는 전쟁 발발의 책임이 전적으로 독일 쪽에 있다고 보았다. 오랫동안 주류 학설이었던 '피셔 테제'다. 그 반대편에는 관련국 모두에게 책임을 묻는 집단책임론이 있다. 영국 역사학자 크리스토퍼 클라크는 《몽유병자들: 1914년 유럽은 어떻게 전쟁에 이르게 되었는가》(2012)에서, 오스트리아-헝가리제국의 황태자 부부가 사라예보에서 세르비아의 민족주의자 청년에게 암살된 후 전개된 1914년 7월의 위기를, "현대의 가장 복잡한 사건, 어쩌면 모든 시대를 통틀어 가장 복잡한 사건일 것"이라고 평가한다. 이토록 복잡한 사건이라면 단지 "왜" 일어났는지를 규명하고 무리하게 책임 소재를 따지기보다는, "어떻게" 위기가 전개됐는지를, 특정한 결과를 낳은 상호작용의 연쇄를 주도면밀하게 살펴보는 것이 옳다는 말이다. 영국 역사학자

이언 커쇼는 《유럽 1914~1949: 죽다 겨우 살아나다》(2015)에서 두 입장을 중재한다. 모두의 책임이 균등하지는 않다며 독일과 오스트리아-헝가리, 러시아가 결정적인 힘이었고, 그중에서도 독일의 역할이 결정적이었다고 본다. 다만 전쟁을 일으키겠다는 어느 한 국가의 명백한 충동이 없었다는 것도 분명하다는 해석이다.

제1차 세계대전은 발발도, 경과도, 결과도 부조리했다. 전쟁의 주범으로 몰린 독일 황제 빌헬름 2세조차 끝까지 개전을 피하려 애썼다. 전쟁을 적극적으로 원한 이들은 소수에 불과했는데도 참극이 벌어졌다. 여름에 개전할 때만 해도 사람들은 크리스마스 전에 전쟁이 끝나리라고 믿었다. 4년이 넘는 기간 동안 3200만 명의 장병이 죽거나 부상당하고, 1900만 명의 민간인이 죽는 참호전과 화학전의 대재앙이 펼쳐지리라고 예상한 사람은 아무도 없었다. 종전 후 국제연맹이 만들어지고, 민족자결원칙에 따라 발칸반도와 중부유럽의 여러 민족들이 나라를 세웠다. 드디어 평화가 찾아오는 듯했다. 작가 H. G. 웰스가 이 전쟁을 '모든 전쟁을 끝내기 위한 전쟁'이라고 불렀던 이유다. 실제로는 경제학자 케인스가 《평화의 경제적 귀결》(1919)에서 경고한 것처럼 더 큰 파국이 찾아왔다.

폰 트라프의 삶에는 잠수함과 어뢰 말고도 이 전쟁의 비극적 계기들이 꽤 스며들어 있다. 전쟁 발발의 원인은 복합적이었지만 독일의 빌헬름 황제가 오스트리아-헝가리제국의 특사에게 무조건 지지를 약속한 것이 중요한 원인으로 꼽히곤 한다. 빈은 이 지지를 믿고 러시아가 뒤를 받쳐주는 세르비아와의 전쟁을 결심한다. 특사 알렉산더 그라프 폰 호요스 백작은 강경파였다. 독일에서는 그가 특사로 오는 것 자체가 빈의 결의를 보여주는 것이라고 해석했다. 그는 앨리스 화이트헤드의 아들, 아가테 폰 트라프의 이종사촌이었다. 폰 트라프는 오스트리아-헝가리제국에 충성을 바쳤지만, 실은 전쟁의 화약고가 된 발칸반도의 달마티아왕국, 지금의 크로아티아 출신이었다. 그의 삶은 11개 민족으로 이뤄진 이 다민족 제국의 영광과 실패를 동시에 보여준다. 여전히 민족 간 증오가 끝나지 않은, 인종 청소의 피내음이 가시지 않은 지역이다. 강렬한 민족주의 열망이 끓어오르는가 하면, 불평등 속에서도 민족 간 공존을 짜내려던 제국 질서에 대한 향수도 남아 있다.

폰 트라프의 침묵에 질문하기

명랑한 수녀 마리아의 남편으로만 묘사되기에 그의 삶은 이토록 복잡했다. 그런데 그에 관한 거의 모든 서구 문헌들이 침묵하거나 한 줄로 간단하게 처리하는 경력 하나가 있다. 그는 제1차 세계대전 이전에 이미 전공으로 훈장을 받은 적이 있다. 1898년 해군사관학교를 졸업한 폰 트라프는 훈련 항해에 나섰다. 호주를 거쳐 동아시아에 이른 그는 1900년 중국에 도착한다. 거기서 만난 것이 '의화단운동' 또는 '의화단의 난'이다. 그는 톈진 인근 베이탕 요새 공격에서 세운 공으로 은성무공훈장을 받는다.

청일전쟁(1894~5)에서 승리한 일본이 승리의 대가로 청에서 할양받은 랴오둥반도를 러시아, 독일, 프랑스 삼국의 간섭으로 반환한 일은 유명하다. 이를 두고 일본인들은 이를 갈았다. 삼국간섭은 중국에도 좋은 일만은 아니었다. 세상에 공짜는 없었다. 그 대가로 독일은 산둥반도를 조차했고, 러시아는 군대를 주둔시켰다. 러일전쟁의 씨앗이 된 사건이다.

바로 이 무렵부터 중국 인민의 반제국주의 의식이 고양됐다. '반청복명', 청을 무찌르고 명을 다시 세운다며 무술을 수련하던 의화단이 청을 떠받치고 서양을 멸한다는 '부청멸양'으로 노선을 바꿨다. 의화단이 특히 분노한 대상은 제국의 힘을 믿고 탄압을 가하던 기독교 세력, 그중에서도 가톨릭 선교사들과 중국인 신도들이었다. 한창 청에서 세력을 확장하던 독일 출신 가톨릭 선교사들이 많은 문제를 일으켰다. 가난한 농민과 유민이 중심이 되어 1899년 말부터 봉기가 시작됐다. 500여 명의 선교사와 수천 명의 중국인 신도가 살해됐다. 조정의 실권자 서태후는 의화단의 반제국주의 에너지를 이용할 마음을 품었다. 1900년 6월, 의화단이 베이징의 외국공관들을 포위하자 의화단을 지지하고 열강에 선전포고를 했다.

일본, 러시아, 독일, 영국, 프랑스, 미국, 이탈리아, 오스트리아 등 8개 열강의 군대가 의화단 진압에 나섰다. 의화단은 잔인했고, 열강은 더 잔인했다. 진압 과정에서 무고한 민간인을 학살하고 파괴하고 약탈했다. 베이징이 폐허가 됐다. 독일 원정군에게 황제 빌헬름 2세는 말했다. "1000년 전 아틸라의 지도하에 훈족이 명성을 얻어 그 덕분에 아직 역사 속에 살아 있는 것처럼, 바라건대 독일의 이름도 중국에서 그런 식으로 알려져 어떤 중국인도 감히 다시 독일인에게 곁눈질하지 못하게 하라." 독일이 가장 잔인했다. 오스트리아도 잔인한 축에 속했다고 전해진

1900년 중국 의화단을 진압한 후 베이징 자금성 앞에 열병한 열강의 연합군.

다. 나가사키의 게이샤 국화부인(기쿠상)을 비롯한 이국 여성들과의 로맨스 스토리로 유명세를 떨쳤으나 본업은 군인이던 피에르 로티도 프랑스 극동함대의 일원으로 참전했다. 그가 베이징에 입성한 건 10월 18일, 진압이 끝난 다음이었다. 〈1900년, 연합군이 베이징에 들어갔을 때〉라는 글에 이렇게 인상을 남겼다. "물론 모든 것이 폐허가 되었다. 그러나 성벽 곳곳에는 유럽의 국기들이 펄럭인다."

폰 트라프의 회고록은 이 일에 대해 침묵한다. 장녀 아가테의 회고록에 이 일이 잠깐 언급될 뿐이다. 그 기억이 너무 끔찍해서인지 아버지가 평생 한마디도 하지 않았다고. 양심이 발동하여 외면한 것일까, 아니면 무시한 것일까? 침묵의 의미를 알 수는 없다. 그의 군공을 다룬 여러 문헌들도 이 경력을 그저 짧게 언급하고 넘어간다. 그들에겐 중요한 일이 아닌 것일까?

의화단이 진압된 이듬해인 1901년 제주도에서는 제국의 힘을 업은 가톨릭과 지방관의 횡포에 맞서 민란(신축교난 또는 이재수의 난)이 일어났다. 한때 크게 박해받던 가톨릭이었건만 이 시기에는 특권화되고 있었다. 1899년부터 선교가 시작된 제주에서 1901년까지 천여 명의 신자가 나올 정도로 교세가 급속히 확장됐다. 고종이 "나를 대하듯 하라"며 특권을 부여한 프랑스인 신부의 위세를 배경 삼아 적잖은 신자들이 권세를 부렸다. 징세를 맡은 봉세관과 결탁하니 폐해가 더욱 심했다. 토지와 어장을 수탈하고 돈을 뺏고 빚을 갚지 않았다. 제주민의 뿌리 깊은 토속신앙도 우상숭배라며 공격했다. 아예 형틀을 만들어 고문하는 경우도 있었다. 신자들의 겁박에 자살하는 이들까지 나왔다. 전 계층에 걸친 항쟁이 일어난 이유다. 1901년 5월 14일, 동진과 서진으로 나뉘어 사람들이 봉기했다. 항쟁과 진압의 과정에서 피차간에 700여 명이 희생됐다.

　제주성이 포위되자 프랑스인 신부 마르셀 라크루는 목포로 사람을 보내 프랑스 극동함대의 파견을 요청했다. 5월 31일, 270명의 프랑스 해군과 신임 목사 이재호 등을 태운 군함 두 척이 제주도에 들어왔다. 극동함대 소속의 쉬르프리즈La Surprise호와 알루에트L'louette호였다. 의화단 진압 작전에 참전한 군함들이었다. 프랑스 군함이 제주로 향한 것을 알게 되자 일본 군함도 출동했다. 1904년 러일전쟁 전까지 대한제국 정부에서 근무한 서양인 고문 중에는 프랑스인이 14명으로 가장 많았다. 미국인과 벨기에인 각 1명, 영국인 2명, 독일인은 3명에 그쳤다. 고종은 프랑스가 일본을 견제해주기를 기대했다. 일본은 삼국간섭의 구원舊怨을 잊지 않고 있었다. 대프랑스 견제 역할을 자임했다.[4] 이런 상황을 지켜보며 자칫 제주도가 열강의 전쟁터가 될까 염려한 이재수 등의 민란 지휘부가 폐단의 시정을 약속받고 자진 해산을 결정했다. 그리고 사형에 처해졌다.

의화단 진압 작전 후 일본에 머물던 피에르 로티가 6월 17일부터 26일까지 9일간 서울을 방문했다. 그의 일본 3부작 중 마지막에 해당하는《이李여사의 제3의 청춘La troisiѐe jeunesse de Madame Prune》(1905) 속에 이 이야기를 담은 〈서울에서À Séoul〉가 들어 있다. 그에게 한국은 괴상하고 우스꽝스러운 나라였다. 경멸과 동정이 뒤섞인 인상기가 이어진다. 그리고 2주 전 '제국' 남부의 섬 제주島île de Quelpaert에서 있었던 '거대한 학살'에 대해 짧게 언급한다. "학살! 과거와 현재와 미래의 학살. 극동 아시아에서 학살은 늘 염두에 두어야 할 일이다." 의화단의 난과 이재수의 난을 함께 의식한 발언일 것이다.

로맨스든 침략이든 피에르 로티는 끊임없이 자신의 경험을 드러내고 미화했다. 그 덕에 이후 비판의 과녁이 됐다. 반면 폰 트라프는 평생 침묵을 지켰다. 그는 로티처럼 뻔뻔한 인물이 못 됐다. 하지만 나는 차라리 이 침묵 속에서 더 깊은 메시지를 읽고 싶다. 제1차 세계대전의 부조리한 상호 공격과 자기 파멸 앞에서 유럽은 몸서리를 쳤다. 백 년이 넘도록 기억하고 묻고 또 묻는다. 서구 바깥에서 일어난 비극은 그 윤리적 고뇌의 장으로 진입하지 않는다. 기억하지도, 묻지도 않는다. 제주민란은 의화단운동과 같은 자장 속에서 일어난 항쟁이었다. 그들이 침묵해도 우리는 물어야 할 이유다.

18.
별 없이 걸었다
캄캄한 식민의 밤을

　일제시기에 세계 일주를 한 인물 중에는 연희전문학교 상
과 교수 이순탁이 있다. 학과장으로 일하던 때에 기독교 신자인
학생들이 상과의 좌파적 학풍에 문제를 제기하는 통에 적잖이
고생을 했다. 학과장직을 마치자, 학교는 위로차 안식년을 주며
세계 일주를 제안했다. 1933년 4월 24일, 서울역에서 장도에 올
랐다. 유학 생활을 한 일본을 거쳐 5월 21일 중국 상하이에 도착
했다. 아편전쟁(1842)으로 개항한 상하이는 공동 조계와 프랑
스 조계 등 열강의 치외법권 지역을 품은 인구 300만 명의 거대
한 국제도시였다. 이순탁이 도착하기 전 해인 1932년에 일본군
이 상하이를 침략한 제1차 상하이사변이 일어났다. 전쟁의 상처
가 역력한 상하이였다. 중국 최대의 출판사 상무인서관과 동서
고금 인류의 지혜를 집대성한 《사고전서》 등 30만 권의 장서를
자랑하던 부속 동방도서관도 파괴됐다. 상하이 중심가 쓰마루
의 상무인서관 옛터에서 이순탁은 전쟁의 비극을 실감하며 상
념에 젖었다.

제1차 상하이사변(1932) 당시 일본군에 맞서 전투 중인 중국 국민당 19로군.

상하이사변은 일본의 대중국 침략의 일환이었다. 1931년
9월 18일, 일본 관동군이 만주사변을 일으켜 중국 동북 지방을
침략하자 두 나라 사이의 갈등은 극도로 높아졌다. 1932년 1월
8일에는 도쿄에서 조선인 이봉창이 쇼와 천황이 탄 마차에 폭탄
을 던졌다. 조선인과 중국인은 환호했고, 일본인은 경악했다. 상
하이에서 발행되는《민국일보》가 '불행히도' 천황이 폭탄에 맞
지 않았다고 보도하자 상하이 거주 일본인들이 격노했다. 중국
과 일본의 갈등이 상하이에서 더욱 고조됐다. 폭탄 투척 사건
열흘 후인 1월 18일, 상하이 마옥산에서 일본인 승려 두 명과 신
도 세 명이 중국인의 습격을 받아 승려 한 명이 사망하는 사고
가 벌어졌다. 일본은 이 사건을 구실로 갈등을 고조시키다가 1월
28일, 급기야 치안 유지를 명분으로 조계를 넘어 중국 영토로
침략을 시작했다. 제1차 상하이사변이다. 일본 측 수천 명, 중국
측 1만 명 이상이 다치고 죽었다.

충돌의 시발점이 된 일본인 승려의 죽음은 사실 일본군의 공작이었다. 상하이 주재 일본총영사관 소속 무관 다나카 류키치 소좌가 관동군 특무기관 측의 밀명과 자금 지원을 받고 중국인 괴한들을 매수해 승려 일행을 습격하게 했던 것이다. 후일 도쿄전범재판에서 스스로 증언한 진상이다. 비밀공작에 연인까지 참여시켰다. 가와시마 요시코川島芳子라는 이름의 이 '여성'에게는 몇 개의 이름이 더 있었다. 중국식 이름은 진비후이金璧輝였고, 동양의 진주라는 뜻의 자字 '동진東珍'을 옮긴 이스턴 쥬얼이라는 영어식 이름도 있었다. 본명은 아이신기오로 셴위愛新覺羅顯玗(1907~1948)로, 만주족이었다.

그녀는 청나라 황실의 친왕인 숙친왕 아이신기오로 산치의 열네 번째 딸이었다. 청조가 무너진 신해혁명(1911) 후 황족 대우를 받으며 조용히 지낸 다른 이들과 달리 숙친왕은 타협을 거부하고 일본으로 망명했다. 청의 복벽을 꿈꾸다 뜻을 이루지 못한 채 중국으로 돌아와 죽었다. 아끼던 딸 셴위를 친분이 깊은 일본인 가와시마 나니와에게 양녀로 맡겼다. 그렇게 셴위는 일본에서 가와시마 요시코로 자랐다. 아버지의 염원을 이어 청의 부활을 꿈꿨다.

청나라 공주 출신인 그녀 주위에 남자가 들끓었다. 양아버지가 그녀를 범했다는 추측도 있다. 홀로 살아남으리라 결심한 그녀는 10대 후반부터 남장을 하고 남자 말투를 썼다. 20세가 되던 1927년에 몽골 장군의 차남과 결혼했으나 오래 가지 못했다. 1930년에 상하이로 가서 다나카 류키치를 만나 사랑에 빠졌다. 공작에도 몰두했다. 관동군을 돕는 군사 조직 안국군을 창설하고 총사령에 올랐다. '동양의 마타하리', '만주의 잔 다르크' 같은 별명으로 유명세를 떨쳤다.

그녀가 머지않아 만주국의 대스타로 성장하게 될 리샹란을 알게 된 건 1937년이었다. 리샹란이 그녀에게 본명(야마구치 요시코)을 알려주자, 자기와 이름이 같다며 요시코짱이라고 부르면서 귀여워하고 자주 어울렸다. 아직 소녀의 세계를 벗어나지 못한 17세의 리샹란에게 30세의 가와시마 요시코는 깊은 인상을 안겼다. 리샹란은 회고록《두 개의 이름으로》에서 그녀가 "인파 속에서 눈에 띄는 오똑한 코, 희고 갸름한 얼굴에 기품 있는 미소를 띤 … 농염한 남장 여자였다"고 회고한다. 그녀는 거침이 없었다. 누구의 눈치도 보지 않았다. 관동군의 만주국 정책도 거침없이 비판하곤 했다. 리샹란은 그녀에게서 "자유로운 분위기와 해방감"을 느꼈다. 하지만 "그녀를 감싸는 분위기는 자유보다는 자포자기에 가까운 퇴폐감이었다." 그녀는 날마다 밤샘 파티를 벌였다. 외상성 척추염을 치료한다는 명목으로 마약을 탐닉한다는 소문도 돌았다. 리샹란은 소속사인 만영의 관계자로부터 가와시마와 어울리지 말라는 당부를 들었다.

그녀는 제멋대로였다. 남성도 여성도 아니었고, 중국인도 일본인도 아니었다. 동시에 그 모두였다. 아무도 믿지 않았고, 어디에도 얽매이지 않았다. 일본이 패배했을 때도 일본으로 탈출하자는 권유를 받아들이지 않고 남았다. 일제에 부역했다며 한간* 혐의로 국민당 정부에 체포됐지만, 자신은 중국인이 아니라 만주국인이니 매국노일 수 없다며 맞섰다. 역시 한간으로 체포된

---

* 중국에서 외국 침략자와 내통 · 부역 · 협력한 사람을 이르는 말이다.

리샹란은 일본 호적을 제출한 덕에 한간 죄를 벗고 일본으로 추방됐다. 가와시마 요시코는 일본 호적도 없었다. 1948년 3월, 형장의 이슬로 사라졌다. 신비스러운 매력의 악인이어서일까, 대중의 판타지 속에서는 죽지 않았다. 처형당하지 않고 숨어 산

청소년기의 가와시마 요시코(왼쪽), 성인이 되어 남장한 모습(가운데), 안국군 총사령으로서 제복을 입은 모습(오른쪽).

다
는

소문이 수십 년간 이어졌다.

매력적이고 치명적인 백귀암행의 도시 상하이

가와시마 요시코가 사랑하고 공작하던 도시 상하이는 매력적인 코스모폴리탄이었다. 카페와 차관, 재즈클럽과 댄스홀에서 상하이 특유의 모더니즘이 피어났다. 온갖 욕망과 판타지가 뒤섞였다. 서구 남성의 성애화된 동양 환상이 '상하이 릴'로 표현되었다면, '상하이에서 돌아온 리루'는 일본 남성의 노스탤지어

를 담았다. 하지만 상하이는 타자의 재현에 만족하는 도시가 아니었다. 중국 영화 산업의 중심지로서 스스로 이미지를 만들어 갔다. 리샹란이 중국인에게 사랑받는 계기가 된 영화 〈만세유방〉(1943)도 상하이에서 제작됐다. 세브란스의학교 1회 졸업생으로서 1911년에 압록강을 건너가 흑룡강성에서 독립운동에 매진한 의사 김필순의 아들 김염(1910~1983)도 상하이에서 영화배우가 됐다. 당대 중국 영화를 대표하는 작품 중 하나로 꼽히는 〈야초한화野草閑花〉(1930)로 일약 스타덤에 올랐다. 1933년에는 상하이의 영화 잡지《전성》이 실시한 인기투표에서 여러 부문에 1위를 기록하며 '영화황제'로 뽑혔다. 이듬해에는 대작 항일 영화 〈대로大路〉(1934)의 주연을 맡으며 청춘스타 이미지를 벗었다. 이후 여러 항일 영화에 출연했고, 고국의 독립운동도 후원했다.

상하이는 치명적인 도시이기도 했다. 판타지 너머 현실에서 삶과 죽음이 엇갈렸다. 가와시마 요시코와 다나카 류키치의 공작으로 일본이 침략해 들어와, 수많은 인명이 희생됐다. 일본 경찰의 감시가 상하이 곳곳에 뻗쳐 있었다. 상하이 푸단대학 교수 신분으로 독립운동을 이끌던 여운형은 1929년 7월, 공동조계의 경기장에서 일본 경찰에 체포되어 국내로 압송됐다. 영국 경찰이 정보를 제공했다. 1931년부터 상하이에서 활동하던 박헌영은 1933년 7월 5일에 동지 김단야와 접선하러 상하이 부두에 갔다가 일본 경찰에 체포되어 역시 압송됐다. 누군가 일본 경찰에 정보를 흘렸을 것이다. 잔혹한 고문에도 김단야의 거처를 끝내 불지 않았다.

이 나라 저 나라의 밀정이, 이 진영과 저 진영의 스파이가 들

끊었다. 1931년에는 중국공산당 정치국 후보위원이던 구순장이 국민당 정보기관에 체포되어 전향하는 사건이 발생했다. 심각한 타격을 입은 공산당은 저우언라이 주도 아래 상하이에서 특별공작과를 만들었다. 저우언라이에 이어 캉성이 이 부서의 책임자로서 2년간 상하이에 머물며 방첩 활동과 공작을 이끌었다.

나치의 소련 침공 정보를 정확히 파악해 소련에 알린 것으로 유명한 전설적인 스파이 리하르트 조르게도 1930년부터 상하이에서 활동했다. 독일 신문의 특파원으로 위장한 조르게는 1932년의 상하이사변을 취재해 독일에 알렸다. 후일 결정적인 정보원이 될 일본인 기자 오자키 호쓰미와 친교를 맺은 곳도 상하이였다. 미국의 원폭 개발 프로젝트인 맨해튼계획의 핵심 정보를 소련에 넘긴 과학자 클라우스 푹스와 소련 정보기관 사이의 연락책을 맡았던 우르줄라 쿠친스키도 상하이의 조르게 아래서 스파이가 됐다. 그녀에게 소니아라는 암호명을 붙여준 사람도 조르게였다.

제2차 상하이사변으로 일본에 점령된 1937년 말 이후에도 상하이는 여전히 공작의 중심지였다. 일제 괴뢰 정부의 방첩부 대장 이 선생(양조위 분)과 그를 암살하기 위해 유혹하는 항일 단체 소속의 여성 자즈(탕웨이 분) 사이의 치명적인 관계를 그린 영화 〈색, 계〉(2007)의 무대도 상하이다. 영화는 1939년에 있었던 실화에 바탕했다. 자즈 역의 실제 인물 정핑루는 22세로 총살됐다. 이 선생 역의 실제 인물 딩모춘은 전후에 한간으로 처형됐다. 학병 출신 작가인 이병주의 유작《별이 차가운 밤이면》에서 조선인 밀정 박달세가 만주국의 대스타 리샹란(소설 속에서는 이채란)과 만나는 곳도 상하이다.

1940년, 일본 문단 최고의 명예로 꼽히는 아쿠타가와상 후보에까지 오르며 주목받던 작가 김사량은 1942년 사상범으로 예방 구금됐다가 귀국해 시국에 협력하는 작품을 발표하고 있었다. 1945년 5월 학병위문단으로 북중국을 순회하던 중 베이징에서 탈출했다. 우여곡절 끝에 홍군의 근거지인 옌안으로 향하지만 처음 가려던 곳은 역시 상하이였다.

> 이왕 내친 김에 상해로 내려가볼까 하는 생각도 없지 않았다. 정치공작의 중심지이니만큼 무슨 좋은 길이 열림직도 하다는 막연한 기대에서였다. 아닌 게 아니라 지난해 도중하였을 때 7월 한 달을 상해에서 지내는 동안에 중경重京* 측의 공작원이라고 칭하는 청년에게 호텔로 방문을 받은 일이 있었다. 그러나 상해라는 도시가 도시요 또 백귀암행百鬼暗行의 시절이니만치 이 청년이 일경의 끄나풀이 아닌가 하는 의심이 들지 않는 바도 아니지만 그래도 내 딴에는 나대로의 조그만 신념이 있었던 것이다.[1]

옥관빈은 밀정이었을까?

연희전문 교수 이순탁이 도착한 곳은 이렇게 매력적이고 치명적인 1933년의 상하이였다. 백귀암행의 도시였으나 그래도 따뜻한 동포를 만날 수 있었다. 이순탁은 이들 중 두 명의 이름

* 임시정부를 뜻한다.

을 꼽는다. 상하이교통대학의 체육부 주임 신국권, 무역업체 삼덕양행과 제약업체 불자약창의 대표 옥관빈이다. 신국권은 중국 체육계에서 이름을 떨치고 있었고, 옥관빈은 거상으로 이름 높았다. 이순탁은 옥관빈과 함께 그의 공장을 견학하며 동포의 성공을 기원했다.

이순탁을 만나고 얼마 지나지 않은 1933년 8월 1일, 옥관빈 (1891~1933)은 상하이 프랑스 조계에서 총을 맞고 살해된다. 일제의 밀정으로 지목된 것이다. 옥관빈은 일찍이 소년 지사로 이름을 알린 애국자였다. 강제합병 직후 일제가 민족운동을 탄압하기 위해 날조한 사건이 데라우치 조선총독 암살 미수 사건, 이른바 105인 사건(1911)이다. 조작된 사건이라 대부분 무죄로 풀려났고 최종 실형을 받은 사람은 여섯 명에 그쳤다. 옥관빈은 모진 고문 끝에 6년형을 선고 받았다. 소년 지사의 칭호를 얻게 된 연유다. 4년의 옥고를 치르고 특별사면되면서 이 여섯 명은 석방 후 일본에 협조하겠다는 자술서를 쓰게 된다. 이것이 밀정 혐의의 출발점이 됐다.

옥관빈은 상하이 임시정부에서 국회의원 격인 임시의정원

옥관빈은 도산의 뜻을 따르며 실업 활동에 힘썼다.

의원을 맡기도 하고, 임시정부 기관지《독립신문》의 총무 역할을 하기도 했다. 도산 안창호의 무실역행 노선을 따르며 실업활동에 적극 참여했다. 상업에 밝은 서북 출신다웠다. 중국 여성과 결혼하고 1928년에는 중국으로 귀화했다. 화교 출신이니 자연스런 일이기도 했다. 수백 명 노동자를 거느린 사업가로 성공해 독립운동에 자금을 대고, 유명세를 떨치며 부유하게 살았다. 자신을 밀정으로 의심하는 독립운동가들과 사이가 나빠졌다. 무위도식하는 독립운동가들이라며 비난한 적도 있다고 한다.

옥관빈을 처단한 조직은 한인 출신 매국노를 제거한다는 취지로 '한인제간단'이라는 이름을 내건 남화한인청년연맹이었다. 아나키스트였던 화암 정현섭이 암살을 주도했다. 이들이 밝힌 옥관빈의 죄상은 심각했다. 유림계의 대표적인 독립운동가 김창숙이 일본 경찰에 체포될 때 정보를 제공했고, 상하이사변 때 중국군의 군정을 파악해 일본군에 건넸으며, 일본군에게 참호용 목재 등을 헌납했다. 폭력단을 조직해서 혁명운동자의 암살을 기도하기도 했다. 화암에 따르면 옥관빈을 제거하자고 제안한 사람은 백범 김구였다. 독립운동가를 모욕한 혐의만으로도 용서할 수 없다며 백범이 옥관빈 처단을 제안했고, 안공근과 셋이 의논해서 결정했다는 것이다.[2]

옥관빈은 밀정이었을까? 그렇게 보기는 어렵다. 반론이 강력하다. 안창호는 옥관빈이 밀정이라고 믿지 않았다. 밀정이라는 소문에 고민하며 찾아온 옥관빈에게 그의 재주가 덕을 이기는 탓이라며 자중을 권했다. 김창숙은 자신의 체포가 옥관빈이 아니라 밀정 류세백, 박겸에 의한 것이라고 회고했다. 상하이사변 때 일본군에게 정보를 제공했다는데, 막상 그의 공장은 적잖이 피해를 입었다. 옥관빈은 이순탁에게 "비록 화재나 파괴는 면했으나 손해가 적지 않다 하면서 수리한 곳을 가리"키기도 했다. 일본영사관과 조선총독부 측의 기록에 옥관빈은 '불령선인'* '배일파 선인'으로 기록되어 있었다. 민족문제연구소의 《친일인 명사전》, 친일반민족행위진상규명위원회의 친일파 명단에도 옥관빈의 이름은 없다. 3·1운동 100주년을 기념한 2부작 다큐멘터리 〈밀정〉(2019)을 위해 KBS 탐사보도부는 일본 외무성, 방위성의 기밀문서, 중국당국의 공문서 등 5만 장의 자료를 8개월간 샅샅이 분석하여 895명의 밀정 혐의자를 특정한 바 있다. 역시 옥관빈의 이름은 없다.

화암은 옥관빈 처단을 백범, 안공근과 의논해서 결정했다고 증언한다. 임시정부의 노선을 두고 백범과 도산은 대립이 심했다. 백범은 이승만을 강력히 지지하며 기존의 임시정부 체제를 옹호했고, 도산은 좌파인 이동휘 등과 연대하여 임시정부의 개조를 주장했다. 일제의 밀정이 있다고 서로 의심할 정도로 불신도 깊었다. 옥관빈이 도산의 사람이었으니 백범 쪽에서 무언가 도모했을 수도 있지 않을까? 백범은 임시정부에서 수년간 경무국장으로 일하며 밀정 여럿을 처단했고, 《백범일지》에 그 사실을 밀정들의 실명과 함께 밝혔다. 레닌이 준 독립운동 자금 횡령 여부를 두고 대립하다 이동휘 쪽의 김립을 살해한 경우처럼 논란 많은 사건도 당당히 밝혔다. 하지만 옥관빈에 대해서는 말이 없다. 그저 독립운동 관련 인물로 언급할 뿐이다. 게다가

* '불온하고 불량한 조선 사람'이라는 뜻으로, 일본 제국주의자들이 자신들의 명령과 지도를 따르지 않는 조선인을 이르던 말.

백범은 윤봉길의 의거 이후 신변 위협을 피해 그 무렵 강소성으로 피신한 상태였다. 상하이에서 옥관빈을 처단하자며 자신을 찾아와 의논했다는 화암의 증언을 곧이곧대로 믿기 어려운 이유다.[3]

별 없는 밤에도 걸어야 한다

일본군 100명보다 밀정 하나가 더 무서웠다. 밀정은 밖이 아니라 내부에서 독립운동을 파탄시켰다. 어제까지 동지였던 이들이 서로를 밀정으로 의심했다. 일단 의심을 받으면 결백을 입증할 도리도 없었다. 밀정 한 명이 있다는 생각이 드는 순간 단결이 무너졌다. 슬프게도 밀정이 창궐하는 시대였다. "다수의 밀정이 들어와 있어서 피아의 구별 판명이 어렵다"고 일제 스스로 기록할 정도로 밀정이 많았다. 그만큼 밀정으로 몰리는 이들도 많았다.

오죽하면 몽양 여운형 같은 거물조차 밀정 혐의를 받았다. 3·1운동 이후 상하이 임시정부 외무부 차장을 맡은 몽양을 일본 정부 안에서 외지(식민지) 업무를 관할하는 척식국이 초청했다. 임시정부를 분열시키려는 일본의 의도였지만, 몽양은 가는 곳마다 독립을 주장하며 오히려 일본 사회에 파란을 일으키고 돌아왔다. 하지만 주변에서는 몽양이 일본의 뇌물을 받았다느니, 임시정부 요인 암살의 임무를 받았다느니 소문이 돌았다. 이 때도 도산은 몽양이 애국자임을 공언했다.

경성의학전문학교의 3·1운동 참여를 주도하고 이후 상하

여운형조차 밀정이라는 소문을 피하지 못했다.

이 임시정부에서 활동한 한위건(1896~1937)은 일본 유학 후 귀국하여 《동아일보》에서 정치부장으로 일했다. 제3차 조선공산당(ML당)에 참여하여 중앙집행위원과 선전부장을 맡았고, 민족주의 세력과의 합작 단체인 신간회 간사로도 활동했다. 1928년 초의 대대적인 공산당원 검거를 피해 망명한 곳이 다시 상하이였다.

중국공산당에 입당을 신청했는데 1925년에 입당해서 지도적 위치에 있던 조선인 장지락(1905~1938)이 막았다. 미국 언론인이자 작가 님 웨일스와의 대화로 나온 회고록 《아리랑》(1941)의 주인공 김산이 바로 장지락이다. 1000여 명이 검거되는 와중에 탈출에 성공했다는 한위건을 장지락은 밀정으로 의심했다. 한위건 등의 분파적 태도와 큰 손실을 초래한 죄과도 문제 삼았다. 한위건은 1930년에 베이징의 당조직에 입당을 신청했지만 마침 베이징시위원회 조직부장을 맡은 장지락의 반대로 다시 입당에 실패했다.

그해 11월 20일 장지락은 베이징에서 국민당 정부에 체포됐다가 톈진의 일본영사관을 거쳐 이듬해 신의주로 압송되어

40여 일간 혹독한 고문을 받았다. 끝내 버텨내고 증거 불충분으로 풀려나 1930년 6월에 베이징으로 돌아왔다. 돌아온 그를 대하는 동지들의 태도가 이상했다. 일제 경찰에게 너무 쉽게 석방됐다며 멀리하는 것이었다. 알고 보니 그 사이 다른 이의 추천으로 입당한 한위건이 그에 대한 의심을 이끌고 있었다. 장지락이 항의하자 당은 둘을 출석시켜 사정회의를 열었다. 장지락은 한위건에게 말했다. "이것은 단지 개인적인 복수에 지나지 않아요. 두고 봅시다."

장지락은 어렵사리 당에 복귀했지만 한위건은 여전히 의심을 풀지 않았다. 장지락이 폭력 봉기를 선동한 극좌파 지도자 리리산을 추종하며 당에 해를 끼쳤다고 비판했다. 장지락은 지도부에서 배제되어 광산에서 육체노동을 했다. 고문으로 약해진 몸이 육체노동으로 파괴됐다. 결핵까지 걸려서 극도로 쇠약해졌다. 한위건이 여전히 자신을 비난하고 있다는 소식을 들었다. 벼랑 끝에 선 심정이었다. "그놈은 사람이 아니라 독사였다. … 그런 짐승 같은 놈을 영원히 이 세상에서 싹 쓸어내버리자." 칼을 품고 한위건의 집을 찾아갔다. 한위건은 혼자였다. 식탁 위에 칼을 내려놓고 앉았다. "5분 안에 둘 중 하나가 죽게 될 것이다." 한위건은 말없이 울었다. 장지락은 칼을 남겨둔 채 방을 나왔다. 분노는 사라지고 지독한 슬픔만 남았다. 죽고 싶었다. 하숙집에서 며칠 동안 죽을만큼 앓았다. 누군가 20원을 보내왔다. 그 돈으로 몇 주를 살았다. 아무래도 한위건이 보낸 것 같았다. 다시는 죽지 않으리라 결심했다. 1934년 한족 출신 조아평과 결혼했다. 1936년에는 아들도 태어났다.[4]

장지락이 부재하던 1931년 4월, 한위건은 이철부라는 가

베이징에서 체포된 후 톈진의 일본영사관에서
촬영된 장지락(김산)의 모습.

명으로 마침내 중국공산당에 입당했다. 5월에는 조선에 남아
서 병원을 경영하던 처 이덕요가 베이징으로 망명해왔다. 신념
이 굳은 혁명가 부부가 재결합했으니 얼마나 기뻤을까? 행복한
시간이 덧없이 짧았다. 이듬해 이덕요가 병으로 세상을 떠났다.
1933년경부터 즉각적인 총파업과 무장봉기를 내세우는 좌경맹
동주의 노선이 당내에서 기승을 부렸다. 이 과정에서 한위건은
철부 노선이라는 이름으로 극좌 노선에 맞서다가 1934년 출당
됐다. 이후 1936년 봄, 류샤오치에 의해 하북성위원회 서기 겸
톈진시위원회 서기로 임명되며 복권됐다. 1937년 4월에는 서
북당대표회의와 백색구역공작회의에 참석하기 위해 류샤오치
등과 함께 홍군의 근거지 옌안으로 갔다. 회의에서 마오쩌둥은
"철부 동지가 반영한 의견서는 기본적으로 정확하고 철부 동지
는 훌륭한 동지다. 류샤오치 동지는 백색구역의 대표고, 철부 동
지는 백색구역의 마르크스주의자다"라고 결론을 내렸다.
  그 무렵 옌안의 항일군정대학에서는 장지락이 홍군을 상
대로 일본 경제와 물리, 화학을 강의하고 있었다. 둘이 만난 기

록이 남아 있다. 무슨 이야기를 나눴을까? 회포를 풀었을까? 알수 없다. 한위건은 그곳 옌안에서 삶을 마쳤다. 폐결핵과 장티푸스에 걸려 앓다가 7월 10일, 옌안의 쵸얼구 휴양소에서 세상을 떠났다. 그의 나이 41세였다. 그 여름 동안 장지락은 옌안의 동굴에서 님 웨일스와 인터뷰를 계속했다. 9월에 옌안을 떠난 님 웨일스는 미국으로 돌아가 펄 벅 부부가 운영하던 출판사에서 인터뷰를 책으로 출판했다. 그렇게 김산의 유작《아리랑》이 세상에 남았다. 1938년 10월 19일, 전선으로 이동하던 장지락은 공산당 정보기관을 이끌던 캉성의 지시로 처형됐다. 트로츠키주의자이자 일본 간첩이라는 혐의였다. 33세 짧은 삶이었다. 캉성은 후일 문화대혁명 당시 4인방과 함께 위세를 떨쳤고 특기를 살려 류샤오치, 덩샤오핑, 펑더화이 등의 지도자 숙청과 수백만 인민의 처형을 주도했다. 캄보디아를 킬링필드로 만든 크메르루주에 대한 지원을 이끌기도 했다. 천수를 누리고 1975년에 죽었다.

   1940년 4월, 중국공산당은 철부 노선의 정당성을 승인했

류샤오치에 의해 복권되던 1936년의 한위건.

다. 1945년 6월에는 옌안의 청량산 한위건의 무덤에 당 중앙판
공청의 이름으로 묘비를 세웠다. 2005년 8월, 대한민국정부
는 한위건에게 건국훈장 독립장을 추서했다. 1983년 1월, 중국
공산당 중앙위원회는 장지락의 명예를 확인하고 복권시켰다.
2005년 8월, 대한민국정부는 장지락에게 건국훈장 애국장을 추
서했다. 조아평과의 사이에서 태어난 아들이 한국에 와 훈장을
받았다. 1980년, 중국공산당은 특별조사단을 구성하여 캉성의
과오를 조사한 후 당에서 제명했다. 국립묘지인 혁명공묘에서
도 파묘됐다.

  님 웨일스와의 인터뷰 말미에 장지락은 강경하기만 했던
지난날의 자신을 돌아보며 이렇게 말한다. "어쩌면 옳은 것과
그른 것이란 존재하지 않는지도 모른다. 아마도 '존재하는' 모든
것은 옳은 것이 아닐까? … 진리라고 생각되는 것을 다른 사람
에게 강요하는 것은 위험하다. 자기가 틀렸을지도 모르는 일이
다. 다른 사람들이 자기 나름의 신념과 오류를 지닌 채 행복하
게 죽도록 내버려두어라. 근본적인 질문으로 타인의 영혼을 괴
롭히지 말라."

  적과의 싸움에 목숨 건 혁명가들이 동지가 밀정일지도 모
른다는 두려움에 몸서리를 쳤다. 의혹과 믿음 사이에서 흔들렸
다. 인간에 대한 사랑으로 시작한 독립혁명의 길에서 증오가 자
랐다. 미움이 서로를, 스스로를 파괴하기 일쑤였다. 사방이 캄캄
한데 어쨌든 나아가야 했다. 싸우고 사랑하고 실패하고 반성하
는 수밖에 없었다. 별 없이 걷는 법을 배워야 했다. 상처 입은 채
서로 연루될 수밖에 없었다. 그 걸음을 생각하다 보면 가슴이
서늘해진다.

주

1. 역사의 후퇴 앞에서 리샹란을 생각하다

1. 야마구치 요시코 · 후지와라 사쿠야, 장윤선 옮김, 《두 개의 이름으로》, 소명출판, 2020.
2. 〈부녀면담도 허사: 부인 일관의 이향란〉, 《매일신보》, 1941.2.28.
3. 이병주, 《별이 차가운 밤이면》, 문학의숲, 2009.
4. 야마자키 도모코, 김경원 옮김, 《경계에 선 여인들》, 다사헌, 2013.
5. 에카 쿠르니아완, 박소현 옮김, 《아름다움 그것은 상처》, 오월의봄, 2017.

2. 〈너의 이름은〉, 기억함으로써 잊는 것

1. 후쿠시마 미노리, 〈'너의 이름은'에서 일본 청년세대의 사회성 부재를 읽는다〉, 《문화과학》, 91, 2017.
2. 鈴木貴宇, 〈〈忘却〉の記憶―菊田一夫, 《君の名は》における〈東京〉〉, 《昭和文学研究》, 52, 2006.
3. Kumagai, Naoko, "Japan's Self-Centered Reflection upon the Asia-Pacific War", 《정치와 평론》, 9, 2011.
4. 이안 부루마, 《근대일본》, 을유문화사, 2014.
5. 박상은, 《세월호, 우리가 묻지 못한 것》, 2022.

3. 콰이강의 다리 위에 조선인이 있었네

1. Alistair Urquhart, The Forgotten Highlander: An Incredible WWII Story of Sur-

vival in the Pacific, 2011.

2. 우쓰미 아이코·무리아 요시노리, 김종익 옮김, 《적도에 묻히다》, 역사비평사, 2012.

3. 우쓰미 아이코, 이호경 옮김, 《조선인 BC급 전범, 해방되지 못한 영혼》, 동아시아, 2007.

4. 카스바에서의 망향, 자기 연민의 서사를 넘어서기

1. 박인환, 〈그들은 왜 밀항하였나〉, 《재계》, 1952.8.
2. 이성욱, 《한국근대문학과 도시문화》, 문화과학사, 2004.

5. 한국인을 혐오한 어떤 서구인 이야기

1. 한국에서는 다음과 같이 번역·출판되었다. 잭 런던, 윤미기 옮김, 《잭 런던의 조선 사람 엿보기》, 한울, 1995.
2. 이유정, 〈러일전쟁과 미국의 한국 인식: 잭 런던의 종군 보도를 중심으로〉, 《미국학연구》, 51권 3호, 2019.
3. Jack London, 〈The Yellow Peril〉, 1904.
4. Jack London, 〈How I Became a Socialist〉, 1903.
5. 박노자, 《우승열패의 신화》, 한겨레출판, 2005.
6. 윤치호, 김상태 편역, 《윤치호일기 1916~1943》, 2001, 역사비평사.

6. 세계 일주의 꿈, 돌아와서 만나는 나

1. 최남선, 《육당 최남선 전집》 제5권, 동방문화사, 2008.
2. 나혜석, 《조선 여성 첫 세계 일주기》, 가갸날, 2018.

3. 나혜석, 〈CCCP, 歐米遊記의 第二〉, 《삼천리》, 제5권 제1호, 1933.

4. 나혜석, 〈伯林과 巴里〉, 《삼천리》, 제5권 제3호, 1933.

5. 나혜석, 〈구미 여성을 보고 반도 여성에게〉, 《삼천리》, 제7권 제5호, 1935.

6. 김욱동, 〈박인덕의 전기와 관련된 오류〉, 《동아연구》, 61, 2011.

7. 몽통구리, 〈가정에서 사회로: 조선이 낳은 현대적 노라 박인덕 여사〉, 《신동아》, 1931년 12월호.

8. 〈박인덕 여사에 대한 사회적 비판〉, 《신동아》, 1931년 12월호.

9. 박인덕, 〈파란 많은 나의 반생〉, 《삼천리》, 제10권 제11호, 1938.

7. 에레나를 아시나요?

1. 〈가수 금진호, "제 노래, '내 이름은 순이'를 아십니까?"〉, 《스포츠경향》, 2009.8.7.

2. 박정미, 〈건강한 병사(와 '위안부') 만들기〉, 《사회와 역사》, 124호, 2019.

3. John W. Dower, Embracing Defeat: Japan in the Wake of World War II, 1999.

4. 그레이스 M. 조, 주혜연 옮김, 《전쟁 같은 맛》, 글항아리, 2023.

8. 서구의 시선이 동양 여성을 그릴 때

1. 줄리언 헤일록, 이석호 옮김, 《푸치니, 그 삶과 음악》, 포노, 2017.

2. 비엣 타인 응우옌, 부희령 옮김, 《아무것도 사라지지 않는다: 베트남과 전쟁의 기억》, 더봄, 2019.

9. 과학이 우리를 구원할까?

1. 이광수, 김철 책임편집, 《무정》, 문학과지성사, 2005.

2. 이광수, 《이광수대표작선집 1: 무정·개척자》, 삼중당, 1968.

3. 염상섭, 〈표본실의 청개구리〉, 《만세전》, 문학사상사, 2004.
4. 김동인, 〈K박사의 연구〉, 《김동인 단편전집 1》, 가람기획, 2006.
5. 황진명 · 김유향, 《과학의 일곱기둥》, 사과나무, 2016.
6. 요한 볼프강 폰 괴테, 장희창 옮김, 《파우스트》, 을유문화사, 1765~1775행.
7. 프랑코 모레티, 조형준 옮김, 《근대의 서사시》, 새물결, 2001.
8. 민태기, 《조선이 만난 아인슈타인》, 위즈덤하우스, 2023.
9. 김영식, 《동아시아 과학의 차이》, 사이언스북스, 2013.
10. 사이먼 싱, 곽영직 옮김, 《우주의 기원 빅뱅》, 영림카디널, 2006.

10. 압록강을 건넌 의사들

1. 전혜린, 《그리고 아무 말도 하지 않았다》, 1966, 동아PR연구소출판부.
2. 이미륵, 박균 옮김, 《압록강은 흐른다》, 살림, 2016.
3. Frank Hoffman, Berlin Koreans and Pictured Koreans, 2015.
4. 〈인술, 면목안재面目安在 낙원동병원에서 축출 당한 화상 가련아 수절명遂絶命〉, 《조선일보》, 1934.12.14.
5. 〈빈곤한 사람인 줄 알고 위급환자 치료 거절 드듸여 병자는 거리에서 사망 인술 저바린 악덕의사〉, 《매일신보》, 1937.10.5.
6. 〈신문에 대한 각계 인사의 불평 희망〉, 《개벽》, 신간 제4호, 1935.
7. 〈도산의 임종, 서울 공동묘지에 무더 달난 일언이 세상에 끼친 유언〉, 《삼천리》, 1938년 5월.
8. Franz Fanon, A Dying Colonialism, 1965.

11. 재난의 공동체, 무정과 동정을 넘어

1. 《일성록日省錄》, 정조 원년 정유(1777) 5월 15일(기묘).
2. 〈소연한 한재충재, 군경면원 총출동, 50여 분총 굴파〉, 《동아일보》 1929. 8.12.

3. 섬메, 〈무정한 사회와 유정한 사회〉, 《동광》 1926년 6월. 섬메는 안창호의 여러
  호 중 하나다.
4. 유상규, 〈값싼 동족애〉, 《신가정》, 1934년 10월.
5. 염상섭, 《만세전》, 사피엔스21, 2012.
6. 지그문트 바우만, 정일준 옮김, 《쓰레기가 되는 삶들: 모더니티와 그 추방자들》,
  새물결, 2008.

12. 식민지에도 스타는 탄생하는가?

1. 〈'꿈 많던 처녀시대, 배우를 동경코 가출〉, 《매일신보》, 1939.7.12.
2. 〈배우생활 동경하는 시골처녀를 유인〉, 《동아일보》, 1934.10.17.
3. 아도르노 · 호르크하이머, 김유동 옮김, 《계몽의 변증법》, 문학과지성사, 2007.
4. 〈레코드와 유행가요〉, 《동아일보》, 1934. 4. 23.
5. 채규엽, 〈유행가는 탄식한다〉, 《삼천리》, 1933년 3월.
6. 〈대중연예대회(본사학예부 주최)〉, 《동아일보》, 1938. 4. 21.
7. 〈당대 인기 스타, 나운규 씨의 대답은 이러합니다〉, 《삼천리》, 1936년 4월.
8. 〈유행가수 푸로필(5) 복면의 여가수로 《데뷰》하야 인기 비등 장옥조양〉, 《매일
  신보》, 1937. 4. 15.
9. 〈선우일선과 최남용-유행가에 대한 일문일답〉, 《삼천리》, 1938년 8월.
10. 〈영화 '팬'의 진문〉, 《동아일보》, 1936.7.5.
11. 하소, 〈영화가 백면상〉, 《조광》, 1937년 12월.
12. 〈이애리수의 정사소동〉, 《별건곤》, 1933년 2월.
13. 〈장한가 부르는 박행의 가인 신일선〉, 《삼천리》, 1937년 5월.
14. 〈스타의 고백, 청춘좌의 스타 지경순양〉, 《삼천리》, 1938년 8월.
15. 〈'거리의 꾀꼬리'인 십대가수를 내보낸 작곡 · 작사자의 고심기〉, 《삼천리》,
  1935년 10월.
16. 〈배우 수기, 조선대표극단 종합판〉, 《삼천리》, 1941년 3월.
17. 김려실, 《투사하는 제국, 투영하는 식민지: 1901~1945 한국영화사를 되짚

다》, 삼인, 2006.

13. 사할린 한인, 나의 나라는 어디인가?

1. 박승의, 《사할린 한인의 운명: 역사, 현황과 특성》, 한림대학교 러시아연구소, 2015.
2. 야마무로 신이치, 정재정 옮김, 《러일전쟁의 세기》, 소화, 2010.
3. 이원용, 《사할린 가미시스카 한인학살사건 I》, 북코리아, 2009.
4. 이상갑·김게르만, 〈CIS 지역 한인문학에 나타난 차별의 서사〉, 《한어문교육》, 29, 2013에서 재인용.
5. 현무암·파이차제 스베틀라나, 서재길 옮김, 《사할린 잔류자들》, 책과함께, 2019.
6. 임채완·이소영, 〈영주귀국 사할린 한인의 생활환경과 정책적 욕구〉, 《세계지역연구논총》, 33(1), 2015.
7. 박승의, 《박승의, 나는 누구입니까?》, 구름바다, 2019.

14. 혁명과 사랑의 이중주

1. Antje Schrupp, <Bringing Together Feminism and Socialism in the First International: Four Examples>, Arise Ye Wretched of the Earth: The First International in a Global Perspective, 2018.
2. 정철훈, 《알렉산드라 페트로브나 김》, 시대의창, 2021, 00쪽.
3. 이덕요, 〈인습타파가 목전의 문제〉, 《동아일보》, 1927.7.2.
4. 이덕요, 〈여류명사의 동성연애기〉, 《별건곤》, 제34호, 1930.

15. 레니 리펜슈탈, 무지한 아름다움은 무죄일까?

1. 천정환,《조선의 사나이거든 풋뽈을 차라》, 푸른역사.
2. 〈손군의 우승은 이십억의 승리〉,《동아일보》, 1936.8.10.
3. 손기정,《나의 조국 나의 마라톤》, 한국일보사, 1983.
4. 오드리 설킬드, 허진 옮김,《레니 리펜슈탈: 금지된 열정》, 마티, 2006.
5. 수잔 손택, 이재원 옮김,《우울한 열정》, 시울, 2005.
6. 이혜진,《제국의 아이돌》, 책과함께, 2020.
7. 프리모 레비, 이현경 옮김,《이것이 인간인가》, 돌베개, 2007.

16. 작은 사람은 어떻게 성숙해질까?

1. 밀턴 마이어,《그들은 자신들이 자유롭다고 생각했다》, 갈라파고스, 2014.
2. 정케 나이첼 · 하랄트 벨처,《나치의 병사들: 평범했던 그들은 어떻게 괴물이 되었나》, 민음사, 2015.
3. 타냐 크라스냔스키, 이현웅 옮김,《나치의 아이들》, 갈라파고스, 2017.
4. 노라 크루크, 권진아 옮김,《나는 독일인입니다: 전쟁과 역사와 죄의식에 대하여》, 엘리, 2020.

17. 〈사운드 오브 뮤직〉 너머 들리지 않는 이야기

1. 마리아 트라프, 이경애 엮음,《사운드 오브 뮤직》, 훈민출판사, 2020에서 재구성.
2. Agathe von Trapp, Memories before and after the Sound of Music, 2003.
3. Georg von Trapp, To the Last Salute: Memories of an Austrian U-Boat Commander, 2007.
4. 박규현, 〈영화를 통해 역사로 가기, 그리고 계속적인 글쓰기의 의무: '이재수의

지은이 조형근

사회학자. 늦은 나이에 정규직(한림대) 교수가 되었으나 적성을 찾아 사직하고, 파주 교하의
협동조합 책방에서 집필과 강연에 전념하고 있다. 동네살이의 일환으로 합창단과 미얀마연
대 활동에도 참여 중이다. 제국과 식민지 사이를 헤쳐나간 사람들의 삶, 사랑과 상처에 관심
을 기울여온 역사사회학자이기도 하다.
저서로《우리 안의 친일》《나는 글을 쓸 때만 정의롭다》《키워드로 읽는 불평등사회》, 공저로
《근대주체와 식민지 규율권력》《식민지의 일상》《제국일본의 문화권력》등이 있다.

콰이강의 다리 위에 조선인이 있었네
ⓒ 조형근, 2024

초판 1쇄 발행 2024년 8월 31일
초판 2쇄 발행 2024년 10월 18일

지은이 조형근
펴낸이 이상훈
인문사회팀 김지하 최진우
마케팅 김한성 조재성 박신영 김효진 김애린 오민정

펴낸곳 ㈜한겨레엔 www.hanibook.co.kr
등록 2006년 1월 4일 제313-2006-00003호
주소 서울시 마포구 창전로 70(신수동) 화수목빌딩 5층
전화 02-6383-1602-3
팩스 02-6383-1610
대표메일 book@hanien.co.kr
ISBN 979-11-7213-116-6 03900